文春文庫

沈む日本を愛せますか？

内田 樹・高橋源一郎

文藝春秋

文庫版まえがき

内田樹

ロック界の大御所渋谷陽一さんが司会をして、高橋源一郎さんと僕がひたすら日本の政治についてだけ話すという不思議な企画が渋谷さんの主宰する『ＳＩＧＨＴ』という雑誌で始まったのは２００９年の春頃のことでありました。もう5年も前のことです。この企画はなぜかその後もずっと続いておりまして、1年半分ほどをまとめた単行本もすでに2冊刊行されております（本書と『どんどん沈む日本をそれでも愛せますか？』２０１２）。つい一昨日も最新号のゲラを戻したばかりです。

単行本のまえがきに渋谷さんが書いているように、この対談（と鼎談の中間ですので、なんと呼べばいいのかな）が扱っている政治的論件にはもう時事的なアクチュアリティがありません。なにしろ5年も前の政局について語っているんですから。読み返してみても「ああ、そういえば、そんなことがあったなあ」と遠い眼をしてしまうような話ばかりです。喩えて言えば「大掃除していたら、畳の下から古新聞が出てきて、『あ、そういえば、こんなことあった……』としゃがみ込んで時間を忘れて読み耽る」ときの感興に似ていると言えば似ているかも知れません。

でも、それだけではこの本をお買い上げ頂くわけには参りません（それなら、古新聞を読んだ方が安上がりですし）。何か買って得した点がないと。でも、読み返して見ると、僕たちがこの本で行っている現状分析はともかく、未来予測はかなり外れています。最大の「見込み違い」は民主党政権への期待が思いがけなく早く裏切られたことと、高橋さんと僕と二人が揃って「命脈尽きた」と診断を下した自民党がすぐに復権して、安倍政権の下で強権的な政体改革を実行していることです。

でも、これを「だからお前たちはダメなんだ」というふうに乱暴に総括しないで欲しいのです。実際に、それぞれの時点では政局について無数の言説が語られたわけですけれど、その中で5年後もなお「リーダブル」であるものが他にいくつあるか、それを考えてみてください。僕たちの対話は（自分で言うのもあれですけれど）今でも「けっこうリーダブル」です。それは分析が正鵠《せいこく》を射ていた「打率」がけっこう高かったということではなく（あまり高くないんです……）むしろ、予測の「はずれ方」に曲がある。ですから、読者の皆さんはこの本を政局分析としてではなく、「政局分析はどのようなピットフォールに陥るのか？」というメタ分析という視点から読んで頂けたらいいなと思います。

どうしてこの二人は今から見ると「お門違いなこと」をこのときはこんなに熱心に語り合っていたのか？　この問いはもしかするとこの本の中で僕たちが開陳している個々の政治分析以上に生産的なものになるだろうと思います。たいていの場合、僕たちは成功からよりも失敗から多くを学ぶものですから。

なにしろ昔の話ですから、ときどき本から顔を上げて「そんな時代もあったなあ……」と長嘆する時間も要りますから、眠れぬ夜や長旅のお供にどうぞごゆっくりお読みください。

最後になりましたが、単行本作成時にすべてを鮮やかに仕切ってくれたロッキング・オンの渋谷陽一さんとさんざんご苦労をおかけした担当編集者の兵庫慎司さんにこの場を借りてもう一度お礼を申し上げます。文庫化を担当してくれた山本浩貴君も「いつも、ありがとう」。ご令息誕生とほぼ同時に出るわけですから、彼が大きくなったら「この源ちゃんとウッチーという人たちの文庫を出したときにお前が生まれたんだよ……あの人たちももうだいぶ前に鬼籍に入られたが」と遠い眼をしてください。

沈む日本を愛せますか？　目次

文庫版まえがき　内田 樹　3

まえがき　8

2009年3月―2010年9月　日本政治の動き　10

第1回　さよなら自民党。そして、こんにちは自民党⁉　23

第2回　「理念の鳩山」と「リアルの小沢」、何ができる？　73

第3回　民主党政権で、「友愛」社会主義国家が誕生する⁉　133
第4回　小沢一郎は、「敗者のポジション」を選んでいる　181
第5回　鳩山さんが首相で、本当によかった　225
第6回　我々は、「たそがれよ日本」を提唱する　281
総括対談――沈む日本を愛するために　327
文庫版あとがき　高橋源一郎　366

まえがき

この対談は季刊の総合誌「SIGHT」の40号（2009年7月号）から45号（2010年11月号）までに掲載されたものである。内田樹・高橋源一郎の両氏に、その時々の国内政治のトピックを素材に語ってもらうもので、雑誌掲載時はページ数の都合上カットしてしまった部分も、この本ではかなり復活させることができた。

言うまでもなく、おふたりにとって国内政治というのは専門分野ではなく、こうした形でおふたりが継続的に国内政治のみを語っているメディアはない。しかし、内容は読んでいただければわかるとおり、いわゆる政治の専門家の時局解説のレベルをはるかに超えるおもしろさで、その分析の鋭さ・深さも半端ではない。

実は、雑誌「SIGHT」は、ロック雑誌を40年近く作り続けてきた出版社ロッキング・オンが、まったく畑違いの総合誌に挑戦したものである。素人だからこそできる乱暴さで総合誌を作ってみよう、というのが基本コンセプトだった。特集も「さよなら自民党」や「ありがとう小沢一郎」といった、通常の総合誌では考えられないタイトルで組んできた。編集方法も、既存の総合誌にはないインタヴュー主体のテキスト構成にしている。つまり、徹底した口語体での総合誌を目指しているのだ。

この内田・高橋対談は、まさに雑誌「ＳＩＧＨＴ」のコンセプトを象徴するものなのである。政治が特別な知識や言語によって語られるのではなく、素人の口語体で語られることによって、いわゆる新聞の政治面や総合誌といった政治村から、もっと違う空間へ流出してくる、それが実現している。

普通、国内政治のトピックというのは、時間が経過するとおもしろみを失ってしまうものだが、この対談のおもしろさはまったく失われていない。それは、時局的なトピックが語られているようでありながら、常に話は時局を超え、普遍的なテーマへと飛んでいくからだ。

国内政治がもっとも激しく動いたこの約1年半、それが何であったかを知る上で、貴重な内容になっていると思う。

「ＳＩＧＨＴ」編集長・本書インタヴュアー　渋谷陽一

２００９年３月―２０１０年９月　日本政治の動き

※これは、本書収録の対談が行われた、２００９年春〜２０１０年夏までの国内政治の出来事を抜粋したものです。

２００９年３月３日
西松建設違法献金問題で小沢一郎秘書逮捕
西松建設の違法献金問題で、民主党小沢一郎代表の公設秘書である大久保隆規、西松建設前社長の國澤幹雄らが、政治資金規正法違反で逮捕される。

２００９年３月10日
小沢一郎、民主党代表続投を表明
民主党小沢一郎代表、民主党の役員会と常任幹事会で、西松建設の違法献金問題について、党や国民に迷惑をかけたことを陳謝したが、代表を続ける考えを表明。

２００９年３月26日
自民党平田耕一財務副大臣、株売却問題で辞任
自民党平田耕一財務副大臣が、保有していた株式を、証券市場を通さずに自身のオーナー企業に約6億円で売却していた問題で、副大臣を辞任。

２００９年４月５日
北朝鮮のミサイルが日本の上空を通過
北朝鮮が「人工衛星打ち上げ」の名目で準備を進めていたミサイルを発射。ミサイルは1段目を秋田県西方の日本海に落とし、日本の上空を通過。

2009年4月21日
本書第1回対談
『さよなら自民党。そして、こんにちは自民党!?』

2009年5月12日
小沢一郎、民主党代表を辞任
民主党小沢一郎代表は、西松建設の違法献金問題で公設秘書が逮捕・起訴されたことの責任を取り、代表を辞任。

2009年5月16日
鳩山由紀夫が民主党代表に、小沢一郎は代表代行
鳩山由紀夫幹事長が、民主党新代表に選出される。鳩山代表は、岡田克也副代表を幹事長に、小沢一郎前代表を選挙担当の代表代行に起用。

2009年5月21日
裁判員制度がスタート
特定の刑事事件の裁判の審理に有権者から選ばれた裁判員が参加する、裁判員制度がスタート。8月3日に東京地方裁判所で、裁判員が参加する最初の公判が行われた。

2009年6月12日
麻生太郎首相、鳩山邦夫総務相を更迭
麻生太郎首相、日本郵政の西川善文社長の続投に反対した鳩山邦夫総務相を更迭。

2009年6月29日
日本郵政、西川善文が社長再任
政府は、日本郵政の株主総会で、西川善文社長ら取締役9人全員を再任する人事案を承認。西川氏の社長再任が決定した。

２００９年６月30日
民主党鳩山由紀夫代表、虚偽記載認める

民主党鳩山由紀夫代表、記者会見で、自らの政治資金管理団体「友愛政経懇話会」の政治資金収支報告書に、すでに死亡した人や実際に寄付をしていない人の名前を「寄付者」と偽って記載していたことを認める。記者会見で公表された調査内容によれば、問題があった寄付は、４年間で少なくとも１９３件、総額２１７７万円に上った。

２００９年７月12日
東京都議選、民主党が初の都議会第一党に

東京都議会議員選挙の投開票が行われ、民主党が前回の34議席を大きく上回る54議席を獲得、はじめて都議会第一党となった。

２００９年７月21日
衆議院解散

衆議院が解散。政府は、第45回衆議院議員総選挙を「8月18日公示、30日投開票」の日程で行うことを決定。

２００９年８月８日
みんなの党、誕生

自民党を同年１月に離党した渡辺喜美、無所属で活動してきた江田憲司ら、５人の現職・元国会議員によって「みんなの党」が結党される。代表に渡辺、幹事長に江田が就任。

２００９年８月30日
衆院選で民主党が圧勝、政権交代実現

第45回衆議院議員総選挙。民主党が、選挙前を大幅に上回る３０８議席を獲得。自民党は公示前議席より１８１減の１１９議席となり、はじめて衆議院第一党の座を失う。麻生太郎首相はこの大敗を受け、自民党総裁を辞任。

2009年8月31日
本書第2回対談
『「理念の鳩山」と「リアルの小沢」、何ができる?』

2009年9月8日
公明党代表に山口那津男が就任
公明党は、太田昭宏代表の辞任を受け、新代表に山口那津男政調会長を選出。

2009年9月9日
民主党、社民党、国民新党が連立合意
民主党の鳩山由紀夫代表、社民党の福島瑞穂党首、国民新党の亀井静香代表は、党首会談で連立政権を樹立することで正式に合意。

2009年9月16日
鳩山由紀夫首相、誕生
麻生内閣が総辞職。民主党鳩山由紀夫代表が国会で首相指名を受け、第93代総理大臣に就任。鳩山内閣が発足した。発足直後の世論調査では、新内閣の支持率は75%。

2009年9月23日
鳩山×オバマ、初会談
鳩山由紀夫首相は、就任後はじめてニューヨークでオバマ米大統領と会談。両首脳は、日米同盟の一層の強化を確認。

2009年9月28日
自民党総裁、谷垣禎一に
自民党総裁選挙が行われ、谷垣禎一元財務相が第24代総裁に選出される。

2009年10月10日
鳩山由紀夫首相、初の日中韓首脳会談
鳩山由紀夫首相は北京市内で、中国の温家宝首相、韓国の李明博大統領と会談。会談後3首脳は、各分野で連携を強化することを盛り込んだ「日中韓協力10周年を記念する共同声明」を含む、ふたつの共同声明を発表。

２００９年10月21日
鳩山由紀夫首相、ゲーツ米国防長官と会談

鳩山由紀夫首相と北澤俊美防衛相は、来日したゲーツ米国防長官と会談。会談後の共同会見でゲーツ国防長官は、普天間基地移設問題について、現行計画の早期履行を強く要求した。

２００９年10月26日
鳩山由紀夫首相、就任後初の所信表明演説

鳩山由紀夫首相が衆参両院本会議で、就任後初の所信表明演説を行う。

２００９年11月11日
事業仕分けスタート

行政刷新会議で、鳩山内閣が掲げる「政治主導」政策の一環である事業仕分けがスタート。

２００９年11月13日
オバマ米大統領、初来日

鳩山由紀夫首相は、初来日したオバマ米大統領と会談。両首脳は普天間基地移設問題について、日米の閣僚級の作業部会を設置し、早期の解決を図ることを確認した。

２００９年11月20日
官房機密費、衆院選直後に２億５０００万円

民主党平野博文官房長官が、歴代内閣が使途を明かしていない官房機密費について、２００４年度以降の国庫からの月別支出額を公表。８月の衆院選直後の９月１日、河村建夫官房長官（当時）からの請求により、２億５０００万円の支出があったことも発表した。

２００９年11月25日
鳩山由紀夫首相、母から９億円

鳩山由紀夫首相が、実母から５年間で９億円に上る資金提供を受けていたと報じられる。

鳩山は12月、この資金提供を贈与として修正申告。

２００９年12月３日

本書第３回対談

『民主党政権で、「友愛」社会主義国家が誕生する!?』

２００９年12月15日

普天間問題、２０１０年に先送り

政府は普天間基地の移設先について、与党３党で協議のうえ、現行案も含めて再検討するという方針を決定。

２００９年12月24日

鳩山由紀夫元公設秘書、在宅起訴

鳩山由紀夫首相の資金管理団体「友愛政経懇話会」の偽装献金事件で、東京地検は、鳩山の元公設秘書を政治資金規正法違反の疑いで在宅起訴。

２０１０年１月12日

普天間移設先の結論は５月までに

岡田克也外相、米ハワイでクリントン米国務長官と会談。普天間基地移設問題について、５月までに移設先の結論を出すという鳩山政権の方針を伝えた。

２０１０年１月15日

小沢一郎元秘書の石川知裕議員、逮捕

民主党小沢一郎幹事長の資金管理団体「陸山会」の土地購入をめぐる事件で東京地検は、小沢の元私設秘書の石川知裕衆院議員らを政治資金規正法違反の疑いで逮捕。

２０１０年１月16日

小沢一郎、民主党幹事長続投を表明

民主党小沢一郎幹事長は定期党大会で、土地購入事件について違法行為を否定、幹事長を続ける考えを表明。

2010年1月23日
「陸山会」土地購入問題で小沢一郎を事情聴取

「陸山会」の土地購入問題で、東京地検特捜部は民主党小沢一郎幹事長への任意の事情聴取を実施。その夜、小沢は記者会見で「私の記憶している限り、包み隠さずお話を申し上げた」と述べた。

2010年2月4日
小沢一郎、嫌疑不十分で不起訴

「陸山会」の土地購入問題で刑事告発されていた民主党小沢一郎幹事長は、石川知裕容疑者らとの共謀が十分に立証できていないとして嫌疑不十分で不起訴となる。

2010年3月2日
本書第4回対談

『小沢一郎は、「敗者のポジション」を選んでいる』

2010年3月9日
核持ち込みの「密約」認定

日米間の4つの「密約」の存否・内容を検証してきた有識者委員会は、岡田克也外相に、1960年の「日米安全保障条約改定時の核持ち込み」など3点を「密約」と認定する報告書を提出。

2010年3月18日
民主党生方幸夫副幹事長解任、そして撤回

民主党執行部は、党運営や小沢一郎幹事長の態度を批判した生方幸夫副幹事長を解任する方針を固める。しかし3月23日、党内外や世論の批判を受けて解任を撤回し、副幹事長職を続投させることを決定。

2010年3月31日
鳩山由紀夫首相、普天間問題5月末決着を強調

鳩山由紀夫首相は自民党谷垣禎一総裁との党

首討論で、普天間基地の移設先について、「その腹案を持ち合わせている」と話し、5月末決着を改めて強調した。

２０１０年４月９日
政府、普天間移設先を徳之島に

政府は、普天間基地の移転先について、鹿児島県・徳之島を軸に調整に臨む方針を固める。徳之島では4月18日、1万5000人（主催者発表）が集まる反対集会が開かれ、同島の3自治体の首長はいずれも強く反発。

２０１０年４月23日
事業仕分け第２弾スタート

行政刷新会議が2回目の事業仕分けをスタート。

２０１０年５月４日
鳩山由紀夫首相、就任後はじめて沖縄を訪問

鳩山由紀夫首相は、仲井眞弘多沖縄県知事や稲嶺進名護市長との会談などを終えて臨んだ会見で、「最低でも県外移設」という衆院選時の公約は「党としてではなく私自身の代表としての発言」だったとし、「学べば学ぶにつけ、（海兵隊の部隊が）連携し、抑止力が維持できるという思いに至った」と述べた。

２０１０年５月23日
鳩山由紀夫首相、移設先を辺野古と表明

鳩山由紀夫首相、沖縄県を訪問し、仲井眞弘多沖縄県知事と会談。普天間基地の移設先を同県名護市辺野古周辺とする方針を正式に表明。仲井眞知事は「大変遺憾」とした上で、「極めて厳しいとしか申し上げようがない」と述べる。稲嶺進名護市長は、受け入れを拒否する考えを表明。

２０１０年５月28日
日米両政府、辺野古案を正式発表

日米両政府、普天間基地の移設先を沖縄県名護市辺野古とすることを明記した共同文書を発表。

2010年5月28日
鳩山由紀夫首相、辺野古案反対の福島瑞穂大臣を罷免

鳩山由紀夫首相、政府の普天間基地移設問題に関する閣議決定に反対した社民党党首の福島瑞穂消費者・少子化担当相を罷免。5月30日、社民党は連立政権から離脱することを決定した。

2010年5月29日
本書第5回対談
『鳩山さんが首相で、本当によかった』

2010年6月2日
鳩山由紀夫首相、混乱の末、退任

鳩山由紀夫首相、普天間基地移設問題の混乱と、「政治とカネ」の問題の責任を取り退陣する意向を表明、小沢一郎にも幹事長辞任を要請。民主党は、小沢を含む執行部が総退陣。

2010年6月4日
菅直人首相誕生

民主党、菅直人副総理・財務相を新代表に選出。8日、民主党、国民新党の連立による菅内閣が発足。

2010年6月27日
菅直人首相、オバマと日米合意を再確認

菅直人首相、トロントでオバマ米大統領と会談。普天間基地の移設先を沖縄県名護市辺野古と明記した、5月の日米合意の実現に向けて、努力することで一致した。

2010年7月11日
参院選、民主党が大敗

第22回参議院議員通常選挙の投開票が行われ、民主党が44議席、自民党が51議席を獲得。民主党、国民新党の連立与党が非改選議席を含め参院の過半数を割り込み大敗。これにより、衆参で第一党が異なる、いわゆる「ねじれ国会」に。

２０１０年７月20日
金賢姫、鳩山由紀夫前首相の別荘へ

大韓航空機爆破事件の実行犯、金賢姫元北朝鮮工作員が来日。23日まで、長野県軽井沢町にある鳩山由紀夫前首相の別荘に滞在、拉致被害者家族らと面会した。

２０１０年８月10日
国の債務残高、過去最悪に

財務省、６月末時点の国の債務残高がはじめて９００兆円を超えたことを発表。債務額は過去最悪を更新。

２０１０年８月11日
政府、日米合意をはじめて沖縄へ説明

福山哲郎官房副長官が沖縄を訪問、普天間基地移設問題についての5月の日米共同声明の内容を、はじめて沖縄県に正式に説明。

２０１０年８月24日
円高が15年ぶりの高水準

円高が進み、アメリカ・ニューヨーク外国為替市場で一時、15年ぶりの水準となる1ドル＝83円台に。

２０１０年８月26日
小沢一郎、民主党代表選出馬へ

民主党小沢一郎前幹事長、鳩山由紀夫前首相と会談後、記者団に民主党代表選に出馬する決意をしたと表明。

２０１０年８月29日

本書第６回対談『我々は、「たそがれよ日本」を提唱する』

本書総括対談『沈む日本を愛するために』

２０１０年８月30日

政府・日銀が景気対策へ

政府及び日本銀行は、円高・株安と景気の腰折れを防ぐため、追加の経済対策・金融緩和策を決定。

２０１０年８月31日

民主党「トロイカ体制」への交渉決裂

民主党代表選挙における、菅直人代表、小沢一郎前幹事長の全面対決を避けるため党内で行われていた交渉が決裂、小沢は代表選への出馬を正式に発表。

２０１０年９月14日

小沢一郎、代表選敗北

民主党代表選挙が行われ、現職の菅直人と小沢一郎前幹事長が対決。国会議員票、地方議員票、一般党員等票のすべてにおいて菅が上回り、再選を果たした。

※役職はすべて当時のもの。

沈む日本を愛せますか?

インタヴュー　渋谷陽一
単行本　二〇一〇年十二月　ロッキング・オン刊

第1回

さよなら自民党。
そして、こんにちは自民党!?

自民党麻生内閣、失言・辞任・政策停滞で支持率暴落

2005年の衆議院議員総選挙の後、自民党の総裁は小泉純一郎、安倍晋三、福田康夫と総選挙を経ることなく交代。麻生太郎は、福田康夫の辞任後の2008年9月、自民党総裁選に立候補し当選、麻生内閣が発足した。

麻生内閣は、定額給付金の支給や、エコカー減税、家電エコポイント制度などの景気対策を実施したが、麻生首相は「(小泉) 内閣の一員として最終的に賛成したが、郵政民営化は賛成ではなかった」といった失言や、誤解を招く発言を繰り返す。また、漢字の読み間違いや庶民離れした生活をマスコミが批判。そして、組閣から4日後には、失言問題を理由に中山成彬国土交通大臣が辞任、2009年2月には、中川昭一が先進7ヵ国財務大臣・中央銀行総裁会議での酩酊会見を理由に財務大臣と内閣府特命担当大臣(金融担当) を辞任するなど、相次いで要職者が辞任した。2代連続の「政権投げ出し」によって、国民が自民党に不信感を持っていたことと重なり、麻生の総理大臣としての資質への懐疑や、景気対策や失業問題への対応に不満が高まる。発足直後には約50%だった内閣支持率が、2009年3月初旬には、17%にまで低下。民主党小沢一郎代表の秘書が違法献金の疑いで逮捕されたが小沢は続投を表明、麻生内閣の支持率は若干回復したものの、それでも20%台前半と低迷する中、この対談は行われた。

対談日：2009年4月21日

自民党について考えろ？　何を？

——今回のテーマは「さよなら自民党」ということで。何ゆえ自民党政権は、本来的に役割が終わってるにもかかわらず、これだけ長く続いているのか。ということを踏まえて、自民党政治の功罪を、文化論的に語っていただければ——。

高橋　ヨタ話をね。

——ヨタ話じゃないよ、何言ってんだよ（笑）。まず、いまの自民党は明らかに賞味期限切れにもかかわらず、なんでこんなに続いたのかというあたりから、話を始めたいんですが。内田さんからいきますか。

内田　そうなの？

——じゃあ高橋さんから。

高橋　いや、よくわかんないんだよ。

——働けよ（笑）。

内田　働けよぉ。

高橋　というか、まあ、特集のテーマが、「さよなら自民党」だっていう話をきいてね、実は、何もイメージが浮かばなかったっていうのが、正直なところ。

内田　うんうん。

高橋　つまり、自民党について、真剣に考えたことがなかったんだよね。たとえば、アメリカの政治体制について考えるとか、米ソ対立について考えるとか、社会主義のシステムについて考えるってことはあったけど、自民党のことを考えろって言われて、「何を考えればいいんだ？」っていう感じがあるんだよね。

内田　考えたことないんだ、一度も。

高橋　そう、なかったんだ。だから、考えてるうちに、「誰かがそのへんを解きほぐしてくれないかな」って思うんだよね。ちょっと他人事みたいだけど（笑）、そう思ってた、正直言って。自民党って、まあ、政党だから、自民党のことを考えるというのは、政治の問題なわけじゃない。日本の政治を、ある意味実体化して代表してるものだよね。それが、どうしても言葉で解きほぐしにくいっていうことが、そもそも問題だって気がするんですよ。だから「どう手をつけていいのかわからない」とか、「誰かやってくれないか」とか、「ちょっと今回は遠慮しとく」とかってなっちゃうところが、最大の問題なのでは――。

内田　（笑）。

高橋　全然関係ないんですけどね、最近、宇多田ヒカルの『点―ｔｅｎ―』『線―ｓｅｎ―』っていう本が出たんです。上下で、６００ページぐらいある。

内田　え、宇多田ヒカルが書いたの？

高橋　ひとつはインタヴュー集で、もうひとつは、彼女がデビュー以来ブログに掲載したものを全部集めたもの。で、読んだんです。（週刊文春で）書評を頼まれて、おもしろそうだから受けたんですね。でね、わかったことがふたつあった。ひとつは、まあ普通の子だっていうこと。強いて言えばギャルなんだよね。あと実はね、最近の写真は藤圭子にそっくり。

――（笑）。

高橋　痩せたらそっくりなんだ。「すごいな、DNAは」と思った。でも、その話してると、自民党に結びつかないんだけど（笑）。

――（笑）。結びつけてくださいよ。

高橋　でね、おもしろいなと思ったのは、『MTVアンプラグド』っていう、有名なアコースティック・ライヴがあって、デビューして1年ぐらいの頃、彼女はその日本版の『MTVアンプラグド』に第1号として出演したんですね。そのとき、『MTVアンプラグド』にメッセージを寄せてるんです。英語でね。それが、すごくかっこいい、シリアスな内容なんだよ。で、そのメッセージに触れながら、こう書いてるんです。「英語だとシリアスに言えるんだけど、日本語だとおちゃらけるんだよね」って。彼女の周りのバイリンガルは全員そう言ってる。英語だときちんとしゃべれるけど、日本語だときちんとしゃべれない、って。実は僕も、かねがねそう思ってたわけ。

日本語は「政治の言語」に適さない

――高橋さんはバイリンガルじゃないじゃないかよ（笑）。

高橋　いやいや、思想的にバイリンガルだから（笑）。オバマの演説集が売れたでしょ。オバマの演説をきいて、ある意味、かっこよすぎると思った。あれを日本人の政治家がやっても、絶対サマになんないっていうか、嘘だっていうか、きくに堪えないな、って思ったんです。つまり、政治の言葉って公の言葉ですよね。でも、我々に使えるような「公の言葉」としての政治の言葉があるだろうかって、昔から思ってた。ただ、それは、政治の側に問題があるって僕は思ってたんだけど、実は、日本語が悪いんじゃないかっていう気がしてきて（笑）。

内田　日本語のせい？

高橋　うん。そんな、ある国の言葉が政治の言語に適さないっていうような話があるのかなと思ったんだけど、そのことと、自民党のことを考えられないっていうこととは、ちょっとリンクしてるような気がするんだよね。

内田　さすが高橋源一郎だなあ。

高橋　どういうふうにリンクしてるかは、とりあえず考えてないんだけど。そのへんは、内田先生がリンクさせてくれるんじゃないかと（笑）。

内田　じゃあ、言語の話していい？　昨日、学会でその話してきたのよ。日本国際理解教育学会ってところで、「日本語の特殊性」っていうテーマでね。英語は英語っていう言葉があって、フランス語はフランス語で、中国語は中国語、日本語は日本語、みんな言語っていうことに関しては同じだと思ってるかもしれないけど、日本語は違いますよ、って話をしたんですよ。養老（孟司）先生の受け売りなんだけども（笑）。

——（笑）。

内田　昔は、中国の周縁地域って——韓国もベトナムもそうなんだけども——表意文字と表音文字、現地語と外来言語っていうのが併存してたわけだよね。だけど、みんなやめちゃったでしょ。韓国はハングルにしちゃったし、ベトナムはアルファベットにしちゃった。外来語と現地語のハイブリッドの形で残ってるのって、世界でもう日本だけなんだよ。現地語であるところの大和言葉の音の上に漢語をのっけて、1500年間やってきた。失読症っていう病気があるのね、文字が読めなくなる。ヨーロッパの人たちは失読症になるとまったく文字が読めなくなる。でも、日本人は病態がふたつある。漢字だけが読めなくなるのと、かなだけが読めなくなるのと。ということは、解剖学的に言うと、脳の中のふたつの違う場所で言語処理をしているということなんだよ。表意文字と表音文字、図像と音声を脳内の別のところで処理している。で、表音文字のほうが現地語だから、ずっと伝統的にある音声があって、そこの上に外来の概念が——。

高橋　のっかってるわけだよね。

内田　音声がもともとあって、そこに外来の文字がのっかっている。後から来た外来の言語を地場のコロキアル（口語的）なものが受け止めている。これが日本語の構造なわけで。さっき言ってた、日本語でしゃべるとおちゃらけちゃうっていうのは、日本語は本質的にコロキアルなんで、ロジカルになりようがない。

高橋　ロジカルなものを受けつけないんだよね、きっと（笑）。

内田　夏目漱石の文学なんかだって、そうなんだと思うんだ。あれってよく読むと、落語的なコロキアルな文体の上に、ヨーロッパのハイ・カルチャーがのっかっているでしょ。そのせいで、外来のものが全部「おちゃらけ」に見えるように構造化されている。あれは日本人が中国から漢字文明を受け入れて以来の、伝統の正系だと思う。明治維新になってから、ヨーロッパの、政治とか、科学とか、哲学とかの新しい概念を入れるときに、その受け皿になったのは日本的な、ぐにゃぐにゃしたコロキアルなものだった。

　それでは理念は語れないというか、ある程度以上複雑な論理は語れない。たとえば、オバマさんが英語でしゃべったみたいなことを、そのまま日本語で言ったっていいんだけども、なんの説得力も持たない。まったくソウルに触れてこないと思う。

高橋　困ったもんだよね。だって、政治史を読むと、政治を動かしているのは言葉なんだから。

内田　そうだねえ。

高橋　マグナ・カルタ（※注1）にしても、結局、言葉なんだよね。自由の女神の台座に書かれているのも、建国宣言も、政治的な言語っていうことになってるんだけど。それを日本語にしてみると、釈然としない。すごく簡単に言うと、自民党ってその釈然としないところに住んでるんです。つまり、「釈然とするのはこれでしょ」っていうふたつの対立するものの、中間に——左脳と右脳の間の、脳梁に住んでるわけです（笑）。

「國體」って何？

内田　だからさ、僕らが自民党を論じ合おうとしても、自民党には「我々はこういうことを実現するために政党を作りました」っていう、政治理念が書かれたテキストがないのね。だから「どういう社会を実現するために、あなた方は政党を作ったんですか？どういう政党なの？」って問われたときに、誰も、たぶん自民党の総裁さえ、答えられない。
高橋　答えられないよね。つまり、実体しかないんだからさ。
内田　(笑)。
高橋　実体しかなくて、言葉がないんだよね。つまり、言葉がないものに何言ったってムダ、っていうことなんですよ。
内田　うん。でも、じゃあ民主党には綱領があるのかっていっても、ないでしょう。自民党に綱領があれば、対抗的な綱領が書けるけれど、もとがないんだから。作りようがない。
高橋　だから、空気なんだよ。自民党っていうのは。
内田　そうね。
高橋　気体(笑)。
内田　大日本帝国憲法を作るときに、どうしようかってみんなで相談して、伊藤博文が

「一応、国の根幹が必要だから、何か考えない？」ってさ、じゃあ「國體《こくたい》」を国の根幹にしようと決めた。でも、改めて「國體って何？」っていうことになると、誰もわからない。

——（笑）。

内田　國體は、だから護持するだけなの。「國體の本義」はわからないんだから、護持だけ。何か反政府的な政治運動が起こったら「これは國體にかかわる」って弾圧する。でも、何を護っているのかは、よくわからない。１９４５年にポツダム宣言を受諾して、天皇と日本国政府は連合軍最高司令官の従属下に置かれるっていうときに、政府首脳が集まって、「これで國體は護持されたのかな？」って相談したけど（笑）。

——ははは。

高橋　誰もわかんないよね。

内田　わかんないよね。國體が護持されないとすると、拒否するしかないけども、わからないので、最後に「御聖断」が下って、「いいんじゃないの？」ってことで、「じゃあ、國體は護持されました」っていう話になった。でも、そのあとも陸軍の連中が、「それは天皇裕仁の個人的な決断であって、天皇が何を言おうと國體は護持されねばならぬ」って、戦争を継続しようって言いだした。

だから、最後の最後の、国家存亡の危機に至ってもなお、自分たちの国の根幹は何かということを大日本帝国の最高指導部の誰も言えなかった。戦後はもっとすごいことになってると思う。少なくとも大日本帝国には「國體」という二文字があったけど、戦後は何もないんだから。

高橋　(笑)。

内田　戦後はないのよ。「國體」の二文字さえない。「わが国の統治原理は何か?」って問いに国民が答えられない。たとえば「日本は立憲政治ですか?」ってきかれたら、「え、立憲政治なの?」。「共和制?」ってきかれたら、「共和制?」とかさ(笑)。外国の人から急にきかれても、答えられないでしょう。「そもそも何を実現するために作られた国ですか?」ってきかれたら、アメリカ人だったら、「生命、自由、幸福追求の権利のために」とか言えるし、フランス人だったら「自由、平等、博愛!」とかすぐ出るでしょ。でも、日本人は、日本国の立国の原理とか、国家理念とか、実現すべき国家戦略って何かってきかれたときに、１億３０００万人が合意している答えがない。

日本国憲法は日本語ではない

高橋　うん。ただね、唯一可能だったのが日本国憲法なんですよ。これはなぜ可能だったかっていうと、たぶん、外国語からの翻訳だったから。

内田　そうそう。憲法には書いてあるんだよ、ちゃんと(笑)。

高橋　だから可能性があったんだけど、結局日本人に受け入れられなかったような気がするんです。おもしろいと思ったのが、憲法をどうするかってことになったとき、対応の仕方として護持が出てきた。それ以外のやり方を知らなかったわけね。護持するか、否定するか。護持は得意なんですね、昔から。

内田　國體護持と憲法護持は同じ発想ですね。でも、日本国憲法の前文を読むとね、日本語で書かれた綱領的文書の中では、おそらく五箇条の御誓文の次ぐらいだと思うけど、きちんとしてる（笑）。

高橋　そう、言葉になってる、非常に珍しいことに。

内田　おちゃらけてない（笑）。

高橋　日本の政治的言語で、もしかしたら唯一読める言葉なのかもしれない。

内田　外国語に翻訳可能。英語にもできるし、フランス語にもできる。

高橋　っていうか、もともと外国製だから（笑）。

内田　だから改憲運動っていうのはさ、ある意味気持ちはわかるわけ。何をしたいのかっていうと、日本語じゃないから、日本国憲法は。コロキアルでぐちゃぐちゃしたつぶやきの上に外来のクリアカットな政治概念がのっかる、っていうのが日本語なんだから、「日本語の憲法にしてくんねえとわかんねえんだよ。だから、改憲しようぜ」っていう。

高橋　石原慎太郎の気持ちもわかるね（笑）。

内田　だけど、「じゃあどんな言葉にすればいいの？」ってきくと、誰も答えられないっていう。

――だから、自民党っていうのは、戦後そういう、言語化されてない日本人のエモーションと社会を維持していくスキルをうまく機能させていくシステムだったんだけども、それが明らかに機能しなくなったわけですよ。じゃあどうすればいいのかっていうと、きっと言語が要求されてると思うんだけども、その言語って作れないと思うんだ、もう。作るにはものすごいスキルが必要なんだよ。

高橋　だからどうしたかっていうと、自民党はもう1個自民党を作ったわけです。つまり、民主党をね。だから、自民党は総体として生きればいいって思ってるんです。なぜっていうと、それ自身は政党じゃないからなんですね。

内田　そうですね。

高橋　日本の空間を支配してる、ある種の共同体の感覚を受け入れる人の中に浸透していけばいいんで。別に看板は自民党になろうが民主党になろうが、かまわない。だから民主党って、あれはもうひとつの自民党なんだよね。

内田　そうですよ。

――だから、今回、いろんな方に取材で話をききながら思ったのは――この対談が載るSIGHTの特集コピーは、「さよなら自民党」なんだけど、その下に、「そして、こんにちは自民党」ってつけようかなっていう。

高橋　はははは。

内田　ほんとにそうだね。だから、小沢一郎って人はさ、自民党と民主党の二大政党があって、その間で対話が行われていれば、少しは言葉らしい言葉が生まれるんじゃないか、って思ったのかな。無理矢理にでも対立軸を作って、ダイアローグを成立させるほうが、一党でごちゃごちゃしているよりも、まだ綱領的なことがはっきりするんじゃないか、と。僕は成功してないと思うけど。――というかね、無理です。自民党がなぜ成立したのかというと、高度経済成長という、日本が非常に幸福な時代――要するに、欧米のモデルに対してどうキャッチアップしていくかっていう、日本人が得意なことをやればよかった時代で。ただ、キャッチアップできたときに、翻訳言語も失ってしまったわけですよ。それで、今度は自分たちのオリジナル言語を作らなくちゃいけないんだけども、それはもう、すごく大変なことで。いままで、アジアのどの先進国でも、どの諸外国でも、それはやったことがないし。

高橋　ないよね。

内田　ただ、「なんで私たちは、自分たちの国の政治をおちゃらけた言語以外では語れないのか」っていう、自分たちの置かれた言語状況を対象化して、解明する努力くらいはできると思うのね。いまこうしてしゃべってるみたいに。なんで我々は政治を語る言語を持っていないのか？　という。で、「変な言語を使ってるねえ」「でも、これでやりくりするしかないわけでしょう」って。日本語は綱領的なことがきちんと言えない言語なんだ、と。綱領的に整合的なことを言うと、絵空事になって心に触れてこない、そういう言語なんだ、と、そういう言語観が常識になっていけばいいんだけどね。

言語が一番貧しかったのって、グローバリズム末期に出てきた言葉でさ、「金で買えないものはない」とかさ、「あんたたちだって金儲け好きでしょ」とか、そんなものだったでしょ。それまで欧米的な、それなりにソリッドでロジカルな概念が上にのっかっていたんだけれど、それが全部はがれ落ちてコロキアルな言葉だけがむき出しになった。そのとき出てくる言葉って、田吾作の言葉なんだよね。

——ははは。

高橋　いや、もうほんとにそうですよ。

内田　完全に。

高橋　欲望全面肯定、だから小学校2年レベルです。

——「あれがほしいよ〜」「これが食べたいよ〜」っていう（笑）。

高橋　そう。

内田　あれが出てきた瞬間に、俺ほんと、「だから日本はキャッチアップに成功しちゃいけないんだな」って思ったね（笑）。やっぱり、追いつくべきモデルが前にあって、「あれに比べたらまだまだ」って、ストイックにわが身をムチ打ってるときが日本人はいいんであって、目標を達成した瞬間に、田吾作の本性が丸出しになっちゃう。

理念がなくても平気な国、日本

——そこで、じゃあどうするのか？　っていうところにいま立っているのが、「さよなら自民党」なんだっていう。そういう暗澹たる現状認識が、いま、この対談をしながら、できた気がするんですけど。

高橋　暗澹としてないですよ、別に（笑）。はっきりとしたことはわからないけど、政治的言語を持たないってことは、悲劇なはずなんだけど、そうでもないのかもしれないっていう気もするんですよ。自民党的な政治って、目の前のことでやりくりしていくだけなんですね。政治って、本当はやりくりじゃなくて、理念的なものも含んでいるわけだから。神様もそう。つまり、理念的なものがなければ不安な人たちの国――形而上学的な原理がないと生きられないっていう人々の国と、そんなのなくてもいいんじゃないかっていう人々の国を、同じ枠で縛るのは無理じゃないかっていう気がするんですよ。日本は、一神教的な神のいない国、すごく現世的なんですね。

　だから、この田吾作の原理っていうのは、要するに――。

内田　田吾作の原理とは言ってないけど（笑）。

高橋　春になったら田畑を耕して、秋になったら収穫して、冬は寝る、っていうだけ。でも、このアジア・モンスーン地域の人々のそういう習性っていうのは、何千年も続いてきたものだから、それはもう、言語くらいでは変えられないと思います。

内田　高橋さんが、１９８０年頃になって、60年代70年代ぐらいの政治状況＝言語状況に対して、あれはなんだったのかっていうことを説明するような言葉を、自分が発明しなきゃいけない、っていうときに、何をやったかっていうと――『ジョン・レノン対火星人』（１９８３年）みたいな感じでさ。要するに、完全にカジュアルな言語の上に、へーゲルの『大論理学』（※注２）とか、欧米の概念のもっとも先鋭的な思想を、のっけていくっていうことをやったんだよね。ところてんみたいにぐにゃぐにゃな文体の上にソリッドなものをのっけて、「何でものっけられますよ」ってやってみせた。それによって、70年前後の言語状況であり、政治状況を示そうとしたのかな、って。

高橋さんのあの小説には、あの文体しかなかったっていうのは、いまにして思うと必然性がかなり高いよね。つまり、田吾作から救われる道は、あれしかないんだと思う。

高橋　つまり、いまの政治状況は言語では変えられない。だから、渋谷さんが政治状況を憂う気持ちはわかるけど……なんか、オヤジみたいなこと言うのイヤなんだけどさ。

内田　「渋谷くんの言うことはわかる」（笑）。

高橋　「渋谷くんの言うことはよくわかるよ、心配でしょ」と思う。僕だって政治と言語のことをずっと考えてきた。でもやっぱりね、無理なものは無理。

――だから、言語によって政治を救うことは無理だし、まさに高橋源一郎が言ったように自民党というのは実体しかない。ただその「実体しかない」というのは、自民党でもあるし、日本の政治のありようでもあると思うんだよね。昔は、その実体が非常に高性能だったから、これだけ長い間、政権政党を担うことができたし、国をうまいことドライビングできたわけだよね。ところがもう――。

高橋　まあ、その実体が劣化してるわけですね。

――だから、その実体が変わらなくちゃいけない。で、本来はそこで言語が機能するわけですよ。階級闘争をやって、「新しい社会システムを作るんだ」って、言語によって政治が変革されていくべきだけども、どうも日本においてはそれがうまく機能しない。であるのならば、どう実体を実体として前に進めていくのかっていう、そのやり方を考えないと。でも結局、我々は言語でしかやれないから、じゃあそういうものを進めていく言語ってなんなんだ？　っていうアプローチを、やっていくよりしょうがないんじゃないかな。

内田　だから、こういう言語なんじゃないの？　いまここでしゃべっているような。

高橋　（笑）。だから、コロキアルにやるってことですよ。この国では、人はコロキアルなものにしか反応しないんだから。

内田　本当にそうなんだよ。この国ではどんなに真剣な話でも、いましているみたいに、おちゃらけながらしゃべんないと、先に進まないのよ。

民主党の致命傷、「日本語下手」

――だから、コロキアルであるっていうことのスキルを、どこまで上げられるのかっていうことだと思う。

内田　いま、落語ブームでしょ。明治期に、夏目漱石なんか、落語の言語をコロキアルな言語の受け皿に使って、外来の概念を批評的に受け止めたわけでしょ。それと同じように、もしかすると、言語の使い手として習熟していくために、落語ブームもあるのかな。カジュアルで、コロキアルで使い勝手のいい言語の上に、かちっとしたものをのせる。いま人気のある落語家たちって、落語の文体の上に、結構わけのわかんないものをのっけてるのよ。（柳家）喬太郎なんか、落語に『ハリー・ポッター』をのせた「鍼医堀田」って噺があるんだけどさ（笑）。あれこそ、日本のお家芸だと思うのね。

高橋　和洋折衷だよね。

内田　うん。和洋折衷をなしとげるために衰えてるのは「洋」じゃなくて実は「和」のほうなんだと思う。「洋」の概念っていうのは、外国からいくらでも入ってくる。ポストモダン期にもおもしろい概念は外国からいっぱい入ってきたんだけども、それをきちんと受け止めるだけのコロキアルな日本語の成熟が伴わなかったんで、概念だけが立ち枯れしちゃった。だから、いまはさ、複雑でソリッドな外来の概念や思想をがっちり受け止めて、日本人の琴線に触れるようなコロキアルな形に置き換えられるような、タフな日本語が求められてるんじゃないのかな。

――そうですね。それを政治の現場で、すごく極端な形で理解して言葉にする、そのスキルが高かったのが、小泉純一郎だっていう気が、僕はする。

高橋　ああ、そうでしょうね。あの人はある意味、現実をよく知ってる人だったよね。でも、非自民のほうに、そういう人がいなかったわけ。

内田　いないね、そうそう。非自民のほうは、概念ばっかりなんだよね。小沢一郎って人は、とにかく日本語が下手だし。

高橋　致命的に下手だよね。

内田　日本語が下手っていうのが、民主党が対抗的な、自民党の生産的な対話者になれない最大の理由なんだと思う。菅直人も、鳩山由紀夫もダメだしね。とにかくみんな言葉が下手なのよ。コロキアルな言葉がね。それは自民党のほうが達者だよ。政策のホット・ポイントを「あ、これはですね、平たく言えばこういうことなんですよね」って、普通の人にわかった気にさせる技術は。

――逆に言えば、僕はチャンスだと思うんですよね。いまが相当貧しい状況だから(笑)。小泉純一郎がやれたことというのは、別に小泉純一郎にしかやれなかったことではないと思うんで。小泉純一郎はそういうスキルだけ高くて頭が悪かったんで、逆に事態を悪化させるばかりだったけども、そこでオリジナルな、政治的な言語を機能させれば、いろいろな形でうまくやれると思うんですよね。

高橋　結局、個人の能力頼みなんだよね。だから、優秀なスピーチライターを雇ってみるのはどうでしょう(笑)。オバマさんみたいに。

内田　いや、日本の場合はスピーチライターはダメだと思う。コロキアルな文体で書けないから。だから、小泉純一郎が成功したのは脊髄反射的に「人生いろいろ」みたいな言葉が出てくるからさ。

高橋　あの人、そういう言葉が即、出るんだよね。

内田　政策についてゴリゴリッと質問されたときに、そういう演歌の歌詞みたいなカジュアルなフレーズがパッと出てきて、それで受け止めるっていうのは、天才的だよね。ああいう当意即妙な受け答えは、スピーチライターには書けないでしょ。

高橋 できないなあ。個人の才能だからね。

内田 あの人は突出してるよね、言語的才能では。小沢一郎はひどすぎる。

高橋 こういう大切な時期に、小沢を選んじゃった民主党って悲劇だよね。

内田 っていうか、誰もいないんじゃない？

高橋 前原（誠司）、岡田（克也）、菅、鳩山って、みんな、使ってる言葉はどうしようもない。

左翼からは言葉が出てこない

――でもいま、ちょうどその端境期にきてるんだと俺は思うんだよね。自民党は、もうどう考えても立ち行かない。という中で、日本人はここまで追い込まれないと次の視点に上がらないから、もう何がなんでも上がらざるを得ないところにきているから、俺は変わると思うんだよね。

高橋 楽観的だなあ（笑）。

内田 俺、そこまで楽観できないけどなあ。

高橋 たとえば、学生運動をやった経験がある連中が、政治家になってるわけです。でもそういう人間が代議士になっていくと、昔ながらの政治家にしかなれない。まあ小沢よりはマシだけども——。

内田　おんなじだよ。

高橋　つまり、コロキアルな言語を失わないと議員になれない、ってシステムになってるんでしょ、いまのところは。

内田　うん、そう。大体、ダルマに目を入れるとかね、手に白い手袋はめてマイク持つとかさ、あれを恥じるっていう感覚がない人でないと無理だよね。

高橋　だって、選挙民は恥ずかしいと思ってるんだよね、実は。でも誰もやめられない。

——たとえば、自治体の首長選って大統領選挙みたいなもので、「とりあえず知事を選んじゃえ」みたいなとこがあるじゃない。まあ東国原（英夫）とか、そうだよね。

高橋　橋下（徹）大阪府知事とか。

——そう。ああいう形で出てきて、で、ああいう人たちのほうが、政治家としてはるかに魅力があるように見えるっていう。

内田　言葉うまいもん、だって。

——それで、「国から税金を召し上げられるのはもうお断りだ」みたいなことを言い始めるじゃない。あれは、法律違反なわけだから、ある意味犯罪だよね。でもそれをやっちゃう、そしてそれが、ある一定の支持を受けるし、リュックに1億円入れたおばあさんが府知事のところに現われて、「これあげる」というようなことが起こる。

高橋　あれはすごいよね。

——だから俺は変わると思うし、変わってきてると思うんだよ。

高橋　悪い方向に変わってない？

内田　確かに（笑）。

——そうかもしれない。でも、悪い方向にでも変わることによって、それまで凝り固まっていた部分に、変化が生まれてくるんじゃない？

高橋　小泉さんのときもそうだったけどね。で、橋下、東国原って、いわばウルトラ右翼みたいなものじゃない。受け手はコロキアルなものがほしいんだけど、それを提供してるのが右寄りの人ばっかりなんだよね。左翼から、プログラムが提供できてないんだよね、番組が。

内田　昨日、町山智浩さんからきいたんだけど、アメリカってレーガン時代から、とにかく右翼的なことをガーッと言いまくるラジオ番組が、ものすごく人気あるんだって。それで一気に共和党の支持基盤が拡大したらしい。一方で民主党の立場としては、知識人がきれいごとばかり言ってる番組があったんだけど、さっぱりヒットしなかった。で、最近何が起きたかっていうと、民主党の立場をコロキアルな言語で——「ブッシュのバカ野郎！」みたいな発言を荒々しく展開するラジオ番組が出てきて、これが結構人気だと。それがオバマの勝利にかなり貢献したっていう。

——うん。まさに、そういうことだと思うんです。

内田　だけど、日本の左翼はコロキアルにならないのが、いいところでもあったわけですよ。

高橋　それが伝統なんだよね。

内田　伝統なの、ずーっと。だから、55年体制っていうのは、自民党が本音の政党で、社共が建て前の政党だった。建て前だから整合的なことを言ってるんだけれど、ちっとも心に響かないっていう。

高橋　福島瑞穂か。

内田　福島瑞穂だよねえ。

高橋　ねえ（笑）。

内田　今度会うんだけど。

高橋　いい人なんだろうけどねえ。

やはり理想は「新55年体制」？

――（笑）。だから、自民党っていうのは、自民党だけで成立してたわけじゃなくて、やっぱり社会党と共に成立していたわけですよ。

内田　そうそうそう。バランスはよかったんですよ。

――振り返るとやっぱり、それが一番いいっていう……まあ、これはもう、完全に内田さんの受け売りなんだけれども（笑）。

内田　新55年体制の到来を望む！　っていうね（笑）。

――日本の政治構造はそうなってるんですよね。結局、社会党のロジカルな部分を、自民党は利用してきたわけで。

高橋　ソ連と一緒、仮想敵だよね。「ロジカルなことを言っている冷たい人たち」っていう存在を作っておけば、自分たちは有利に動けるという。

――そうそう。しかも、対アメリカ的にも、「いや、でも社会党っていうのがいましてですね、我々としてもですね……」みたいな、非常に上手なしのぎ方ができた。でも、いまはそうはいかなくなってしまった。そこで、機能不全を起こしちゃった自民党に代わるものが、どうすればうまく作れるのかっていう――。

高橋　何、自民党再建させたいの？（笑）。

――まあ、だから、新しい自民党だよね。

高橋　民主党はダメ？（笑）。

内田　ほんとは民主党が、新しい自民党になっていくはずだったのだが、ならないんだねえ、これがねえ。

高橋　でもさ、さっき渋谷陽一は、変わるって言ったけど、我々が大学生だった頃から、40年ぐらい経ってるでしょ。で、いまの大学生を見て、当時よりマシかっていったら、もっとひどいよ。

――ははは。

高橋　そのひどいっていうのは、社会的知識がないとかそういうことじゃなくて、関心がないっていう意味で。そもそも、いまの政治状況に対して、少なくとも理念的なメッセージを持つなんて、なさそうに見える。

——こういう議論になると、僕は、「ああ、文学とか政治とかやってる人たちは不幸なんだなあ」というのを、いつも思うわけ。

高橋　音楽やってる人は幸せなの？

——うん、そうだと思う。というのは、音楽って確実に進んでるんだよ。日本のポップ・ミュージック、大衆音楽は確実に変化していて、新しい言語、新しいスタイル、新しい発想、それから新しい産業を生み続けてきて、それを僕は何十年も謳歌してきてるから、状況に対する楽観主義があるんだと思う。で、おふたりは……特に高橋さんは、純文学なんていうラチのあかないものに関わってるので（笑）、状況はどんどん悪化していく、事態が変化していかないから、「これはダメなんじゃないのかなあ」と思うのかもしれない。

高橋　いや、悪化はしてないよ。悪化はしてないけど、進化もしてないと思う。

——ポップ・ミュージックに関わってると、それこそ宇多田ヒカルみたいな、とんでもなくすごいものが出てきちゃったりするんだよ。それは、ものすごく感慨深い。やっぱり、時代と共に進化してるなあと。まあ、悪くなった部分もあるけどね。

高橋　それと政治とはリンクしないんじゃない？

内田　うん、音楽と政治はリンクしないな、全然。

高橋　その宇多田ヒカル本人も、パブリックな言語とコロキアルな言語は全然違うって言ってるんだから。

内田　うん、そのコロキアルなほうで商売してるんだからね。

高橋　そう（笑）。

――いや、だから、そんなことに自覚的なポップ・アーティストなんてこれまでいなかったんだよ。だから、音楽って、そうやって新しい文体が生まれてくるわけ。ヒップホップなんか、どんどん新しい文体を生んで、変わってきているんですよね。それは、社会構造の変化と、日本人の言語スキルの変化によるものですよね。

当然、ロックはもともと欧米型なものだけど、その欧米型の文化を基本構造として持ちながら、どう日本の精神風土にマッチングさせていくかっていう、その闘いを延々やってきているわけ。その結果……たとえば30年くらい前、「近代文学は夏目漱石を超えているのか？」みたいな議論があったじゃない？　音楽の場合、「明らかに超えてるよね」っていう例が、山のように出てきている。そんな状況の中にいると、俺は全然、楽観的でいいんじゃないの？　って思う。

高橋　でもさ、ヒップホップとかラップっていっても、日本で流行ってる曲って、換骨奪胎されて演歌みたいになってるじゃん。それは進化っていえるのかな？　湘南乃風（※注3）とかさ、あれ演歌だよね。

――（笑）。よく知ってるね。

高橋　きいてるよ。僕、演歌は嫌いじゃないから（笑）。演歌じゃないと国民カラーにならないっていうところはあるよね。しかも、日本的な文脈にのらないと国民的なヒットには絶対にならない。

「そこそこ」、それが日本人の心

――話を戻すと、それが重要なわけですよ。日本的な文脈にのらないと、自民党にならないってことだから。だから、自民党でなくてはいけないわけですよ。
内田　なるほど、そうだ。自民党だよね、最終的には。
――だから、どう時代に合った自民党を作るかっていうのと同じようなことが、ポップ・ミュージックの世界では確実に行われていると思う。
内田　自民党の場合、文体だけはあるけれども、のっかる概念がなくなっちゃったっていう感じだよね。音楽って、「洋楽」っていうぐらいだから、オリジナリティは外国にあるのがわかってるわけだよね。でも、政治は、一応、国民国家が1個ずつ、自前の政治を持たなくちゃいけない。よその国の政治をそっくり真似することは、許されないよね。日本国憲法っていうのは、だから、その段階で、それまでの政治体制が失敗でした、今度はよそから持ってきましたから、ということだったわけで。
高橋　だから、日本には珍しく、パブリックな言語だよね（笑）。
内田　あれはソ連の憲法とか、不戦条約とか、ワイマール憲法とか、独立宣言とか、人権宣言とか、いろんなものをもってきて、「いいとこ取り」で作ったものだから。

高橋　コラージュだものね。

内田　もう完全なコラージュ。だから、これをどうやって国民のコロキアルな言語にのせるかというのが、本当は戦後60年の課題だったのに。

高橋　壮大な実験だったんだけど。

内田　日本国憲法をコロキアルな形で受け止めようと思った人は、たぶん、戦後すぐの頃はいたと思うんだ。「日本語によるロック」みたいにさ、「日本語で日本国憲法を歌う」ようにできなきゃダメだと思っていた人たちがいたんだよ。でも、その人たちがたぶん1950年くらいまでにいなくなっちゃった。そのあとは、「あれは結局外国から持ってきた法律だし、俺はやっぱし民謡をやるよ」っていう勢力が出てきちゃった。

――はははは。

高橋　大塚英志が憲法を書く運動をしてて、おもしろいと思ったんだけど。そのおもしろいことの中に「やっぱりヤバいな」ってことがひとつあってね。いろんな人に憲法前文を書いてもらってるんだけど、おもしろいのは若い子の書いたものなんだよね。若い子の書いた憲法前文が、すごく個人的なものになっちゃう。「そこそこの国でいい」って書いちゃうわけ（笑）。これ、アメリカやフランスで書かせたら、絶対そんなことは書かないと思う。

内田　はははは。

高橋　絶対、すごく理念的なものが出てくるよね、なんらかの。でも「そこそこの国でいい」って書いちゃう。その事実はひどく胸を打つんだけど（笑）。

内田　「そこそこ」ってさ、完全な相対性でしょ？　絶対的な「そこそこ」ってあり得ないんだから。「他の国がどうであれ、うちの国はこういう国でありたい」っていうんじゃなくて、A国さんはこう、B国さんとこはこうだから――。

高橋　「だったらこのへんでいいです、うちは」って。すごいよね、その理念（笑）。

内田　他者との参照の中でしか、自分の立ち位置が決められないっていうのはさ、これはもう、日本の変えることのできない本性なんだよね。

高橋　でね、胸を打つんだよ。そういう書き方のものって。

内田　「そこそこ」ってのは、くるよ。だって、それが日本人の心だもん（笑）。「そこそこ」とか「ぼちぼち」とか「落としどころ」とかね（笑）。「まあ、両方ともここは痛み分けということで」とか、「どうですか、ここはひとつナカとって」とか。そういうのは日本人の心にキュンとくる。ただ、こういう微妙な呼吸はさ、政治言語にのせられないんだよ（笑）。

高橋　のせられないよねえ。

――それを政治言語にのせることは不可能だけれども、政治の実体にのせることは、僕は可能だと思う。

内田　そのためには、日本っていうのはどんな国なのか、日本語はどんな言語なのか、日本の政治文化っていうのは実際にこの１５００年間ぐらいどんなものだったのかっていうことについて、はっきりとした自覚を持たないとね。「そこそこの国」って言われるとキュンとなっちゃって、常に他の項を参照しながらじゃないと立ち位置が決められないっていうさ、完全に他者依存型の精神風土なのよ。これはね、変えられません（笑）。

――だから逆に言えば、変える必要もないという。

内田　「俺たちはこういう病気にかかっている」って自覚を持てばいい、っていうことだよ。

高橋　だから、病気とどうやって付き合っていくか、っていうことだよね。

――そこでどう高性能化していくかだね。

内田　いや、老いと付き合うのとおんなじなんだから、高性能化はしないのよ（笑）。なんとかこの病と折り合ってゆく、というくらいのことであって。

高橋　でも「確かにいま、あんま気分はよくないよね、この状態は」っていうのは事実でね。だから、もう少しいい気分になりたいとは思ってるんだよね。

――だから、いまは日本的な状態じゃないんですよ、逆に言うと。「そこそこ」でも「ぼちぼち」でもない状態に陥っちゃってるから、なんとか「そこそこ」と「ぼちぼち」にしないといけないっていう。

内田　アメリカにキャッチアップしちゃったので、もう自己造形のためのロールモデルがいなくなっちゃった。日本人はロールモデルがいるときはすごくがんばるんだ。批判的に取り入れるという点も含めてね。でも、モデルがいないとまるでダメなのよ。向上の努力もできないし、批評性も失ってしまう。だから、とにかくいま喫緊の課題は「アメリカの復権」なのね。「アメリカよ、蘇ってくれ」と。成功のロールモデルが出てきてくれたら、またそれを真似すりゃいいんだけどさ、アメリカがあのまま没落しちゃったら、「これから誰を指標として生きていったらいいのか?」って。

高橋　「中国はイヤだし」って感じでしょ。

内田　中国はイヤだし、インドもイヤだし。でも、遠からず出てくると思う。もし中国経済が大成功した場合には、「中国に学べ」って言うやつが。

――昔は中国を真似していたわけだし。アメリカを真似していた歴史と、中国を真似していた歴史と――。

高橋　全然違うよね、真似をしてきた歴史の長さが。

内田　１５００年ぐらい違うから(笑)。だからさ、中国がこれからも経済成長し続けて、多政党化して、民主化にソフトランディングしたら、日本人が一斉にLook Westするんじゃないの。

高橋　そうか、中国って、日本の西なんだよね(笑)。

内田　若いやつらが、英語やめて、代わりに漢文やったり漢詩作ったりしだしたらさ。俺はそのほうがいいけど。

高橋　いいねえ。

内田　伝統あるし。高校生が「きみ、昨日の宿題の五言律詩作ってきた？」みたいな会話するの（笑）。

――だから、その日本人のＤＮＡの中に入ってる、相対化のスキルが上がっていくんだと思う。だから、明確なキャッチアップのヴィジョンとしてのアメリカでもないし、明確なキャッチアップのヴィジョンとしての中国でもないと思う。どう考えても先頭を走らざるを得ないというところに、日本はだんだん追い込まれているし。

内田　先頭は走んないほうがいいと思うけどな。だから、政党の質が下がってるんだよ。先頭を走んなくていいように（笑）。だから、いま、日本は、国民的合意として国力を落としてるんだよ、きっと。また「追いつけ追い越せ」と言えるところまで国力を落とすと。

「『坂の上の雲』主義」という病

高橋　僕はね、日本の将来のことを考えると、いつも、鶴見俊輔（※注4）が言った言葉を思い出すんだ。「日本は1回滅んだほうがいい」って彼は言ったんだけど、正論なんだよね。「国力なんか下がったほうがいい。国力が上がっていいことないっすよ」って。

――（笑）。

高橋　だから、日本人って無意識のうちにがんばって、すごく低いレベルに国力を落とそうとしてるんじゃないか、って疑いがあるんだよね。

内田　俺ね、「国益」と「国力」って言葉は同義じゃないと思うのね。国力は下がったほうがいい、絶対。下がったほうが国益は上がる。

――ははは。でも、日本はどうしても働き者だし、上に行こう上に行こうという習性もDNAに入ってるから、もう前に進むしかないんだよ。

高橋　そう？　いや、前に進まなくていいんじゃないかな（笑）。

内田　いいんじゃない、うしろ向いてて。退化に生きようよ。

――進んじゃうんだって、絶対。

内田　いやいや、退化するときも一生懸命になるんだよ、日本人は。

高橋　一生懸命退化する（笑）。

内田　全体として必ず一生懸命になっちゃうから。これからしばらくは、みんながんばってダウンサイジングしようということになるんじゃないの。みんながんばって、「そこそこの国」になりましょう（笑）。

高橋　ははは。なんでもがんばる（笑）。でも、明治時代になって以来130年ぐらい、ずっと『坂の上の雲』（※注5）主義っていうのがあったんだと思う。ずっとエンジンを動かし続けて、上を目指していないと落ちてしまう、っていう不安感があった。これは経済だけじゃなくて、文学でもなんでも、とにかく坂の上を目指して行くっていうんじゃないと、落ち着かないっていう気分を、明治になって植えつけられて。そのままずっときて、現在に至ってるわけです。

内田　我々、その代表らしいよ。高橋さんと俺と渋谷さん（笑）。

高橋　がんばっちゃうんだよね。意味もなく。

内田　がんばっちゃうの（笑）。

高橋　よくないと思うよ（笑）。それ病気でしょ、やっぱり。

内田　この3人は病気、絶対（笑）。

高橋　病気だよね。仕事しすぎだよ。

――まあ、世代が変わればまた別の世界観が形成されるんだろうけれども、我々が現役の間はダメだと思う。

高橋　（笑）いつまで現役なの？　死ぬまで現役？

――死ぬまで現役だと思う。

内田　やめようよ（笑）。

高橋　みんな病気だね。

内田　病気だね。キャッチアップ病なんだ。

高橋　人にはゆっくりとか言ってるけどさ、自分たちが落ち着かないんだよね。でもね、一生懸命走らないと、同じところにも止まっていられない、と思えちゃうんだよね。

――だから、それはもう性《さが》だから。

高橋　サボるためには、まず働かないといけないと思うんだ。

内田　一生懸命、標準超えて働いたあとに、はじめてその分だけほっとしてサボれる。意味ないの（笑）。だから、戦後世代として、我々は注入されたんだよ、とにかく追いつき追い越せっていう。だって僕らの出発点ってさ、日本は後進国だっていうのがあったじゃない、言葉としてさ。あと「四等国」とか「日本は12歳」っていうマッカーサーの言葉が。ほんとにそれ、実感としてそうだったわけでしょ。日本は子供なんだ。だから、がんばんなくちゃ、っていう。死ぬほどがんばっても、自分たちが生きてる間にね、海外旅行なんかできるようになるんだろうか？　とか、クーラーが家につくだろうか？　とか。自家用車を持つことなんか、考えられなかったもの。

高橋　いや、確かに注入されてるよね。僕たちがちっちゃい頃は、周りに本当に貧しい人たちが多くて、「がんばらないとあそこに落ちるよ」って言われた。上を目指せっていうふうに、周りはすべて言ってた。教育も、親も、親戚も。だからがんばるのがあたりまえだった。

民主主義と努力、民主主義と正義

内田　おもしろかったのが、前に高田渡が、ラジオで大瀧詠一としゃべっててね、あの人、深川のナメクジ長屋みたいなところで少年期を送ったんだけども、その中で言った言葉が、「僕は貧乏人に同情しない」って。「あの人たちはね、努力しないんだよ。いまの状況から這い上がろうとしないんだ」って。彼自身は極貧の出なわけだよね。極貧だったけども、貧しいところに安住してる貧乏人に、僕は絶対に同情しない、って。

高橋　そういうイデオロギーを持っているんだよね。

内田　貧乏人の立場からフォークソングを歌った人なんだけども。極貧の生活を経験してきた高田渡でさえも、人たるもの、貧窮状態から這い出るべく努力すべきだ、っていう。「がんばる」ことの意識が、骨身にしみこんでいる。あれだけ貧乏な状態を言祝《ことほ》ぐように歌ってた人にさえ、向上心はしっかり根づいている。

高橋　いや、そのことと戦後民主主義とはリンクしてんだよ、困ったことに（笑）。よく考えたら、がんばって働くことと、全然関係ないんだけどね。民主主義って。

内田　全然関係ない（笑）。

高橋　でも、たまたま上昇することと民主主義が同じ時代に、というか同じ場所に存在していたので、関係あるように思ってしまうんだ。やっぱり、洗脳されてるよね。

内田　我々、洗脳されてるね。「努力と民主主義」とかさ、「政治的公平さと努力」とか、全部セットになってるんだもん。

高橋　マインドコントロールが解けてないもん、まだ（笑）。

内田　だから、ほんとは努力とまったく無関係なところに、フェアネスとか民主主義とかはあるんだけども、僕らの場合は民主主義と個性、努力っていうさ。正義、努力っていうさ、全部努力とセットになっちゃう。

高橋　卵が割れて、最初に見たのが民主主義と努力なんだから。
内田　はははは。
高橋　すりこまれちゃったんだよ。
——だからきっと、俺たち世代が死に絶えると、日本は変われるね。
内田　はははは。
——早く死ぬことだよ、俺たちは。
内田　民主主義と努力がワンセットですりこまれてるのは、僕らの世代までだと思う。
高橋　だから、『あしたのジョー』の矢吹丈と民主主義が結びつく。あの話がなんでウケたかっていうと、あれ努力する話だから。
——「明日のために」だもんね。
高橋　「明日のために」だよ。あれも、『坂の上の雲』のバリエーションだよ。司馬遼太郎だ（笑）。
内田　いや、まったくそうだね。『坂の上の雲』主義だね、ほんとにね。
高橋　だから政治家も、我々の世代くらいまでの人たちは、そういうのがすりこまれてるわけ。保守・革新を問わず、努力すれば報われる、っていうイデオロギーのほうが強いわけだよね。やっぱり、みんな死んでもらわなきゃダメかな。
内田　はははは。
——だけどまあ、社会の必然として俺は変わっていくと思うけどね。

高橋　そうなんだ。そこがおもしろいよね。

内田　ロックの人はね、進歩史観にならざるを得ないんだよ。だって音楽業界では、今日できた音楽は昨日の音楽よりもクオリティが高いって言い続けないと商売にならないからね。進歩史観にならざるを得ない。

――いや、過去のものでもいくらでも商売できるから、そういうことでもないんですよ。でも、現実の皮膚感覚として、変化に対する信仰というか、手応えは持てるかな。

内田　僕は、一番新しいものが一番よいものだとは全然思わないけどね。

――まあ、それはそうですよね。それこそビートルズを超えたものがあるのかっていうと、またそれはそれで、「うーん、なかなか難しい議論ですね」っていうことにはなるから。でも、それとは別の形で明らかに進んでいる部分はあるんですよ。逆に、俺が高橋源一郎や内田樹にききたいのは、そこで「そうじゃないんだよ」って言う、一種のブレーキをかけることで、自己抑制をしている感じがするんですよね。自分たちのアッパー度に対する。

内田　アッパー度（笑）。

――戦後民主的なるものに対する抑制というか。戦後民主的なものをなんとか対象化しないとヤバいぞっていう、その保護機能という感じがして。俺なんか逆に「そんなの保護しなくてもいいや」みたいな開き直りがあるけれど。

内田　関川夏央さんとか橋本治さんとかは、戦後民主主義大好きだからね（笑）。

高橋　愛があるよね。でも、彼らは、僕らより少し上でしょ。僕たちは愛がない。

内田　橋本さんは愛があるもんなあ。

高橋　僕は、「なかなかいいんじゃない？」とは思うけど、別に添い遂げようとは思わないもの。

1学年違いの断層

――僕は、おふたりの1学年下なんですが、その1年の差って大きいなって気がする。おふたりを見ていると、「まだここに全共闘世代がいる」って感じ。

内田　渋谷さんって１９５１年生まれ？

――そう、ちょうど全共闘が終わったときなんですよ。高校時代で全共闘世代が終わっちゃったわけ。で、呆然として（笑）。

内田　この1年って大きいんだ？

高橋　大きいよ。

――そう。この1年が決定的なわけですよ。俺からすると、1年上にニヒリズムを生んで、1年下に楽観主義を生んだっていう。だから俺たち世代の、坂本龍一とか忌野清志郎とかは、全員ロックになだれ込んだの。

高橋　明るいよね。僕ら暗いもんね。

――で、高橋内田世代にはロックがいないわけ。

内田　あ、いない！
高橋　確かにいないね。
内田　おもしろい！　そうなんだ。
高橋　切断線があるんだ。
内田　坂本龍一は51年組？
――そう。忌野清志郎もそう。
内田　高橋さんも51年だけども。
高橋　1月生まれだから50年組。
――うん。1年違うだけでそういう差があってすごいおもしろいよね。
内田　関川さんは僕らの1個上だけども、これもう全然雰囲気が違う。
高橋　「古いよね」って僕が言われるもん。
――はははは。
内田　関川さん、司馬遼太郎なんて古いって感じだもんね（笑）。
高橋　僕たち、司馬遼太郎のほうが近いもんね、どっちかって言ったら。
――まあ俺から見ても、はなはだ僭越ですけれど、古い（笑）。
内田　うれしいよなあ。古いって言われちゃったよ。生まれてはじめて言われた（笑）。
高橋　意外と手厳しいね。
――ロック的な楽観主義というか、ポップ・ミュージック的な楽観主義という〝病〟に俺たちは感染してしまったけれども、おふたりは感染しないままニヒルになったのかなあという感じがしますよね。たとえば、清志郎のある種能天気な反戦歌とか、坂本龍一の確信的な反権力主義とエコロジーみたいなものは、この世代ならではなんだなあという。

高橋　うらやましいよね。

内田　同世代って全然思えないよね。

高橋　思えないね。

内田　言ってることも書いてることも似てるし、使ってる言語も一緒なんだけど、「あれえ、なんか違うなあ」っていう。

高橋　「本気かなあ？」って、とりあえず思うんだ。

——本気なんだよ。いま話しててもわかるように、俺は本気なわけ（笑）。

高橋　それが不思議だよ。「本気なんだ、えー、本気で言うんだ、こういうこと」って。

内田　ははは。

——だからＳＩＧＨＴみたいな雑誌を作っちゃうんだよ。

高橋　そうだよねえ。別にバカにしてないし、いいと思うんだけど、でも、本気でやってるっていう一点に関して、内心で「マジ？」って思いたくなる。

内田　「これはシャレでやんなきゃ」っていうふうに、僕らはなっちゃう。

——ある意味ではシャレなんだけども、ある意味では本気なんだよ。で、もっと下の世代は、さらに超本気になるわけだし。

内田　この1年の差は大きいね。

――ただ、これに命懸けてるかっていうと、別に命は懸けてない。これは必要だから出してきゃいいんじゃないの？　っていう、要領のよさはあるんです。

高橋　理解はできるけど（笑）。

内田　実感としては湧かないかな。でも、この1学年に切断線があるって話はおもしろいよね。話をきいてると、ものすごくリアリティがあるし。

高橋　あるよね。

内田　なんでなんだろ？

言いたいことは「気をつけろ」

――だから、全共闘運動に現役だったか、それとも高校時代でそれを見ていたのかっていう違い。あと、小学校6年のときのビートルズの経験だと思う。あれを理念として体験してるか、フィジカルなものとして体験してるかの違い。

高橋　あ、わかった。SIGHT自体が政治なんだ。雑誌だから政治の言語にのらなきゃいけない。雑誌に自分の名前の冠をつけて、しかもSIGHTは、自分の言葉だけじゃなくて、他人を載せないといけないじゃん。よくやるよね（笑）。責任を考えると、僕はちょっと躊躇しちゃう。

――そんな現実性は俺には全然ないわけですよ。責任は取れる範囲のものしか取れないし。高橋さんと内田さんが、「いいんじゃないの？」って批評してるのと同じスタンスで、俺は実行しているだけで。生体反応の違いだけだと思う。俺が動くところで、おふたりの世代はブレーキがかかるというか。でも、「これを言っとかないとヤバいぞ」っていう、そのセーフティネット的な話を、いつもおふたりからきいているわけで、それについては理解できるし、そこにこそ知性があるわけだから、それを言ってもらわないと困る。

高橋　僕ら老婆心あるよね。老爺心っていうかさ。

内田　ははは。

高橋　「気をつけて！」って言いたくなる。『赤頭巾ちゃん気をつけて』（※注6）に似てるよね。

内田　なるほど（笑）。

高橋　「政治的言語を使うと怖いことになるよ」って、ひとこと忠告したくなる。政治的言語を使うことにはまったく反対しないし、どんなことやってもOKだと思うけれど、まず「気をつけろよ」っていうふうには言っちゃうんだよ、どうしても。

これはもうあらゆるケースでそう。自分が書いてるものを読んでも、何を言ってるかっていうと、「気をつけろ」って言ってるんだよね。とりあえず気をつけなさいと。まあそれが、政治に対する接し方にもなっちゃってるよね。

——それが、いま話してるような角度で入ってくる分にはいいんですけど、ちょっとズレるとニヒルにきこえる。

内田 ニヒルじゃないもんね、全然。

自民党は語れない

高橋 うん。で、自民党の話はどうなったんだっけ？

内田 いや、かなり自民党の話だと思うよ、これ（笑）。

高橋 いや、でもね、ほんとに、この問題は、30年考えてもよくわからない。それを象徴するのが、自民党のことをうまく言えないってことだと思うんだよね。天皇制のことはなんとか言える。民主主義とは何か、ということも言える。つまり、公の言語に翻訳すると、いろんなことを言えるんだけど、自民党のことを公の言語に翻訳しようと思ったら、「え、何言えばいいの？」っていうことになっちゃう。

内田 天皇制に関しては、ＧＨＱが分析してるわけだよね。「これは理論的にはつぶしたほうがいいんだけども、政策上は残したほうがいい」っていう、すごいシビアな言語が残ってるわけで。だから、自民党の政治はどうかってことについての書類が、アメリカ国務省とかにあれば、それを読ませてもらえれば、俺らすごく助かるんだけども（笑）。

たぶんアメリカはやってるはずだけども、それ公文書館にあるんだけど、あと50年間ぐらい閲覧禁止だから、読めないわけだよね。それを読ませてもらえれば「そうそう！」って納得いくと思うな。だって実際にアメリカってさ、戦後60年間、日本の自民党政治をコントロールしてるんだから。実際に日本に来たこともない人たちが、国務省で対日戦略を起案していたことはさ、ルース・ベネディクトの『菊と刀』（※注7）みたいに、きちんとした自民党政治を分析したレポートがあって、「自民党政治というのはこういう構造ですよ」っていう、明確な言語になってるはずなんだよね。俺はそれを読みたいね。

——ただ、その時点での自民党といまの自民党では、全然変わってきてると思うんですよね。

内田　いや、戦後ずっと数式は一緒だと思うよ。

——そうかなあ。それを読むというのは、１９５１年の若者論を２００９年のいま読むようなもんじゃないか、っていう気がしますけどね。

内田　アメリカがうまく理解できなくて、コントロールに失敗した政治家って、確かに何人かいると思うんだよね。田中角栄とか。

高橋　なんで？

内田　政策の方向性がわからない、次に何やるかわからない、っていうね。アメリカが、田中角栄をつぶした一番大きい理由って、何を考えているのかわからない政治家だからでしょ。

——そうだね。なぜ田中角栄が、どこよりも先に中国国交回復をやったのかっていうのは、アメリカ的な分析だと解析不可能だと思う。
高橋　それが一番困るよね。理解できないっていうのは。
——だから、ものすごくうまく自民党が動いていたんだよ、あのときは。
高橋　機能してたよね。
——だから、そういう機能が逆へ逆へって進んでいって、挙げ句の果てに、小泉純一郎みたいに、変な形で言語化能力が高い人が出てきて。
内田　でも小泉純一郎は、たとえば北朝鮮と、いきなり平壌条約を結んだりする。あれは田中角栄の——。
高橋　真似したんだよね。
内田　日中友好条約のときと似てたね。
——ただ、いまはもう、やっぱりダメなんだと思う。だったら、早くとっかえなくちゃいけない。
高橋　何と？
——それがないんだよ（笑）。
高橋　そうなのか。
内田　うん。やっぱり、この特集のタイトル、「さよなら自民党、こんにちは自民党」にしてよ（笑）。

注1　マグナ・カルタ：１２１５年、イングランドのジョン王が、貴族・僧侶たちからの要求により、王権の制限や諸侯の権利を認めた勅許状。イギリス立憲制の支柱のひとつとされ、大憲章と訳される。

注2　『大論理学』：ドイツ観念論を代表する思想家、ゲオルク・ヴィルヘルム・フリードリヒ・ヘーゲルによって１８１２〜１８１６年に刊行された、論理学総論。

注3　湘南乃風：２００３年にデビューした、ＲＥＤ ＲＩＣＥ、若旦那、ＳＨＯＣＫ ＥＹＥ、ＨＡＮ-ＫＵＮの4人から成るグループ。２００６年のシングル『純恋歌』がオリコンチャート初登場2位、累計60万枚のセールスを記録。この曲を収録した3枚目のアルバム『湘南乃風〜Riders High〜』、２００９年リリースの4枚目のアルバム『湘南乃風〜JOKER〜』がともにオリコン1位を記録した。

注4　鶴見俊輔：評論家、哲学者。１９２２年生まれ。１９３８年に渡米し、ハーバード大学哲学科を卒業。戦後、『思想の科学』を創刊するなど思想史研究を行い、アメリカのプラグマティズムを日本に紹介した。ベトナム戦争期には、「ベトナムに平和を！　市民連合」（ベ平連）の中心人物としても活動。

注5　『坂の上の雲』：１９６８〜１９７２年にかけて産経新聞に連載され、１９６９〜１９７２年に単行本化された、司馬遼太郎の代表作品。俳人・歌人の正岡子規、軍人の秋山好古、真之兄弟の3人の生涯を軸に、明治維新を経て先進国を追う日本を描いた歴史小説。２００９年から２０１１年にＮＨＫでドラマ化されており、第3部が２０１１年に放送された。

注6　**『赤頭巾ちゃん気をつけて』**：庄司薫が1969年、『中央公論』に発表した小説。学生運動を背景に、日比谷高等学校の生徒である主人公の生活を描いた。

注7　**『菊と刀』**：アメリカの文化人類学者、ルース・ベネディクト（1887〜1948年）が日本文化を説明した著作。1946年に出版された。

第2回

──「理念の鳩山」と「リアルの小沢」、何ができる?

自民党惨敗、政権交代が実現

2009年7月12日に行われた東京都議選で、民主党が前回の34議席を大きく上回る54議席を獲得、初の都議会第一党となった。翌7月13日、8月30日に衆院選の投開票を行うことで与党が合意したと報じられ、7月17日、麻生太郎首相が各党に「21日に解散詔書朗読のための本会議を開き、衆議院を解散する」旨を通達。7月21日、衆議院が解散。8月18日に公示、8月30日に第45回衆議院議員総選挙が行われた。結果は、民主党が選挙前を大幅に上回る308議席を獲得して大勝、自民党は119議席と惨敗。自民党の議席は公示前より181の減少となり、1955年の結党以来はじめて衆議院第一党の座を失った。民主党の鳩山代表は8月31日未明に記者会見を行い、「国民の怒りが民主党への期待に結びついた。国民主導の政治に変えていく」と述べた。おふたりには衆院選の翌日の8月31日、この結果をふまえて対談をしていただいた。

対談日：2009年8月31日

自民党の自殺願望

――まずは、この２００９年8月30日の衆院選における、民主党の圧勝状況を、どう捉えるのかっていうところから、お願いします。

高橋　じゃあ僕から。最初にしゃべると楽だから（笑）。今月から、『群像』で新しい連載が始まるんです（２００９年10月号）。ちょうど1回目を書き終わって、少し前に校了したところ。『日本文学盛衰史　戦後文学篇』っていう連載で、戦後文学が読まれなくなっちゃったけど、なぜだろうかというのを探ろうという目論見です。『群像』って、いわゆる戦後文学の作家が、いっぱい書いていたわけなんですね。そういう作家を、毎回ひとり取り上げて、ひとつ作品を載せて。でね、おもしろい企画があって、『群像』って合評があるんですね。みんな集まって、新作を毎月合評してる。それを戦後文学の作品でやってみる。

内田　旧作を合評するの？　おもしろいなあ。誰とやるの？

高橋　僕と奥泉光さんが中心になって、若い作家とやる予定です。たとえば、野間宏（※注1）を、そんなもの読んだことない若い子に読んでもらう。１回目は、奥泉さんと島本理生さんと中村文則さんでやったんですけど、すごくおもしろかった。でね、なんで戦後文学が読まれなくなったのかを、ものすごく簡単に言うと、戦後文学を書いたり読んだりしていた人たちの経験を、それからあとの人たちは共有できなくなったからなんですね。つまり、「戦後文学」そのものを知らない。「何それ？」って感じ。で、これって、今回の自民党の問題とリンクしてるんじゃないかっていう気がするんですね。

衆院選の感想に入りますが、とりあえずふたつあります。ひとつめは、今回自民党は負けたけれど、これは自民党の自殺じゃないかという説。今度の選挙、どう考えてもわざと負けたと思うんです。

内田　なるほど。それはおもしろい説。

高橋　自民党って、結党して54年ですよね。ひとつの組織がこれだけ長期間続くと、ガタがくる……どんな組織にも、いわゆる賞味期限がある。それを超えて存続していくと、どうなるかっていうとね、イヤんなるんだよね。つまり、大きい組織がその寿命を超えて生きると、死にたいという願望が生まれてくるのではないか。

内田　もう殺してくれと。

高橋　うん。実は、その予兆はずっとあったんです。小泉さんが出てきたときに「自民党をぶっ壊す」って言ってたでしょ。あれ、即物的に「殺す」ってことだよね。そのあと安倍（晋三）さんが出て、福田（康夫）さんが出て、ふたりとも政権を投げ出したでしょ。こんなこと、あり得ない。つまり、殺してくれって3代続けて言ってたわけ。

内田　ははは！

高橋　最後は麻生（太郎）さんなんだけど、やってることがおかしい、というかどう考えても負けるようなことしかやらない。一番の典型が、マニフェスト。民主党のスローガンが「政権交代」、自民党は「責任力」だったでしょ。これ、誰が読んでもさ、「おまえだけには言われたくないよな」って思うでしょ(笑)。あんなスローガン、あり得ない。あれ、麻生さんのそばについてる人がダメだったのかな、とかいろいろ考えたんですけどね。でも結論としては、自民党が集合無意識として、早く死にたいと願っていたと考えると、わかりやすい。

内田　う〜ん、これは、僕も賛成！

高橋　当人たちには、そういう意識はないですよ？　でも組織全体としては、もう早く死んで楽になりたいと、心の底から思ってた。

内田　早く介錯してくれと(笑)。

高橋　だからほんとは、小泉さんのところで死ぬ予定だったのに、延命装置つけられて薬ガンガン打たれて、無理矢理生かされて。安倍さんも福田さんも「早く呼吸器外してくれ」って、ふたりとも自ら外したのに。

内田　まだ生きてる。もともと生命力が強いんだよね。

高橋　それで最後に、やっと死ねたわけ。これって、前例があるんです。ソビエト共産党がそう。ソ連共産党も、ずうっと続いたでしょ。でね、ゴルバチョフが小泉だったわけです。あのペレストロイカって、要するに「ロシア共産党をぶっ壊す」だった。同じ自殺願望だよね。

似てるのは、両方とも一党独裁だってこと。なぜ、それがまずいかっていうと、どんな党も一応、結党の理念ってあるでしょ。だから、もし政権交代をすると、負けたときに変えなきゃいけなかったりするんだよね、「間違っていた」と。でも、一党独裁って変えられないんです、ずうっとそれで来てるから。そうすると、どんなにその理念が現実と合わなくなっても、それでやらなきゃいけない。その理念がもう現実と合ってないって、彼らは知ってると思うんだよね。でも変えられないでしょ。だから死ぬしかないわけ。

だからゴルバチョフのときも、現実と合わなくなって、「ロシア共産党を殺してくれ」と言って、見事に死んだ。それと同じなんだよね。だからこれは、民主党が勝ったんじゃなくて、自民党が自殺したんです。しかも4代かかって。

前回（第1回）のこの対談でも言ったけど、自民党って理念がない、現実しかないでしょ。どういう現実かっていうと、政権党であるっていう現実なんだよね。ただそれだけでずっと来た。でもいま、違う現実世界に入ってしまった。あ、これ、突然だけど、『１Ｑ８４』（村上春樹）の話です。

内田　（笑）。えっ⁉

高橋　『１Ｑ８４』ってどういう話かっていうと、タイムスリップみたいなものなんだけど、結局、ひとりだけ違う世界にずれちゃったっていう話なんですね。たとえば、戦後文学が読まれなくなったって、さっき言ったでしょ？　うちの学校で、島尾敏雄（※注2）とか野間宏とか名前を出しても、１００人の学生のうち、ひとりも知らない。っていうことは、彼らの生きてる世界は、島尾敏雄や野間宏がいない世界だって考えるとわかりやすい。僕が島尾敏雄や野間宏の名前を知っているのは、僕だけ違う世界に住んでるからなんです。同じ世界だと思ってたけど。こういうことって、タイムスリップじゃなくて、普通にあることでしょ。

　つまり自民党って、「戦後」という世界に住んでたんだよね。ところが、米ソ対立、イデオロギー対立があって、いつの間にか戦後じゃない世界になっていた。そういう意味では、薄々感じているはずなんだよね、「この世界って俺たちが生きてた世界じゃないんじゃないか？」って。でもそれを言っちゃうと自民党じゃなくなるので、だから『1Q84』の世界なんです（笑）。

内田　……これでもう、この対談終わりにしたほうがいいぐらいおもしろいなあ（笑）。

　そっかあ。

高橋　いい例だなあと思ったのは、選挙戦の最後に、自民党がネガティヴ・キャンペーンやったでしょ。「民主党は日教組に支配されている」とか、「国旗引き裂き事件がけしからん」とか、大々的に取り上げたでしょ。でも、それって戦後の問題なんだよね。だから、いまの国民の3分の2か4分の3を占める、ポスト戦後世代にしてみれば、もう違う世界の話なんだよね。

　でも、民主党の「政権交代」って、戦後の問題じゃない。いまのことなんです。いまの子育ての問題だったりとか。つまり、戦後に関わるようなことは外してある。自民党はまだ日教組とか言うと通じると思ってる。でも、もう『１Ｑ８４』の世界だから、日教組の問題なんか存在しないわけ。

内田　（笑）。ない。実際、だっていま、組織率、２割台なんだから。

高橋　そうそう。で、国旗も、もちろん大事と思ってる人もいるけど、それを引き裂く、つまりそれは日教組とか左翼だっていうことで叩こうとしたんだけど、そもそもいま、そういうことは問題にならない。だから、何をやっても消えていくわけ（笑）。

内田　自民党の古参議員が落選の弁で「相手が見えない。誰と戦ってるかわからない」って言ってたけどさ。確かに見えるわけないよね、いる世界が違うんだから（笑）。

高橋　違う世界に入っちゃったわけだからさ。

「物語」をなくした自民党

内田　僕、今日ね、毎日新聞のインタヴューを受けて、総選挙のことを話したんだけども――東西冷戦構造っていうのは、世界にある種の秩序を与えた「大きな物語」だったわけでしょ。それがなくなっちゃった。自民党っていうのはその物語世界の中で存在していた一種の登場人物だったわけだから、「大きな物語」がなくなったら、自分が何者であるかを根拠づけることができなくなったんじゃないかって。

高橋　うん。そこで、なんかしなきゃいけなかったんだよ（笑）。

内田　なんかしなきゃいけなかったんだけども、思いつかなかったんだね。小沢一郎が、自民党の中にいればね。あの人も、政治理論はほとんどない人なんだけども、動物的な野性の勘があって、日本における政治的な流れの作り方が、直感的にわかってる。政治っていうのは、勢力と勢力が対立していて実際にぶつかってゴリゴリやってると、それだけで何かが起きる、っていうのが彼の直感なのね。でも、そうなんだよ。小沢さんが自民党を離れたのって、あのままだと「敵」が見えなくなっちゃうという不安があったからだと思うんだ。どこかにリアル・ファイトの場を作んなきゃいけないって。自民党を辞めたときも、こういう日本を作りたいという確たるヴィジョンがあったわけじゃないと思う。新党を作ったり、合従連衡したのは、とにかく「戦い」を説明できる物語がないと政治はダメなんだという考えからだと思う。

だから、このあと自民党ってもう解体しちゃうわけでしょ。歴史的な大敗を喫したあとに、彼らを統合する軸がないから。まだ組織はあるし、資金も、人材も多少はあるけれど、もう「物語」がないから。なんのためにこの政党は存在するのかを言語化できなくなっちゃった。「責任力」って要するに「私たちは政権党です」ということでしょう。最後の存在根拠が「現に政権党であること」であると言っちゃったんだから、野党になったらもう存在理由がないよね。

高橋　野党としての自民党って、ないんだよね。

内田　あり得ないの。だって野党っていうのは、非現実的だけれど理論的整合性だけはある、異議申し立てをする政党のことなんだから。前に下野したときだって、第一党ではあったわけでしょう。野党が連合して政権は獲ったけれど、自民党が最大党派だという自負はかろうじて持ちこたえることができた。でも、もうそれがなくなっちゃった。僕、自民党は自然崩壊すると思う。まず、総裁を選べないと思う。実力者もちょっとは残ってるけど、当然小沢一郎が電話かけてきてさ、「ちょっとメシ食わない？」とかなるじゃない。「それなりの処遇をするから仲間10人ぐらい連れて来てよ」って言われたら、ぐずぐずになると思う。だってこれだけは受け入れられないというような政策的な対立なんてないんだから。財源の手当をどうするかというようなテクニカルな違いだけでしょ。だから自民党を棄てることは、政策的には転向でもなんでもない。民主党に移ることへの心理的なハードルは低いと思う。そうすると巨大な民主党ができるわけじゃない。だから民主党っていうのは、自民党の21世紀ヴァージョンなのね。

高橋　まったくそうです。

内田　ね？　前回言った「さよなら自民党」っていうのは、民主党が自民党の代わりになったということであって、Aの代わりにBなだけで、機能はほとんど一緒なの。

高橋　さっきロシア共産党の話をしたけど、そこも同じなんだよね。ロシア共産党ってゴルバチョフが出てきて、ソ連が崩壊したあとも、「共産党」という名前の党はあるんだけど実は抜け殻。プーチンたちが作った、いわば新共産党が代わりになった。というか、転生したんですね。だから、小沢さんってプーチンなんだよね。

内田　そうだね。だから小沢さんは自民党にいるときにいち早く「もう死んだ」と気がついて、新しい統合軸を作るために、自民党の転生先を探しに行ったんだと思う。チベットに「ダライ・ラマの後継者を」ってさ、転生した少年を探す人いるじゃない、あれみたいな感じでさ（笑）。

内田　そう、同じ同じ。

高橋　ラマ宮殿から出て、あちこち放浪しながら、細川護熙とか羽田孜とか、いろんな人を「これがダライ・ラマの後継者だろうか」って吟味してきて、ようやく鳩山由紀夫で「この人です」。

内田　まったくそうだと思う。

衆院選は熟年離婚選挙だった

――でも、当初の読みでは、もうちょっと時間がかかるはずだったのに、こんなに早く民主党が大勝してしまって、逆に小沢一郎は途方に暮れてるんじゃないか、って思うけども。

内田　いや、もう次のことを考えてると思う。あの人は直感力の強い人だから。民主党はもともと、綱領的整合性のないところだから、自民党の残党を民主党に取り込んで、わざと党内にフリクションを起こして、鳩山と小沢の二重権力構造を作るだろうね。新聞もテレビのワイドショーも常に民主党の内紛を中心に報道するけれど、小沢一郎はそれでいいわけでしょ。政治的な対立が具体的にあって、みんながそのドメスティックな対立に集中してるっていうのが日本の生きる道だと思っているから。

――小沢一郎が自民党でやった手法そのままですね。

高橋　そのままだね。結局派閥の戦いが移動していくんですね。自民党の遺産は全部引き継ぐ。

内田　小沢一郎って自民党の家元だからね（笑）。たまたま家元が出ちゃって別の家を建てたけども、家元であることは変わらない。あの人の政治技術は、日本の政党政治の王道だと思うよ。結局、自民党は派閥がなくなっちゃったよね、誰もが言うことだけど。中でもっと戦うべきだったんだけど、体力がどんどんなくなっちゃって、麻生太郎みたいな人を担ぎ出すことになった。中で淘汰しなくなっちゃったんだよね。メディアはわざと間違えてアナウンスしていると思うんだけど、政党っていうのは一枚岩で内部になんの矛盾もなくて、みんながひとつの綱領の中で整然と行動するのがいい政党だっていうのは嘘なのよ。そうじゃなくて、中で対立があって、足を引っ張り合ったり、権謀術数で喉笛かき切り合うみたいなことをやってる政党が、いい政党なんだよね。それがなくなると死んじゃうわけよ、自民党みたいに。

高橋　そう、安楽死だよね。それからね、ここまでは自民党の内的意識の話をしてきたけど、次は国民の側の内的意識を、考えてみたんです。今回は、自民党にとっては自民党自殺選挙。でね、国民の側に立ってみるとね、熟年離婚選挙なんだ。

――いちいちおもしろいね（笑）。

高橋　僕の両親は、もう亡くなりましたが、最終的に別居するんですけど、45年間離婚しなかった。でも、僕が物心ついた頃から、ずっと仲が悪かった。父親は金使いが荒いし、嘘つくし、浮気するし、もう最低なわけ。うちの母も家出したり、実家に帰ったりしたけれど、結局離婚しなかったんですね。だから、僕は「離婚すれば？」って言ったんです、18ぐらいのときに。そしたら「できない」って。なんでかって考えたら、離婚するという発想がないんですね、母親に。父親は父親で、どんなにひどいことをしても、母親は戻ってくると思ってる。

国民と自民党の関係って、これだと思うんです。家父長的で独裁的な父親が自民党で、それに唯々諾々と従って、不満を抱えてる妻が国民、何十年もそういう結婚生活を送ってきた。ときどきプチキレはするんですよ、社会党が躍進したりして。でも離婚はしないでしょ。つまり、家を出るっていう発想がなかった。

でも、結局うちの母親も家を出るんですよ、60ぐらいで。いわゆる熟年離婚みたいな形ですね。それはもう、ずうっと溜まってきたものが臨界点に達したっていうことと、戦後が終わって、家父長的なものが不動のものじゃないっていうことが見えてきたってことなんですね。

ある時期から自民党は、ずっと過半数を割ってましたよね。選挙によっては、民主党のほうが得票率が高かったりしたでしょ。それはつまり、「離婚の準備はできた」って、もう離婚届にハンコついて持ってたってことです（笑）。

でも、小泉さんのときに自民党、大勝したでしょ？　あれは要するに、いつも約束守んないお父さんが、「今度こそ浮気しません」とか言って、反省して、「わかった、もう新しい家を買うから！」って詫びを入れた。お母さんもちょっとだけグラッときて、「もしかしたら今度だけは信じてもいいかな？」と思ったけど、最後の希望も裏切られて、「もうイヤです」って、離婚届を出して、家を出ていった、っていうのが今回の選挙。だから、とっくに離婚届に判は押していた。安倍さんのときでも福田さんのときでも、いつでも提出できたんだけど。だから、どこで選挙やっても負けたと思うんですよ。

内田　なるほど。自殺説プラス熟年離婚説ね。

――世論調査で、どれも民主党が勝つ、圧勝って結果が出たじゃないですか。多少揺り戻しはあるって自民党も民主党も言ってたけど、世間は揺り戻しなんかあるわけないと思ってたよね。「だって決めてるんだから、みんな」っていう。

高橋　うん、離婚届に判を押してたから（笑）。

――投票する側の意志が全然ブレなかったよね。

内田　普通なら激震が走ってもおかしくない状況なのに、誰も「まさか！」とは思わなくて、「予想どおりだね」っていう。大物議員が落選しても「ええ⁉」じゃなくて「やっぱり」っていうね。

高橋　驚いたのは政治家とかジャーナリズムだけで、有権者にとってはあまりにあたりまえの結果だったからね。

内田　「やっぱり」っていうのが、たぶん、日本国民全体の印象。「あっ、やっぱりねえ、いつか別れると思ってた」って（笑）。

小沢ガールズは「家父長に小娘」だった

高橋　それから、小沢さんがどういう信念を持ってるかはわからないけど、やっぱり政治家としての勘はすごいと思った。今回、小沢ガールズとかいって、自民党の大物に若い女性をぶつけた。あれってねえ、家父長にぶつけたんだよね。

内田　家父長に小娘（笑）。

高橋　家父長に小娘です。つまりね、戦後を支えてきた「独裁的なお父さん」というイメージがターゲットになっていた。そういうことを、みんなの無意識のうちに浸透させるために、お父さんともっとも遠いものを持ってきてぶつけた。これはやっぱりすごいなって思いました。たとえば長崎２区の福田衣里子。彼女は、薬害訴訟で国家と戦った人間だよね。つまり、国と戦った人間を、いかにも独裁的なお父さんらしい久間（章生）さんの前に立たせる、っていうのがねえ。

内田　すごいねえ。

高橋　だから、「頑固でわがままで独裁的なお父さんに退場してもらう選挙です」っていうのが、民主党が出した無意識のメッセージなわけです。それはマニフェストには書いてないけど。

内田　（笑）。そりゃそうだよ。

高橋　でもマスコミが報道してるのは、全部そういう、「姫のトラ退治」的構図だったでしょ。60代、70代の、いかにも家父長的な議員と戦う若い女の子っていう選挙のイメージを作っちゃった。

――小沢一郎は、そこまでは考えてなかっただろうけど、現場の皮膚感覚を知っているんだと思う。それは自民党が一番苦手で、全然できなかったことだけど、小沢一郎はやたら行くじゃない、選挙区のありとあらゆるところに。そこで「あ、こっちウケてんな」「あ、こうやればウケるのか」っていう反射神経が身について、それが最終的に大きな戦略になって、時代の空気を正確に把握した動きを作れているっていう。

高橋　小沢さんって、元々自民党の中でもリアリストだったから。つまり、現場にしょっちゅう行くっていうことは、白紙で行ってるんだよね。それは理念がないことの強さでもあるよね。

内田　本屋の店頭に行って「最近何売れてんの？　これ？　じゃあこれだ」っていうことなんでしょうね。

――ただ、これをそのまま民主党の方法論として、うまく運用していけるのかどうかっていうのは――。

内田　そうだよね。小沢一郎の選挙技術は完全な個人技だから、いなくなったら誰も代行できないでしょ。そういう意味では、民主党っていう政党も、組織的には危ういね。

高橋　だから、鳩山さんとのペアはなかなかおもしろいよね。鳩山さんは小沢さんとまったく逆でさ、理念しかない（笑）。

内田　そうね、リアリティまったくない人だからね。「友愛」だから。

総理大臣になると輝く男・鳩山由紀夫

高橋　昨日の夜中の1時にやってた、就任の記者会見きいてたんですよ。すごく上手だったよね。

内田　うまかったね。

高橋　言葉の選択の仕方が、自民党の政治家と違う。やっぱりね、麻生や福田の話をきいてると、頭くるんだよね（笑）。「もうしゃべんな！」って。上から目線なんだ、完全に。それは、ずっと政権党だったから――。

内田　つい「下々のみなさん」っていう（笑）。あれは地名を言ったらしいんだけどさ、メディアに「下々の」ときき間違えられるのは、日頃から家父長的にふるまっていた祟りだね。

高橋　まさにそのとおり。家父長、昔の独裁的な父親って、だからムカつくんだよね、言うことが（笑）。「源一郎、勉強してるか！　おまえが高橋家を継ぐんだから」とか、何を言われても「うるせえよ」と思うでしょ。自民党の議員たち、というかお偉いさんたちはずっとそんなスタイルでやってきた。その結果、僕たちは、家父長的な言葉遣いだけは、ほんとにかんべんしてほしいと思うようになったんですね。鳩山さんもそういう政治家のひとりで、しゃべるのも、あんまりうまいと思わなかった。以前はね。でも、昨日はうまかったんだなあ。すごく明快で、まっすぐ前を向いてしゃべっていてね。

内田　変わったね、一夜にして。

高橋　いや、ほんと「鳩山さんってあんな人だったっけ?」って思った。

内田　もっとつまんない男だったのに。「目配りができるようになったな」と思った。ポストは人を作るというのは本当だね。小沢さんは全然しゃべれない人でしょ。鳩山由紀夫はいきなりしゃべりがうまくなっていた。これで、ふたりでワンセットになったと思った。

高橋　鳩山さん、支持率上がると思いますよ。あの記者会見は、政治家の言葉としては例がないぐらいレベル高かったよ。たとえば、小泉さんは人の心をつかむワンフレーズがうまいんだけど、昨晩の鳩山さんは目線の確かさと、メッセージを正確に伝える能力。言いたいことをうまく伝えてた。

内田　大体ひとりの記者がふたつ質問するわけ。で、ふたつとも必ず答えるわけ。麻生さんなんかは、ほとんど相手の質問に答えなかったでしょ。論点をずらしたり、質問の言葉尻を捕らえて、話を違う方向に持っていったり。鳩山さんは、全部ちゃんと、相手がきこうとしてることに答えてた。

質問の仕方が下手な記者もいるわけ。「下手な質問するなあ」と思ったんだけども、それに対しても、まさにその質問者がききたいことを答えるわけ。こういう「サービス」って、自民党の政治家、ずっとしたことなかったなあって。

高橋　なかったねえ。

――どうしちゃったんだろう？

高橋　いや、ほんとにどうしちゃったんだろう？　って思った、僕も（笑）。

内田　だから、本来の資質としてはあったんだよ。だけど、ずっと――。

高橋　野党だったから。

内田　そう、野党の中で非常に定型的な言葉の使い方を強いられてたんだけども、昨日はじめてトップに立って、一応のフリーハンドを与えられたと。「だったら俺、自分の言葉でしゃべるけど、いいかな？」っていう。

高橋　だから、能力があったってことだよね。

内田　あったんだね、意外なことに。だから支持率上がると思う。

――普通、責任ある立場になると、そこで守りに入るけど。

高橋　すごく上手だった。日本の政治家では、ちょっとね、きいたことがない。

内田　逆だった。

――すごいね、このふたりがそんなに誉めるなんて。

高橋　あの人は、もともと理念的な政治家でしょ（笑）。「友愛」とか変なこと言ってるしね。それは、ある意味無責任な立場で、自分の思想を打ち出してたんだけど、今回は何が起こったかを正確に理解してると思った。308議席獲ったことで責任を感じていて、「これできちんと実行しないと裏切ることになります」とか、「どのように自分が判断されてもしかたがない」とか。「それ言ったら、できなかったらもうやめなきゃいけないよ？」っていうことを、ちゃんと言い切っているところが、すばらしい。

内田　あと社民党と、国民新党との連立協議もさ、ここまで勝ったら、少数政党なんか、どうだっていいと思うんだけど、かなり早い段階で言及していて。「連立をこちらのほうからオファーした以上は、必ずやります」って言って。連立するっていうことは、閣僚を出すっていうことだから、308人も議員がいて、閣僚ポストは定数しかないのに、それを2党に提供するということでしょう。これって、民主党内からはすごく反発がくるはずなんだけど、約束した以上筋を通す、と。そこを適当にごまかして、「これほど勝つと思っていなかったので、一応話は白紙に戻して」みたいなことを言うかなあと思ってたら、言わなかったんだよね。

高橋　しゃべるスピードもいい。あとは、ことばの切り方。日本の政治家ってみんな、マイペースでしゃべるんだよね。人がどういうふうにきいているかっていうんじゃなくて、自分がしゃべりたいことをしゃべる……偉いから（笑）。

内田　家父長だから。

高橋　そう。でも、昨日の鳩山さんのしゃべり方は、自分で自分のしゃべってるのをききながら、しゃべってたよね。つまり、発言をコントロールしながらしゃべっていた。

それができるだけで、政治家としてかなりいいんじゃない？　って。欧米の優秀な政治家がみんなそうやってるのに、なんで日本の政治家はできないんだろうと思っていたら、できる人がいたんだね。内田さんが言ったように、一晩で変わった。だから、首相にならないと能力を発揮しないタイプの人だったのかもしれない（笑）。

内田　そうかもしれない。

高橋　顔つきも変わっちゃったもんね。

内田　うん、いい顔になった。前に、仙谷由人さんと話したとき、森喜朗の話になったんだけど、「森喜朗ってのは、総理大臣以外のすべてのポストが務まる男なんだが」って言ってた（笑）。その逆だよね。鳩山由紀夫って、総理大臣向きだったんだよ。総理大臣になって、ああいう感じで、遠い目をしてしゃべってるときに、輝く人なんだよ（笑）。

高橋　やっぱり、宇宙人って言われているぐらいだから。スローガンが「友愛」だし（笑）。でも、間違ってるわけではないんだよ。「友愛」っていう言葉で表現されると変に思えるけれど、競争社会とか、そういう方向でないものを目指したいっていうことだよね。そういう自分の理想がある、そのことについてしゃべることができる、発信できるっていうのは……それが党の政策になるかどうかは別として、政治家としてはおもしろいんじゃないかな。政治家がしゃべるのをきいて、おもしろいとか、楽しいとか感じられるって、いいよね。あくまで「昨日は」ってことだけど（笑）。

内田　しゃべってて、途中でフッと切れてさ、「あっ、このあとうまく言葉続くのかな？」って思うところが何度かあったんだけど、そのたびに、いかにもふさわしい単語を思いついて、ちゃんとセンテンスを締めてたしね。センテンスを統辞的にきちんと言い終えるというのは、ある種の知的責任感の現れなんだよね。何か言いかけて、うまく言えなくなると、最後に定型句に落とし込んでぐちゃぐちゃにしちゃうというのが従来の政治家的な話し方だったんだけれど、それとは違ってた。

民主党と小沢一郎のこれから

――もしその反射神経が本当だとすると、民主党にはすごく希望を持てるんだけれども。今後、民主党が自民党の役割を担うことになって、じゃあ民主党が本当に自民党になれるのか、っていうところも問題ですよね。いわゆる理念型ではない、現実対応型の、正確な反射神経を持った、そして実際に機能していた自民党の役割を、これから民主党は本当に果たせるのか？　という。

内田　自民党のモデルを継承するのなら、党内に派閥を作るしかないよね。だから、おそらく、とりあえず鳩山がいて小沢がいるっていう二重権力制にもっていくと思う。理念の政治を語る人と、とにかく反射的に現場であれこれやる人がいて、このふたりは基本的に、水と油のように合わないわけだよね、当然。３０８人という議員集団を一枚岩の政治綱領の中に統御するのは、政治技術的に不可能なのね。だから、７～８人のボスを立てて、それぞれに派閥を作っていくと思う。ひとりのボスがマネージできるのは10人以内だから、サイズはいろいろになるだろうけど、小沢一郎はまず派閥に分けていくと思う。

高橋　派閥っていうのはエコノミカルだよね。つまり、派閥を作ったほうが、経済的なんです、合理的って言ってもいいけれど。派閥って、別に権力闘争をやるためじゃなくて、組織を効率よく運営するためにできてるわけだから。

内田　そう。いままで民主党周辺にはあまり利権が絡まなかったし、権力がないと派閥ってできにくいんだけども、今後はある程度権力もあるし、情報も入ってくるし、いろんなところにパイプができるんで。パイプができれば当然、ある種の業界とか、ある種の社会団体の利害をぜひ代表したいとか、そういうことになるし。そういうのは全部、ある程度分業したほうが効率がいいわけです。そうなったときに、旧社会党の勢力と、旧田中派勢力が……本来同居してるのがおかしいんだけども（笑）、担当を分けていく。あとは、松下政経塾出身者とかも、分かれていくと思いますね。

僕は、それでいいと思う。昔は三角大福中っていうのがあったけど、ああいう感じで5つぐらい派閥ができたりすると、いい感じになっていくっていうね。鳩山さんは考えてないと思うけど、小沢一郎はたぶん、そこまで考えていると思う。

高橋　自民党はどうなる？

内田　自民党は消えちゃうの、可哀相だけど。だって、総裁、選べないんだもん。首班指名のときだってバラバラになっててさ、これはもう政党の体を成してないよね。

――それから、今後なんだけど、小沢って非常に古いタイプの、ルサンチマン型の政治家じゃないですか。とにかく自民党憎し、みたいなのがすごくある人だから、自民党をつぶしにかかると思うんだよね。

高橋　全部吸収しちゃうんだよ。

内田　いや、全部入れちゃうと、それはおもしろくないんで（笑）。

高橋　じゃあ、ちょっとだけ残す。

内田　そう、25人ぐらいの、昔の社民党みたいな自民党になって。で、残ってるやつをいじめるの。

――そこで問題なのは、彼のその古いルサンチマン的な部分――とにかく勝ちたい、とにかく気に食わないものはつぶしたい、とにかく俺が一番だ、みたいなのが始まると、民主党そのものが壊れ始めるんじゃないかっていう。

高橋　だからね、政治はそういう意味では終わらない運動なんですね。埴谷雄高の名言があって、政治の根本は「やつは敵だ、殺せ」だっていうんだよね。だって選挙っていうのは誰かとバトルするものであって、敵がいなかったら選挙活動する必要ないんだから。そうなると、敵も作らなきゃならなくなる。だから、民主党が圧倒的に強くなって、それ以外は全部20人か30人の党になったら、政治としては停滞だよね。そしたらもう、民主党を割るしかないっていうことになると思いますね。

内田　そうなると思う、たぶん。

高橋　鳩山さんは、自分でやりたいこと、理念がある政治家ですよね。でも小沢さんは、敵を求めてさすらう政治家じゃない？

――小沢一郎は、理念じゃなくて政治をやりたいんだよ。

内田　そう、おっしゃるとおり。

高橋　要するに、政治が好きなんだよね。

――政治をとにかく続けたい、政治が続く状況を無意識に作る。それはあまり幸福な状況を生まないというか、またなんか変な動きをするんじゃないかなっていう（笑）。

内田　だから、こうやって僕たちが「このあと政治過程はこうなります、小沢一郎はこういうことをします」ってアナウンスしておくとさ、イヤでも小沢さんの耳に入るじゃない。そしたら、「あいつらに予言されたとおりにやるのはなんとも業腹だから」っていうので、違うことをやるでしょ。「あなた、このあとこうするでしょ？」って言われたらさ。

高橋　やらないよね（笑）。

内田　いまの政治状況って、小沢一郎という個人の属人的要素にあまりに依存しているからね。その状況は変わらないと思う。小沢一郎は絶対自分の後継者を育てない。政治のノウハウを教えない。自分が野性の勘でやっていることを言語化できないから、しかたないんだけどね。でも、小沢一郎って、日本の政治プロセスの知られざる本質を正しく見抜いていると思うのね。

「変わらない時代」に対応できない自民党

内田　今回の選挙をひとことで言うと、「大山鳴動して鼠一匹」でしょ。でも、それはムダじゃないんだ。やっぱり、大山が鳴動する必要があるわけ。かつ、結果はネズミ1匹でなければならない。大山が鳴動するっていうのは、巨大な政治的エネルギーが消費されたっていうことでしょう。本当はこれくらいエネルギーが使われたら、劇的な社会変動が起きるはずなんだけれど、それは困るわけ。膨大な量のエネルギーが使われて、なんとか看板だけは変わったけれど、本質的なところは何も変わっていない。それが悪いっていうんじゃなくて、それでいいんですよ。AとBを入れ替えただけなんだけど、変化が起きたように思える。それが日本的な政権交代の手法なんだから。

高橋　そうなんだよね。つまり、投票する側も、自民党が惨敗して、民主党政権になって、8割方満足しちゃったんだよね。これから何かやってくれるのか、っていうよりも――さっき言った熟年離婚って、「離婚したほうがメリットがあるから」っていうよりも、「もうイヤだ！　離婚します」っていうのが最大の目標で（笑）。ある意味、それで完結しちゃってるとこがあるんだよね。

内田　でも、「熟年」っていうところがミソでさ。もうね、このあとあんまりすることがないの（笑）。新しい恋愛をするとか、新しい家族を作るとか、新しい仕事を始めるとか、そんなことはもうないわけ。つまり、いまの日本人って、もうこれからあと、自分たちの人生に大きな変化がないだろうっていうことは予測してるんだよね。だから、さっき言ったみたいに、進歩じゃなくて、ただAとBが替わっただけなんだけど、AとBが替わるだけでもいいんだよ。

今回替わっただけでも、経団連なんかが、「これから献金どうしよう」とか言ってるし、官僚だってみんな困ってるしさ。だから、確かに自民党と民主党っていうのはほとんど同じようなもので、入れ替わっても何が変わるわけじゃないんだけれど、同じようなものがただ場所を入れ替えるだけで対流現象は起きるんだよね。ぐるぐる回って、少しは血の巡りがよくなる。

高橋　位置エネルギーだ（笑）。

内田　それってさ、レヴィ＝ストロースの言う「冷たい社会」（※注3）そのものなのね。新石器時代の社会、「歴史なき社会」なんだよ。「熱い社会」っていうのは次々と政体が変わって、経済が成長して、技術革新が起きて、社会構造が不可逆的に変わってゆくんだけれどさ、いま日本人が望んでいるのはそんな変化じゃないんだよ。望んでいるのは、ただの「入れ替え」なの。社会システムの大枠は、もう決まっていて変えようがない。でも、入れ替えをするとあたかも歴史的変化を遂げているかのような仮象を呈するわけ。日本はついにレヴィ＝ストロースの言う「冷たい社会」に突入したのか、っていう。

だってさ、「経済成長さえすればすべての問題は解決する」っていう経済成長万能論に対しては、僕たちは内心では「もうそれは無理でしょ」と思ってるわけじゃない。人口も減ってるし。このまま国力がだんだん低下していくんだろうな、って。でも、国としての力が下がっていても、それでも気分よく暮らすことはできる。そのためにはどうしたらいいかっていうと、「冷たい社会」にするわけですよね。円環的な時間をくるくる回る。ユダヤ＝キリスト教的な直線的な時間ではなくて、日本人が大好きな円環的時間。目先は変わるけど、何も変わらない。

高橋　それはすごく重要な指摘だと思う。今日は、戦後文学の話から始めたんだけど、戦後文学とそれ以降の差は何かっていったら、佐々木基一という文芸評論家が書いてたんだけど、「経験がまるで違う」っていうことなんですよ。「戦後」の経験は何か、ひとことでいうと「今日と明日では何もかも違う」ってことになる。つまり、1年が1日にしか感じられないぐらい速く物事が変わっていくともいえるし、1日が1年にも感じられるぐらい大きく変わっていくともいえるのが、「戦後」だった。だから、今日と明日は全然違うのがあたりまえなのが、戦後文学の経験なんですね。それをいまの子に読ませてもわからないのは、そもそも、「今日と明日では何もかも違う」という感覚が理解できないからなんですね。

戦後すぐって、食べるものもない、紙もない。それがいきなり紙が出てきて、印刷物が出てくる。毎日「明日は新しい何かが起こる」という状態だった。それがつまり、戦後的なものだった。それ以降も、そこまで急速じゃなくても、右肩上がりの経済成長に支えられて「変化」し続けた。ところが、ある時期から、変わらないという方向に振れていった。

昭和55年、１９８０年っておもしろい年でね、モスクワ・オリンピック不参加とか、ソ連のアフガン侵攻とか、いまと同じようなことをやってるわけ。１９５５年をスタート地点にして「55年体制」っていうじゃないですか、自民党と社会党の時代ですね。でも、よく考えてみたら１９８０年、昭和55年あたりから「変わらない」という状態が続いていた。

要するに、ずっと「昭和55年体制」だったんじゃないか。だから、今日と違う明日が来る、というのが体感でわかる世代と、今日と明日は同じ、という世代は、絶対、感覚的にわかり合えないと思う。

それは本当に大きいことですね。やっぱりある時期から、僕たちは円環的な歴史の中に入り込んでしまった。そこで政治をどうするのか、まだ決まってなかったんですね。自民党というのは、右肩上がり、今日と明日は違うという前提でできていた政党なので、「変わらない」時代に対応できない。でも、そういう時代にどういう政治システムがあるのかは、僕たちも予想できないけれどね。

内田　僕らは無理だよね。だって変化の世代なんだからさ。「変化しない社会」の政治思想なんて思いつかないもん。僕らもそのうち『１Ｑ８４』になっちゃうのかな？

高橋　なってるよ、もう（笑）。

内田　そうか、もうなってるんだ。

高橋　だからもう、うざい存在なんだよ、我々は（笑）。「何言ってんだよ、こいつらは」って思われてます。それはほんとに、痛切に感じるよね。戦争文学の話だけど、ここ何年もいろんな古典が読まれないとか、『赤と黒』（スタンダール）を誰も知らないとか言われてきたじゃない？　そのたびに「教養がなくなった」とか、「読む能力がなくなった」とか言う人がいるけど、たとえば学生に読ませると、みんなきちんと読めるんだよね。つまり、教養がないとかそういう問題じゃない。単に存在しないだけ（笑）。

右肩上がりの日本はもう存在しない

高橋　考えてみれば、僕より前の世代が読んでいて、僕たち世代には存在しなかったものもあるわけじゃない？　だからそういうのは、もう必ず堆積としてあるわけですよ。ただ、僕たちの世代も、前の世代も、その前の世代も、少なくとも「変わる」ということだけは共通してたじゃない？　だから、この「変わらない」という、時代が円環していく感覚を肌に持ってる世代の人間と話すのははじめてなんだ。でも、江戸時代はそうだったのかも、とも思うんだよね。

内田　そうなんじゃない？

高橋　近代ってたかだか１００年でしょ。その間ずっと変わってきたけど、そっちのほうがある種特殊で、変わらないほうが王道なのかもしれないね。

内田　でも、その前は結構変化してるわけで。戦国時代まではね。まあ、江戸時代の300年間っていうのが変わらなかったわけで、また明治から動きだした。だからそうやって、時計の針が止まったり進んだりしてても、別にいいんじゃないの？

高橋　うん。でも、ちょうどその狭間にいると困るわけ（笑）。

内田　この間、ゼミの発表で、1960年ぐらいかな、ご成婚の話か何かを学生がトピックにして。当時の新聞を資料で持ってきて、「へえ〜」と思って見てたら、「リットー・ワリトー」の証券広告があってさ、それが年率7パーセントなんだよ。すごいでしょ？　この間、都銀の支店長と会ったときにその話をしたら、「だって、バブルの頃は8〜9パーセントでしたよ」って言われちゃった。

でも、バブルのときの8とか9っていうのと、「リットー・ワリトー」の7パーセントって、意味が違うじゃないですか。というのは、その広告の漫画がすごくかわいいの。子供みたいなキャラクターが出てきて、ごく日常的な風景の中で、お菓子のCMとか調味料のCMと同じ流れで「リットー・ワリトー7パーセント」。バブルの頃に高利率の金融商品を買ってたのは、もうちょっとあこぎな人たちだったでしょ。でもこの頃の証券はそうじゃない。普通のサラリーマンが買うものっていう感じなんだよね。つまり、当時は普通の人が金利7パーセントベースで暮らしてたってことですよ。それだけすごい速度で経済成長していたわけだよね。

——日本の高度経済成長は、背景としてあたりまえにあったからね。

内田　僕らはそういう時代に生きてきた。言ってみれば、疾走する電車の中で生まれたみたいな子供たちだからさ、電車が止まったときに困っちゃうんだよね、「あれ？　風景が違うぞ」って。風景が動くのがあたりまえだと思ってるから。

——いま、海外メディアがやたら報道してますよね、「日本に革命が起きた」って。

内田　起きてないよ。

高橋　うん、起きてない。

——ねえ。でも、今回の変化は、海外のメディアにとってわかりやすかったんだと思う。要するに、短期間の間に首相がコロコロ変わるのは先進国ではあり得ないし、日本以外では理解できないことなわけで、それを説明されてもわからない。でも、今回の選挙で、日本の与党が議席を大幅に減らして野党が政権を新たに担うという、欧米人が理解できる政権交代が実現したっていうのは、彼らにはものすごくわかりやすいから。だから「日本は変わった！」って報道されているし、中国も韓国も「これで外交政策も何もかも変わる」って喜んでるわけだけど。でも、実際には、さっきから言っているように、この政権交代は、自民党が「民主党」っていう名前の自民党に代わっただけで。

高橋　そう。蟬の脱皮。

内田　そうそう。

——でも、この理屈は、国際的にはまったく通用しないでしょうね。

内田　わかんないだろうね。この対談も、たとえ英訳しても意味がわからないと思う（笑）。

――「この政権交代は自民党から民主党に替わって民主党が自民党になったっていうことなんだ」って、翻訳不可能だし理解不可能だよね（笑）。

内田　今回の一番の争点も「子ども手当」だもんね。

高橋　すごいよね。

内田　こんなドメスティックな政策しか争点にならない。それも２万６０００円か１万５０００円かみたいな話でしょ。高速道路無料化とか、無料化した場合、電車はどうなるんだ、とか。それって夫婦ゲンカレベルだよね。お父さんが勝手に車を買って、「車なんか買ってどうすんの、どうやって払うの」みたいなさ。

――だから、熟年離婚っていうのは言い得て妙で。要するに、熟年になるまで離婚できなかったわけで、なぜ熟年で離婚することになったかっていうと、この年で離婚してもそんなに大きくは変わらないだろうっていう。

高橋　まあ、あきらめたんだよね。

――そう。たとえば、自民党と社民党の対立の中で社民党を選ぶのは、熟年離婚ではなくて、20歳そこそこでの離婚みたいなものだよね。「これからの人生どうやり直すか」というリセットのための離婚だけれども、それは日本人のメンタリティでは選べなかった。

高橋　だからがまんして、ここまで時間がかかっちゃった。

内田　自民党の一部を野党にすることで、ようやく別れられた（笑）。

――海外メディアは「革命だ！」って言ってるけれど、限りなく日本的な民主主義の定着の仕方だよね。

高橋　日本では革命は無理だよ。

内田　革命ってさ、来たるべき社会についてのヴィジョンが必要なんだけど、日本人にはヴィジョンがないんだよ。日本人的な革命って、「清水の舞台から飛び降りる」っていうイメージなんだよ。どこに落ちるかわかんない。

高橋　「とりあえずどっかへ落ちるだろう」と。

内田　それは、怖くてできない。だから、日本人には絶対、革命はできないと思う。日本人って、「雲が見える！」って坂の上にバーッて走っていくんだけど、坂の向こう側に何があるかは見えてない（笑）。坂の向こうが見えないのに、雲を追いかけて走っていっちゃうのが日本人だから。

――まあ、我々は、かつて、「革命だ、何もかも変わるんだ」って言ってた世代だけど――。

高橋　そうは言ってたけど、本当に変わるとは思ってなかったでしょ？（笑）。

内田　いや、67年、68年、69年ぐらいは、地殻が揺れてるのを感じたけどなあ。

高橋　でもあのときも、他は変わっても日本は変わらないと思ってた。

内田　そうか、世界は動いてたけれど、日本は変わらなかったのか、やっぱり。

――だから、今回の民主党の大勝は、やっと欧米人にも理解できる形で、日本ではじめて民主主義的な変化が起きたというふうに捉えられているけれど、実は全然違う。

内田　うん、一見わかりやすいけど、むしろ本質はさらにわかりにくくなってる。これは説明しにくいなあ。

民主党＝話をきく新自民党？

高橋　まあ、結局、これからどうなるかわからない。いまのままいくと自民党が弱体化して、民主党に吸収されて、民主党の中で政治力学が働いて、分裂して、というふうに、もしかしたらなるかもしれないけど。それがいままでの自民党的なものの完全な繰り返しになるのか、もう少しマシなものになるのかは、見てみないとわからない、としかまだ言えない。

内田　僕は少しマシになると思う。さすがに学習するでしょう。

高橋　あとね、さっき言った、家父長的なものはもうまずい、っていう共通認識はあるね。つまり、鳩山さん、岡田さん、菅さん……小沢さんを除いて、民主党の幹部って、非家父長的な感じの人で固めてるんだよね。一方の自民党はどうしても、残ってる人が家父長的な人が多い。もうタイプで分かれちゃったよね。それは別に選んだんじゃなくて、いわば政党の集合的無意識みたいなのがあって。

内田　政治信条というより雰囲気だよね。

高橋　キャラだよね。ものわかりのいいパパというか、マイホームパパみたいな感じでしょ。

内田　そう。で、若手はどっちかというとお兄ちゃんキャラっていうね。

――だから、要するに、自民党の無意識の自殺っていうのがあったとすれば、民主党は無意識の中における、自分の組織的なイメージ戦略を――。

高橋　できてるよね。

内田　それはしっかりやったね。無意識でやったから、成功したんだよ。

――あと、有権者の側から言うと、はじめて政権交代を投票行動で行えたっていう。「これ、投票でいくらでも代えられるんじゃないの？」っていう実感を有権者が持ったっていうのは、多少の変化にはなるんじゃないのかな。

高橋　有権者は学習したからね。

内田　あとやっぱり、家父長的な人よりも、マイホームパパとかね、気のいいお兄ちゃんみたいな人のほうが、話をきいてくれるっていうのがある。

高橋　家父長は、話きかないから。

内田　だって民主党の人って、僕みたいな人間のところにも「お話をききたいんですが」って来るんだよ。でも、自民党はまったく来ない。家父長、いばってんだよ（笑）。

高橋　鳩山さんの昨日の記者会見は、感心したんだけれど、僕の知ってる限り、政治家ってほぼ全員、他人の話をきかない。

内田　うん。

高橋　質問しても答えない。A、B、Cについて訊ねたら、Dについて答える（笑）。

内田　ほんとにそうだね。

高橋　国民もそんなにバカじゃないから、いつもそういう政治家の話ばかりきいていたから、そういう話し方をしない人が出てくると、「この人はちゃんと話をきいてるな」って思うでしょ。それが、すごく大きいと思うんですよ。それは鳩山さん個人のキャラなのか、それとも……。

内田　わりと民主党的なキャラだと思う。

高橋　だとすると、ちょっとこれは……やや期待をかけて（笑）、見ていきたいね。

――民主党は、マシな自民党になりそうだっていう（笑）。

高橋　そうそう、新自民党になってもいいんですよ。それが前よりマシだったら。

内田　ちょっとはマシになると思う。政権初期はやっぱり変えなきゃいけないっていう、前政権との差別化をはかる必要があるから。どこで差別化するかっていうと、カジュアルさとか、フレンドリーな感じとか、開放性とかね、フェアネスとかさ、そういう雰囲気しかないわけだから。政策的に正しいことでも、もし手法として家父長的な雰囲気が出たら、「あっ、自民党と同じだ！」って思われちゃう。自民党が自民党的であるより、民主党が自民党的であるほうがショックは大きいからね。マイホームパパが家父長的にふるまうわけだから、愕然とするでしょ。

熟年離婚された夫の行く末

内田　民主党は、たぶんそのリスクはわかってるはずだから、しばらくは配慮すると思うよ。国民に対してはオープンマインド、っていうのはね。それはたぶん、民主党の議員には徹底してくるんじゃないかな。「とにかくユーザーフレンドリーで」って（笑）。

高橋　ユーザーフレンドリーですよね。お客様のことをまず考える。

内田　うん、ビジネスモデルとしてはユーザーフレンドリーじゃなきゃダメでしょ。「ものがいいんだから、文句言わずに買え」というような頑固な煎餅屋みたいな商法じゃなくて、とりあえず「いらっしゃいませ〜」ってニッコリ笑う。

高橋　お客よりいばってるって、イヤだよね。

内田　とにかく戦後ずっといばってたからね、自民党は。

高橋　「こっちがお客だよ」って言ってんのに。

——もともとユーザーフレンドリーな政党だったんだけどねえ。

内田　どこで変わったのかな。やっぱり、世襲がいけなかったんだね。結局、自民党がこれだけ弱くなっちゃった最大の理由は、人がいないということなんだから。ほんとに、力のある人がいなくなっちゃった。

高橋　どちらかというと、残らなくていい人が残った。今度の選挙、比例復活って偉い人ばかりでしょ。中堅と若者が落ちて、古い人が残っちゃった。
内田　完全に超高齢化しちゃったね。自民党って「明日なき政党」なんだよね。たぶん議員の平均年齢、60代中盤くらいじゃない？　老人党だよね。もう長く生き残れないと思う。
高橋　だから対策としては、まず老人党に名前を変える（笑）。そして、老人福祉をスローガンにするとウケるかもしれない（笑）。若かった小泉チルドレンは、9割ぐらい落ちてるし。
内田　これからがないんだよね。だってもう、老人ばっかりだから。
高橋　もう未来がないよ。
内田　うん。これからあと、愚痴と責任のなすり合いでしょ。
高橋　それから「昔はよかった」って、過去の思い出に生きるか。
内田　熟年離婚された夫がさ、これを契機として第3の人生を生きていこう、なんて絶対思わない。
高橋　思わないね。だいたい、まず、「パンツどこ？」から始まるわけ（笑）。「えーと、ご飯ってどうやって炊くの？」とか、そういう世界。
内田　ほんとだね、ご飯も炊けないしパンツも替えらんないから、だんだん汚くなってくんだよね（笑）。
高橋　ヤバいね、孤独死してるかも。

内田　ほんとにね。愚痴と嫌がらせばかりの。だからたぶんね、野党として、ものすごい嫌味な野党になっていくんじゃないかと思う。どうでもいい、人の言葉の揚げ足取って、ネチネチ言うようなさ。もうみんなから「ほんとに嫌味なオヤジだなあ」って言われるようなやつになってさ。

高橋　で、知り合いに電話して嫌がられるんだよね、「いま、暇?」「いや、忙しい」、ガチャン（笑）。自業自得だけど。

内田　ほんとにね、若い後継者を育てなかったっていうのが致命傷だね。小泉チルドレンなんてああいう員数合わせじゃなくてさ、次代の政治家をきちんと育成していくっていうことを、本当になんにもしなかったからね。

――どのメディアでも、今後の自民党ってまったく語られないよね。それがすごいと思うな。だって、つい一昨日まで政権政党だったわけでさ。

高橋　300議席あったわけですよ。

内田　それがねえ、ここまで負けるって、みんな思ってたんだから。

高橋　（笑）。思ってたんだよね。

内田　だって週刊誌に「100を切るか?」って書いてあったでしょ（笑）。

高橋　「100切らないでよかったね」ぐらいの勢いだね。

――民主党も、「それだけ減っても、やっぱり自民党は怖い」みたいな空気になりそうなものだけど――。

高橋　それもないもん。

内田　まったくない。

高橋　死んでるからね（笑）。

内田　熟年離婚されて茫然自失の状態で、とりあえず部屋を借りたらワンルームで、「えっ？　ここなの？」って。いままで一軒家にしか住んだことないから「ええー!?」って言ってるような65歳のお父さん。

高橋　会社もやめちゃって、行くとこないから、公園でブランコに座ってる（笑）。生活力なかったんだよね、もともと。

――お父さんも、45のときは力があったんだけどね。

高橋　力があって、給料とボーナスもらって、いばっててね。だから「うるさい！」とか言うことができた。でも、もう給料もあまりもらえなくなってて、実は力もそれほどなかった。単に年功序列でいまの地位にいたっていう感じだよね。

内田　民主党の場合はさ、前回総選挙で大敗したけど、そのとき落ちた元議員っていうのが、ほとんど復活してるでしょ。自民党って今度落ちた議員って――。

高橋　復活できないでしょうね。

内田　あと4年、まあ、もうちょっと近くなるかもしれないけど。それに備えて、地域で運動するかっていったら、もう萎えちゃってて、やる気出ないんじゃないかな。

――だから、小沢一郎が自民党に手を突っ込むんじゃないのかなあ、という。

内田　まあ、「もう自民党なんかにいてもしょうがないだろ？　まだきみは若いんだから、うちで汗かかない？　それなりの処遇はするよ」みたいなこと言われたらさ、ぞろぞろと「行きます」ってなっちゃうよ（笑）。

日本最後の家父長制・自民党

高橋　やっぱり、戦後が終わったんですよ。本当は、1980年ぐらいに終わってたのに。

内田　ずいぶん長くひっぱったんだね。

高橋　ひっぱったんだよね、無理矢理ここまで。そこできちんと終わらせていたら、また少し違ったのかもしれないけどね。

内田　そうだねえ、30年かあ。

高橋　延命装置に入ったまま、30年。だから、これぐらいひどい結果になっちゃうよね。

――日本だから30年生きられたんだよね。普通の国だったら、こうはいかない。

高橋　即死してるよ（笑）。

――日本はある意味、優秀というか、タフというか。

内田　あれだけ無能な統治者が続いても、基本的に国境線の侵犯もないし、通貨も暴落しなかったし。

高橋　それにしてもすごい指導者が連続したよね、振り返ると。「おまえんちのオヤジ、ダメオヤジだね」って言われても、「まあまあ、一応このお父さんしかいないから」っていう感じで、日本って続いてたんだよね。

内田　そう、それは底力だよね。あれだけ暗愚な為政者が続いても、30年保ったっていうのは、日本の社会制度はよくできてるということだよね。

高橋　劣化した政治システムでもＯＫって考えると、なかなかタフな国だよね。

内田　それは本当にそう思う。

高橋　日本を政治的に滅ぼそうと思ったら、相当天才的な暗愚じゃないと（笑）。普通の暗愚じゃ無理。

――でもさすがに国民も、「もういいや」っていう。それで結局、民主党自身の力ではなく、日本の有権者の力で、民主党が第2の自民党に押し上げられるのかもしれない。

高橋　第2自民党としての民主党ってことを考えると、トップとしては鳩山さんはそぐわないかなっていう気もする。市民目線の政治家ということを、鳩山さんは言ってるから。だからこれがどういう方向に転ぶのか、正直言って読めないし、結構興味津々ですね。いわゆる理念系の政治家は弱いとされているけれど、鳩山さんは「首相をやめたら議員もやめる」とか言って退路を断ってるので、意外とタフな政治家かもしれないし。

内田　細川護煕さんみたいなことにならないかなあ。ほとんどの人は、細川内閣のことを連想してるよね。あのときも小沢さんが後ろにいたから。今度は鳩山、小沢で同じドラマを繰り返すのか、っていうふうにみんなが見てるからね。

高橋　でも今回の選挙はおもしろかったですよ。さっき言った「自殺」っていうのも、昨日選挙速報を見てて思いついたんです。それまでずっと、なんかピンとこなくてね、この選挙戦が。で、それは自民党のマニフェストを見てて、「責任力」って書いてあるじゃない？　これ本気かな？　と思ったのね（笑）。まともな人間が見たら、こんなコピーは絶対ボツでしょ？　「おまえふざけんな！」ってなるのに、それが通ってるとこが不思議だったの。

内田　自民党のマニフェストの中身もひどかった。主語がないんだよ。政権党としては本来、「いまのままでいいんじゃない？」というのを、自分たちを選んでくれっていうときのロジックとして使いたいでしょ。でも、自民党は一応、「いまはよくない」っていうことを言うわけ。

高橋　（笑）。じゃあダメじゃん。

内田　そう（笑）。でも「よくないのだが、それは我々の責任ではない」っていうことを、アピールする（笑）。つまり、「いまはよくない」っていう現状認識は一応あるということは、クールに示さなきゃいけないし――。

高橋　かといって自分のせいではないんだ（笑）。

内田　そう、でも、自分の責任ではないっていうことを、はっきり言っちゃうとまずいので、「責任が、ない……みたいな？」（笑）っていう感じで、話をずっとずらしていくっていう。ある意味、自民党のマニフェスト、すごい名文だった。だって、主語がないんだよ。

高橋　すごいね。

内田　あんなもの誰が書くんだろう？　広告代理店かなあ？

高橋　でも、「責任力」はダメだってことは、誰かが言わなきゃいけないよね。そういう冷静な判断ができる人がいなかったっていうことだよね。

内田　そう。自民党としてはとにかく、「すみません」から始めるしかないんだよね。「政権党としてご支持いただいてありがとうございました、こことこことここを間違えました、これはこう変えます、これはこう変えます」って言ってね、「今後ともひとつよろしく」っていう。

高橋　それしかないよね。

内田　他者から指摘されるより、自己点検のほうが厳密で正確だということをアピールするしかないんだよ、救われる道は。自己点検が外部点検より甘かったら意味ないよ。

高橋　読者というか、国民というか、選挙民のリテラシーを誤解してるよね。「そんなもの書いたらバカにされるよ？」っていうマニフェストを出すっていうのは。

内田　あれが家父長の限界だよね。

高橋　そう。そういうシステムだからしかたないと思って黙ってただけで、みんなバカじゃないんだよね。本当はダメだと思ってるんだけど、いまは反抗できないな、しかたないと思ってあきらめてるだけだから。でも家父長って必ず「みんなバカだから」って誤解するんだよね（笑）。

内田　そうだね。

高橋　宿命みたいなものでさ。だから、家父長制的なものって社会のいろんなところでなくなったけれど、最後の家父長制が自民党だったんだ。

内田　だったんだね。今回の選挙でやっとわかった。

高橋　これで家父長制はなくなりましたよ、ついに（笑）。

内田　日本から消えたね、家父長制がね。

絶滅危惧種・小沢は民主党に必要か

――民主党内で小沢一郎が家父長制をやるっていうことはない？

内田　いや、やらないよ。

高橋　無理でしょう。家父長制って対外的なものだから。党内的にはあり得るけれど、それをパブリックに出すことが、無理なようにできてるマニフェストだし。

内田　うん。あれは内側に入れて、役職にもつけないで、ある種、家の中で飼い殺しにされていく……なんか、最後に生き延びた家父長の生体見本みたいな感じでさ、自民党内に残っていくんじゃないかな。1個ぐらい残ってないとまずいし。

高橋　絶滅危惧種だ（笑）。

内田　そう、ほんとに。

——そこまで民主党がタフだったらすごいと思うけれど。

高橋　鳩山さんっていう人を昨日の演説で見直したので。鳩山さんが、小沢一郎っていう、ある意味天才的なリアリストをこれからどういうふうに扱うのか、興味津々ですね。

内田　いや、やっぱり絶滅危惧種っていうのも大事でさ。絶滅危惧種しか分泌しないウイルスかなんかがあって、そのウイルスからしかワクチンを作れない、みたいなことがある。だから、これは死なせちゃいけない。家父長制っていうのがこれだけ長くもったのは、ある意味、家父長制のお陰である種のウイルスが入ってこなかった、みたいな一面もあるわけ。だから、絶滅はいかんのよ。

高橋　確かに、共同体組織は単色じゃないほうがいいんですよ。体内にアンチ組織みたいなものがあるほうがいい。だから、民主党が党として大成していくためには、小沢ウイルスを党内の重要な敵として、何かを生成できるようなシステムがあると理想的だよね。

内田　小沢ワクチンって何に効いてるかわからないね。ウイルスがあるせいで発症しないから。何に効いているかわかんないんだよ。だから、小沢ワクチンがなくなったときに、病気が起きて、「あっ、小沢ワクチンはこれに効いてたんだ」ってはじめてわかる。家父長制だってそれなりに生体にとって危険なものを防いでいたんだよ。

高橋　でも一応、家父長は家族を守ってた。もともとはそういう力があったから、それ自体は空虚なシステムではなかった。システムというものは空虚になりがちだけど、家父長制自体はそもそも矛盾してたってことはないんです。
内田　そう、何かから家族を守ってた。ただ、システムってあまり整備されてくると、みんな自分が何から守られてるかを忘れちゃう。
高橋　そうそう、敵がいなくても発動するシステムになってくるから、おかしくなってくるわけだよね。
――だから、民主党の中には小沢的なるものは残していかなくちゃいけないけれども、程よい温度で残るかどうか。
内田　生体標本として残ればいいだけですけどね、ワクチン取るために（笑）。
――でも、小沢一郎はワクチンを取るためとは思ってなくて、自分のＤＮＡをもっと広げようと思ってるから、その温度の違いが難しいかなっていう。
内田　小沢ＤＮＡのパーセンテージの問題だよね。あるパーセンテージを超えちゃうと、民主党自体が解党的な危機になるから。「このくらいのパーセンテージでいてくださいね」っていう、そのマネージメントが極めて難しいと思う。それを鳩山由紀夫がコントロールできるかどうか。
――鳩山由紀夫はできないと思う。でも、もしかすると、民主党っていうシステムが、システムをうまく動かす機能を持つかもしれない。
内田　菅直人っていう人が、意外にキーパーソンだと思う。菅直人は小沢一郎と鳩山由紀夫の中ほどのところにいる人だから。

高橋　ほどほど現実的で、ほどほど理想主義的だ（笑）。

内田　うん。この人物が党内的には意外なキーパーソンとして機能するかな。あとは、党内でも、反小沢の人たちがどういう動きをするのかも、気になるところだよね。

――小沢ウイルス、小沢ワクチンが民主党内においてうまく効き続けていくなら、それはすごくリアルだし現実対応型で、なおかつモダンだよね。これなら民主党は「新しい自民党」としてサバイバルできる。でも、小沢ワクチンが変に効きすぎる、あるいは全然効かなくなると、民主党はヤバいかなあと思う。

高橋　民主党のいいところは、今回の選挙で大きくなったでしょ。それから、年齢的にも世代的にも考え方がバラバラなところだと思うんだよね。自民党はある意味、一色になってきて、年齢も上の人が多いとか、世襲議員が多いとか、組織がすごくシンプルになった。つまりこれ、組織の最後の形だよね。恒星が最後に白色矮星になって、白く燃え尽きるように。逆に、民主党はバラバラで、これは組織としては発展の途中なんですね。政治組織もそうだけど、どんな組織も大きいと誰もコントロールできない。もうなるようになるしかない。特に日本の場合には、理念的なことでまとまる政治勢力がないわけで。

内田　共産党と公明党ぐらいだよね。

高橋　そう。で、どっちもダメだと。つまり、有権者もそれを選ばないから、ある種、混乱のままになる。なんだろうなあ……「たまごっち」育てる感じ？　国民の側が、民主党っていうたまごっちを育てるのを楽しもうか、っていう感じなのかな。やっぱり自民党は、さっき言ったようにみんなが飽きたっていうか、もうイヤだって宣言したからね。

――飽きたを超えて、もうイヤになったよね。

高橋　もう、顔も見たくない！（笑）。

内田　麻生太郎って本当に「もう、顔も見たくない！」と思った人が多いと思うよ？　多くの人が「顔も見たくない」と思うような人を、政党の看板にするのは、自殺行為だよね、やっぱり（笑）。

高橋　そう、最後の最後に。

内田　負けたあとぐらい「俺が悪かった！　すまん、このとおりだ」ってスパッと言えばいいのに、最後まで言い訳じみたこと言ってたね。

高橋　あれは正常な神経がなくなってるとしか思えない。でも、もうしょうがないよ、死にたかったんだから（笑）。

内田　見苦しい死に様だったねえ。

高橋　ねえ？　死に際がみっともなかったよね。

内田　小泉純一郎はそのあたり、逃げ足が速いっていうか、ギリギリのところでパッと逃げちゃった。

高橋　うまいよね。あの人は客観的に見られる人なんだ。自民党の負けも見切ってて、もしかしたら自民党が復活しないってことも織り込み済みかもしれない。ほんとうの職業政治家だよね。小沢さんとはまた違う方向だけれど、政治っていうもののリアリズムを体現してる。

だから、自民党は結局、リアリストがひとりもいなくなったんだね。残ったのは家父長の妄想で、この期に及んでまだ、奥さんが帰ってくると思ってる人だけ。「ほんとに嫌われてるんですよ？」って言っても、「いやいや、妻はそんなことない！」とか言って、酒飲んでるっていう。

内田　「メシはまだか！」（笑）。

高橋　「なんで帰ってこない⁉」って。

内田　で、餓死する（笑）。

高橋　孤独死だよ。

――だから小沢一郎って、自分の政党を持ち堪えられなくて、次から次へとダメにしていった人なわけじゃない。だから、あまり凄腕ではなかったんだけど、ただ、民主党っていうシステムに入ると、ものすごく機能する。

政治オタク・小沢一郎の夢

高橋　僕はね、小沢一郎は、政治的ニヒリストじゃないかと思う。つまり、看板はなんでもいいんだよ。だって、二大政党制が夢なんておかしくない？　そもそも。

内田　確かに意味わかんない。あり得ないよね。アメリカでたとえば、「俺は民主党と共和党の二大政党制を作るのが夢なんだ、そのために命懸けてる」なんて言ってたら、「おまえバカか、どっちかに入れよ」ってなるよね（笑）。

高橋　つまり、小沢一郎はある理念じゃなくて、政治システムが――。

内田　状態が好きなの。

高橋　そう。そういう人なんだよ。だから政治オタクなんですよ、言ってみれば。

内田　そうそう、政治オタクだ。

高橋　そういう人が日本の政治の中心にずっといたっていうのも、おもしろいよねえ。

内田　でも、ほんと小沢一郎っていうのは、ある意味日本の政治家の典型だと思う。ヴィジョンがなくて、ある状態が好きなの。でも、その直感は間違ってなくて。日本の政治ってもともとヴィジョンがないから。

高橋　なくていい。

内田　そう。社会のシステムがうまくできているので、政治は揉み合っていればいい。そうすると、その間に、他のことがチャンチャンと進んでく。政治が主導したりすると非常に危険なの、日本の場合。

高橋　小沢一郎は、その揉み合ってる状態が好きで、そこにエクスタシーを感じるんだよね、きっと。ある意味、日本的な生粋の政治家。

内田　うん。小沢一郎の政治姿勢って、国際社会では絶対、誰も理解できないと思う。

高橋　意味がわからないもの。

内田　二大政党制が夢だと言ってる人間が、なんで日本で影響力を持ち得るんだ？　だってそれ、ヴィジョンじゃないじゃんって（笑）。

高橋　そんな政治家いないよね、世界中にね。

内田　いないよ。

――だから究極のリアリズムなんですよ。

内田　そう、小沢一郎は日本的現実をよく知ってるんだよ。小沢一郎が、自分の政治的な反射神経を言語化して、自分の反射神経は一体どういうルールに基づいて、どういう法則性があって動いてるのかっていうことを言葉にしてくれたら、これはすばらしい日本政治論になりますよ。

高橋　おもしろいと思うなあ。

内田　確かに、彼が言ってることにはちゃんと法則性があるんだよ。でも、それを本人もよくわかってないのね。誰か小沢一郎研究をするべきだね。

――小沢一郎が見てるのは、時代の必然なんですよ。彼は時代の必然と日本の政治システムの必然を見ている、だからそこに日本が向かわないことにイライラして、それを進めようとするっていう、よくわからない人なんですよ。

高橋　いや、だから政治オタクなんだよね。

――そう。目的が政治だけなの。

内田　うん、そう、政局の人なんだよ、あの人は。

――政治システムが大好きで、それが正常に動いてないとイライラする。本来こう機能すべきことが機能していない→イヤだ！→機能させようっていうだけで……。

内田　自動車オタクと同じで、保守点検を一生懸命やってるんだよ。その車がどこに行くか、目的地はどうでもいいの。とにかくメカ的に最高の状態にしてさ、「１８０キロ出ますよ、この車」っていう。

高橋　で、どこにも行かない（笑）。

内田　そう、メンテナンスに全部エネルギーを費やして、結局走らない車を作ってる。そして、これが一番正しいと直感してるわけ。驚くべきことに、これがほんとに正しいんだよ。日本はね、走っちゃいけないの。

高橋　走ると、あらぬところに行っちゃう（笑）。

何もしないをする国、日本

内田　日本のシステムってすごく効率的だから、政治的に一枚岩に統合されて、「1億総ナントカ」っていう方針になって、政治的なエネルギーが集中してしまうと、何をやるかわからない。だから、国際社会で何もさせないっていうのが、実は日本の真のリアリストが直感してる正解なんだと思う。すべてのエネルギーを、ドメスティックなところで焼き尽くすというのが。

――なるほどね。ただ、小沢一郎が実際にやっていることはそうなんだけど、考えてることは全然違わない？　自分の中で言語化されてることと、自分のやっていることは――。

高橋　違うよね。

内田　口では国際社会で云々とか国連軍云々とか言ってるけども、あれは違うね。

――彼自身の政治理念はB級だけれども、彼自身の政治家的な反射神経はA級ってことですね。

内田　おっしゃるとおり。

高橋　そう、A級ですね。

内田　だから、あの人はメカニックなの。車の状態を最高にはするけど、ドライバーじゃない（笑）。

高橋　もうね、エンジン触っただけで状態がわかる（笑）。

内田　ほんとにそういう高等技術です。

高橋　でも、いま内田さんが言ったように、日本は政治的になんにもしないっていうのがベストなんだ。でも、なんにもしないわけにはいかないじゃないですか。となると、「A」と「アンチA」と案を出して、競わせるしかないわけ、フェイクで。

内田　フェイクでね。

高橋　これが日本の政治システムの根本なんだよね。

内田　そう。これ、言う人あまりいないけどね、我々はわかってる（笑）。
高橋　これが一番いい。
内田　これが日本の、一番いい政治的なエネルギーの使い方。
高橋　それが、自民党はもうできなくなった。だから、小沢さんは民主党に行って、その壮大なフェイクの第2幕をまた始めようっていうことなんですよ。
内田　ぜひがんばっていただきたいですね、小沢さんには。
高橋　何もしないをする。
内田　何もしないをするのは、すごく技術が要るからね。
高橋　糸井重里的な名コピーですよね、「何もしないをする」って（笑）。すごく日本的だよね。
内田　ほんとにね。
――でも、民主党が小沢一郎の技術を生かし切れるかどうかが、微妙だなと思うんだけども。
内田　さあ、どうでしょう。
高橋　まあ、ちょっとおもしろいんじゃないですか。天才的な政治戦略家と、ある意味天才的な観念の人が、どう組み合うかっていう。なんか、古代中国みたいだね（笑）。
内田　もしかすると、ブリリアントな成功を収めるかもしれない。小沢一郎的な、盲目的でプリミティヴな政治のリアリズムと、美しいけれど空疎な観念しか語らない政治家がガチッと組んだら、全然ダメか、すごくうまく機能するか、どっちかのはずだから。

——対抗キャラとしての鳩山由紀夫の実体がよくつかめてないんだけど。

内田　総理大臣やったらハマるけど、総理大臣以外はハマらないっていうキャラだね。

高橋　そういうキャラがいるっていうことだよね。まあ、昨日１回しか鳩山さんの演説、きいてないんですけど、あれはすばらしかったね。

内田　昨日の夜はね。僕も、半分寝ぼけながらきいてたんだけど、途中で目が開いちゃったもん、「へえ〜」って。こんなしゃべり方する男じゃなかったぞ、っていう。それまでは、微妙に記者からの質問を逃げてたの。なんとか問題をすり替えよう、とかね。

高橋　ちゃんときちんと１個１個、すべての質問に、ストレートに答えてた。気持ちよかったよね。

内田　うん。あれは見事だった。

総理大臣は恐妻家たるべき

——でも、鳩山由紀夫に関してひとつ気になるのは、……あの人、ものすごい恐妻家なんだってね。奥さんになんか言われるたびに「はい」「はい」みたいな。

内田　まあ、我々はだいたい恐妻家だからさ（笑）。

高橋　結構優秀なんだと思います。

内田　家父長じゃないから、我々は。家父長制を否定した男は、恐妻家になるしかない。

高橋　ほんと、そのとおり。

内田　奥さんのほうが家父長なんだから。

高橋　そう、実権を渡したんだから。

内田　それによって家父長制の呪縛から逃れたわけです。だって家父長ってバカになるよ。自動的に。バカになりたくなければ、恐妻家になる。

高橋　まさにぴったりだよね、民主党のトップとしては。

内田　それはほんとに向いてるかもしれないね。これは脱・家父長政治なんだから。恐妻家が総理大臣になるべきですよね。

――オバマも恐妻家っぽいもんね。

内田　そうそうそう。

高橋　たぶん、奥さんの言うこと全部きいてると思いますよ。つまり、家父長って100パーセント実権を持ってたでしょ。その権利を100パーセント奥さんに譲り渡す。それしかないよね。

内田　いや、恐妻家であることはすごく大事だと思うよ、家庭内で権限を持たないっていうことは。権限持たない状態でもなんとかコントロールできる、家父長じゃなくたって組織は管理できるよ、っていう。

高橋　だってね、家父長は戦略じゃないけど、恐妻家は戦略だからさ。

内田　そうそう。恐妻家って、自ら決意してなるもんだから（笑）。

高橋　そうです。

内田　ほっときゃ家父長なんだから。

高橋　家父長って勝手になるんです。そんなことも知らない人が多かった（笑）。

内田　高度な戦略なんだよ。

高橋　つまり、恐妻家にもなれないような人に、国のトップになってもらいたくないよね、正直言って。

内田　絶対そうですよ。

高橋　もうそれだけで支持しよう、鳩山さんを（笑）。

注１　野間宏：１９１５～１９９１年。戦後を中心に活躍した小説家。フランス象徴主義、マルクス主義の影響を受ける。代表作に、『暗い絵』（１９４６年）、『崩解感覚』（１９４８年）、『真空地帯』（１９５２年）、『青年の環』（１９４７～１９７１年）、『狭山裁判』（１９７６年）など。

注２　島尾敏雄：１９１７～１９８６年。小説家。主に昭和中期から後期に執筆活動を行う。『出発は遂に訪れず』（１９６４年）、『出孤島記』（１９７４年）などで戦争体験を描く。その他代表作に、『死の棘』（１９６０年）、野間文芸賞を受賞した『魚雷艇学生』（１９８５年）など。

注3 「冷たい社会」と「熱い社会」：フランスの社会人類学者、クロード・レヴィ＝ストロース（１９０８〜２００９年）が提示した概念。１９６２年の著作『野生の思考』の中で、未開社会と近代社会の比較として「冷たい社会」と「熱い社会」という言葉を用い、「冷たい社会」は、同じことを繰り返すためエネルギー消費量が少なく、歴史がない社会だと説いた。なおクロード・レヴィ＝ストロースは、内田樹が影響を受けた思想家のひとり。

第3回

民主党政権で、「友愛」社会主義国家が誕生する⁉

民主党、初めての政権運営スタート

2009年9月16日、鳩山由紀夫が国会において首班指名を受け、同日、鳩山内閣が発足した。発足直後の内閣支持率は70%を超えたが、鳩山の資金管理団体「友愛政経懇話会」の献金問題や、鳩山が実母から5年間で約9億円に上る資金提供を受けていた問題など、政治資金に関する疑いが相次いで発覚。12月時点での内閣支持率は59%まで落下した。

鳩山内閣が掲げた「政治主導」政策の一環として、行政刷新会議にワーキンググループが置かれ、11月11日から民主党議員らを中心とした事業仕分けがスタート、11月27日に終了した。目標の「概算要求の3兆円圧縮」には届かなかったが、12月に行われた世論調査では、事業仕分けに対して「評価する」という世論は71%に上った。外交面では11月13日、鳩山首相は初来日したオバマ米大統領と首相官邸で会談。日米同盟を深化させるための新たな政府間協議を進めることで合意し、沖縄の普天間基地移設問題については、両国の外務・防衛担当閣僚級の作業部会を設置して、迅速に結論を得ることで一致した。この対談が行われたのは、政権交代以来、民主党によるはじめての政権運営が難航を続ける12月初旬。

対談日：2009年12月3日

非課税子ども手当9億円

――最初、今回のSIGHTの特集タイトルを「大丈夫か？　民主党」にしようとしてたんだけど、民主党が調子よくなってきちゃって、「がんばれ民主党」にしたの。

内田　あははははは！

――そしたら、またダメになってきたんだよ。だから「大丈夫か？　民主党」に戻したという（笑）。だからもう、この流れだと、民主党は支持率もかなり下がるだろうし、相当ヤバいと思うんだけど。

高橋　いや、でも、そんなにヤバくないんじゃないかな。偽装献金だとか官僚の言いなりだとかって批判されてるけど、それって全部「自民党と同じじゃん！」っていうことでしょ。つまり、このボディブローは、おもしろいことに自民党へも効くわけ。だから、自民党が何も言えないんだよね。普通は、与党に弱みがあると、野党が「そうだー！」って言うんだけど、いまは野党が与党を攻撃できない状況だよね。与党がやられると、自民党も一緒にダメージを受けるという（笑）。

――だから、いまは官僚にとって理想的な状況なんだよね。昔は、官僚批判する野党がいたわけだけど、いまはそれがいない。自民党も言えないし、民主党もやられてきちゃってる、もう官僚の思うがままっていうことだよね。

内田　あと、民主党は、役人出身の若い人が多いしね。だから、わりと官僚と体質が合う部分があるのかなあ。

——ただ、4、5年で役人をやめちゃった人がほとんどらしいんですよね。だから、官僚の、インサイダーとしての情報をあまり持っていないから、つっこみようがないというところらしいんですけども。だから今回は、「大丈夫か？　民主党。何かヘンだぞ」というのがテーマです。

高橋　ところで、今回の鳩山さんの偽装献金疑惑って「非課税子ども手当9億円」って言われてるんでしょ。

内田　ははははは！

高橋　すごいよね！　週刊新潮の見出しなんだけど、なんてうまいこと言うんだろう(笑)。マスメディアはこの問題を騒いでるけど、意外と国民は怒り心頭じゃないと思うんだよ。どうしてかっていったら、あれは偉い人が自分の金を使った、っていうことだから。藤山愛一郎なんかが典型だけど、昔って、実業家が政治家になったでしょ。お金持ちが政治家になるっていうのは、私腹を肥やすためにやってるんじゃなくて、自分のお金を持ち出しながらやってたんだよね。私財を投げうっちゃって、井戸と塀しか残らない。「井戸塀政治家」って、誉め言葉だったんだよね。

内田　そうだね。

高橋　民主党ってもともとお金がなくて、結党当時、鳩山さんがお金を貸しつけてたっていうからね。それで金がなくなったから、その分をお母さんが補填した、っていうことじゃないですか。

――新党さきがけを作ったときも、鳩山さんの金だからね。

高橋　鳩山家はお金出っぱなしだね。

内田　でも、退蔵するよりいいよね、還流するほうが。

高橋　建設会社からお金をもらって、受注して、その結果、私腹を肥やしたってことだと「ふざけんな！」になるけど。お金持ちが「これをどんどん政治に使いなさい」って、ぽんぽんくれると、その金の使い道はさておいて、「偉いよね、そんなことのために使って」って思うじゃない。絵を買うとかさ、そんなことしてないんだから。

内田　みんな怒ってないもん。とりあえず僕は全然怒ってないよ。お母さんお金持ちだなあ、気前いいなあって思うだけ（笑）。

高橋　うん。５億円の老人ホームに住んでいらっしゃるそうですが（笑）。

内田　音羽にある鳩山家のお屋敷って、いま、一般開放してるんでしょ？　タクシーで前を通ったら観光バスが停まってて、「何ここ？」って運転手さんにきいたら、「これ、鳩山さんのおうちですよ」って。自宅なのに観光スポットとして開放してるなんて、なんて公共性の高い人だろうと思ったけど。

高橋　うん、そうなんだよね。

――税金対策なんだろうけどね。

交換経済から贈与経済へ

内田　でもね、いま、私から公へ、っていう流れがあるんだと思う。鳩山さんの政治テーマって、「友愛」でしょ？　「友愛」っていうのはずいぶんと古めかしいスローガンで、サン＝シモンとかフーリエとかロバート・オーウェンとかの、いわゆる空想的社会主義の人たち（※注1）の発想でしょう。「友愛」というのが政治スローガンになり得るのは、その前提として、社会階層が固定化してるということがあると思うんだ。階層社会って、社会的な流動性がなくなって、お金持ちはお金持ちのままで、貧乏人はどうやっても浮かび上がれないという状況でしょう。そういうときには「持てるもの」が「貧しきもの」に向かって、どんどんお金を流してゆくという形で流動性を担保するという考え方が出てくる。空想的社会主義者たちって、それこそ私財を投じて救貧院や病院や孤児院や学校を建てたり、ロバート・オーウェンとか、そういうことを一生懸命やったわけでしょう。それをマルクスやエンゲルスは「そんなことやっちゃダメだ！」と批判した。そんな個別的な慈善なんかで世の中はよくならない。そうじゃなくて、根底的な社会改革が必要なんだ、って。それ以来、空想的社会主義は不人気なんだけど、僕は全然悪くないと思うんだよ。

高橋　そうそう。空想的社会主義だよね、鳩山さんのやってることは（笑）。

内田　でしょ？　いま、日本の社会は超高齢化、超少子化になって、階層的な流動性が明らかに失われている。職業だって、政治家も財界人も学者も俳優も、みんな世襲じゃない。明らかに身分が固定してきている。そういうときに、社会的な公正をとりあえず実現しようとしたら、お金を持ってる人が「友愛」マインドで、どんどんお金を還流するっていうのは、「あり」だと思う。

社会主義革命ができないなら、とりあえずお金持っている人が自分の懐からお金を出す、と。鳩山由紀夫は直感的に「これからは空想的社会主義」だと思ったんじゃないかな（笑）。だってさ、「友愛」なんてスローガンを10年前に掲げたら、みんな鼻で笑ったでしょ？

高橋　うん。

内田　グローバリズムの時代に、そんなこと言ったら、「バカ言うんじゃないよ」とせせら笑われたと思う。でもいまは、それを簡単に笑い飛ばすことができない。それくらい、日本社会は流動性を失っているんだと僕は思う。経済も停滞しているし、政権交代してわかったとおり、もう統治体制には大きな変化は起こらない。社会構造が固定化しつつあることをみんなうすうす感じてる。

となったらさ、社会的リソースを過剰に所有している人間が、それを「贈与」するしかないじゃない。停滞して、階層化しつつある社会における社会的フェアネスをどう保障するかというふうに、いま、問題設定はシフトしているんだと思う。僕はそれを「交換経済から贈与経済へ」というふうに考えているんだけど、鳩山さんの「友愛」は、そういう地殻変動的な変化のひとつの兆候じゃないかな。

高橋　だから、イデオロギーとしては「友愛」だし、行為としては、お母さんが子どもに9億円あげるってことだよね。

——はははは！

内田　その9億円を民主党にあげたんでしょ。

高橋　で、その9億円を民主党はどこかにばらまけばいい。

内田　そう。もらったものは次に「パス」する。だって最初に9億円あげたお母さんは、息子にいかなる便宜供与も要求してないわけでしょ？

高橋　偉いよねえ。

内田　「純粋な贈与」だね。中沢新一さんがきいたら喜ぶと思うよ（※注2）。

有効なのは貴族的社会主義

——確かに友愛って、最初は時代錯誤も甚だしいって印象だったけども、逆に言うと、時代が回ってきちゃったんだ（笑）。

高橋　そう。そのあとのマルクス主義は空想的社会主義を否定したんだけれど、マルクス主義も否定された結果、友愛が浮かび上がってきた。

内田　ほんとにそうだよ。

高橋　否定の否定は肯定になっちゃったんだよね。

内田　僕自身がそう思うもの。お金が入ってきたらどうするかというと、自分で貯めてもおもしろくないんだよ。そりゃ、多少は使いたいこともあるけど、それよりはそのお金をどうやって次に「パス」したらいいのかを考えるもの。

高橋　金は天下の回りものです（笑）。

内田　ほんとにそうだよ。自分はもうだいたい欲しいものはあるし、それよりは困ってる人たちのために何かできることはないかなって考える。だいたいね、そんなことを僕が思うはずがないんだよ、もともと、そんな人間じゃないんだから（笑）。若いときは、「自分のことは自分でやるから、ほっといてくれ」っていうタイプの自立主義者だったんだけど、最近は「やっぱり大人になったら大人の責任っつうのがあるから、若い人たちの面倒でも見ないとまずいわな」というふうに変わってきた。

昔は、立身出世した人間は郷里の若い人たちを家に呼んで、学校に通わせたり、家から嫁に出したりしてたでしょ。自己努力である程度の社会的なポジションを得た人でも、その成果は独占するんじゃなくて、同郷の若者を支援するために使うっていうことが常識としてあったわけでしょ。そういうマインドが、いまは必要なんじゃないかな。

高橋　昔から革命家って2種類いて、ひとつは叩き上げで、自ら貧困の中に育って、ルサンチマンがある人。もうひとつは超金持ち。生活には何の心配もないけれど、「世界は不公平ではいけない、私も下界に降ります」っていう理念的なタイプね。理念的なタイプはバカにされてたんだけど、結局、叩き上げが何をしたかっていうと、マルクス主義だったわけでしょう? むちゃくちゃなことをしちゃったわけだからさ。彼らが退場したあとに、もう1回、貴族的で理念的な社会主義を、ということだよね。

内田 エンゲルスだって大金持ちだし、マルクスもブルジョアの息子でしょ。ほんとは、エンゲルスなんか、空想的社会主義者と立場は近いんだよ。でも、「俺は大金持ちだから、自分の金でいろいろできるんだけども、自分の金でなんとかしちゃったら、この矛盾の多い社会は直らない」って思ったんだよね。

うっかり「友愛」を個人的に実践して、それがそこそこうまくいくと、結果的に社会の矛盾が温存されて、アンフェアな社会構造はそのまま手つかずで残ってしまう。だから、あえて全部ひっくり返そうとした。でも、マルクス、エンゲルスの世代の革命家には、その根本にはきわめて人間的な「惻隠の情」というのがあったと思う。でもその次の世代の、レーニンとかスターリンになっちゃうと、もうそういうのはないよね。

高橋 スターリンと毛沢東がいけないんだよ(笑)。

内田 貧乏人から叩き上げの革命家の中心にはさ、「友愛」マインドはないんだよ。マルクス、エンゲルスだと、ブルジョアである自分たちが不当に収奪しているという「疚しさ」があるんだけれど、そのあとの世代にはそんなものはもうない。「我々から不当に収奪したものを返せ!」っていう奪還論になっちゃう。「持っているものを贈与する」ための社会理論と「持っていないものを奪還する」ための社会理論は、全然違うよ。

高橋 「俺たちは収奪されてる!」っていう被害者意識から始まると、ろくなことがないのは、歴史が既に証明してるんだよね。とすると、やっぱり貴族的社会主義か（笑）。

内田　いいね、それ。「疚しさ」に動機づけられた社会的公正の実現。

高橋　そうそう。惻隠の情ね。

――それが民主党の中に定着してればいいけれども。

内田　いや、なんとなくね、民主党の中にもいろんな考えがあるけれども、一部にそれがあるような気がするの。僕、松井孝治さんっていう京都出身の参議院議員の方と知り合いなんだけどさ、京都の旅館の息子さんなのね。それで、やっぱりね、さもしい感じが全然しない。「収奪されたものを俺に返せ！」っていう発想がない。どちらかというと、どうやって困っているみなさんに還元していこうか、っていうパブリック・サーヴァント的な意識がある。そういうのは、ごく一部かもしれないけど、民主党の中にはあるね。

――明らかに、一派閥としてあると思いますよ。でもそれは、自民党の中にも、きっとあったと思う。

内田　あっただろうけど、その考えは非常に力が弱かったと思う。「我々は公人として、社会的な公正を実現しましょう」なんて言ったら、自民党だったら「何言ってんだ、子供じゃないんだから」って笑われそうだった。でもいまの民主党だと、そういうきれいごとを言っても、笑われないという雰囲気があるみたい。

事業仕分けの本当の意図は

——ただ、刑事事件になっちゃって、違法行為となると叩かれちゃうよね。その中で鳩山由紀夫はもつのか、民主党はどうなっていくのかは注目ですが。少し具体的な話をしたいんだけど、今回の事業仕分けが、僕はおもしろくてしょうがなかったんだけど。どう思いました？

高橋　おもしろいですね。効果があるのかとか、人民裁判じゃないかって批判する人もいるけど、あれのおもしろいところは、オープンにしたっていうことでしょ？　これまでは、官僚が何をしてるかってことが見えなかった。それが問題だったんだけど、そこを見せたっていうところがおもしろかったな。だって、内田裕也が現れたでしょ？

——そう、蓮舫ががんばってるから見に来たんだって。

高橋　内田裕也が来るような政治的現場を作ったっていうのが素敵だ（笑）。

内田　すごいよね（笑）。

高橋　これまでの政治は、自分たちがやった投票行動と結果が結びつかなかった。つまりは、距離の問題があったんですね。事業仕分け自体は、具体的に１兆７０００億円ぐらい不要だという認定をしても、法律で決まったわけじゃないし、別に言うこときかなくても罰せられるわけじゃない。だけど、具体的な効果はともかく、誰もが思っていた、「ある事柄が税金を使ってやられてるけど、それってそのまま通っちゃうんですか？」

ということについて、疑問を言っていい場所を作った、っていうことなんだよね。あれって支持率9割（※注3）だって。

内田　すごいね！　9割なの？

高橋　日本の政治家がやったことで、これほど支持率が高かったアクションはないんじゃないかな。小沢さんと鳩山さんのダブル献金問題が毎日報道されている間に、事業仕分けをやったら、全部帳消しになって支持率が上がったぐらい。もうマジックみたいなもんだよね。

内田　僕は内容よりも、仕立てが演劇的だったことにむしろ興味があるな。つまり、「自民党から民主党に政権が移って、すごく変わりましたよ」と、どうにかして有権者にアピールしなきゃいけないということで、意図的に過剰な演出を仕組んだんじゃないかな。確信犯的に。

昔さ、NHKの『竜馬がゆく』の途中で演出家が降板して、和田勉に代わったことがあったんだけど、和田勉に代わった週に、いきなりわけのわかんない演出を始めたのね。その週は、「なんだこれは⁉」って、すごく不評だった。「こんなあざといことやっていいのか」って。

――確か、時代劇なのにいきなりブワーッて新幹線が走ったんだよ。

内田　僕、ずっと観てたんで、最初の週はびっくりしたけど、途中からだんだん落ち着いてきて、最後はごく普通のドラマに着地していた。あとで和田勉が「演出家が代わったことを視聴者に印象づけるために、あえてあざとい手を使った」って回想していた。「名刺代わり」だよね。今回、そのことを思い出した。自民党から民主党に代わったよっていうことで、1回画像的にすごくインパクトのある風景を提示してみる。そうしないと「演出家が代わった」ってことが印象づけられないじゃない。まあ、民主党もちょっと過剰演出だということはわかっているんだけど、今回はちょっと派手めにやってみました、っていう。

高橋　でね、ちゃんと自民党が助演しちゃったんだよね。河野太郎さんが事業仕分けの感想をきかれて、「うらやましい！　本当は僕がやりたかったのに」って言っちゃった。

内田　言ってたね！

高橋　この発言はもう、自民党に致命的な打撃を与えました（笑）。自民党の人がだよ、「これをやりたかったんですよ！」って。「でも、いままで僕らはできなかったし、これからも僕らには無理ですよ」とか、「90％の支持率のあることを、僕らはやれませんでした！　くやしいっ！」とか言ってんだから、すごいよね。民主党の応援団だよね。

内田　あれには僕も驚いた。

高橋　普通、思っても言わないよね？　一応敵対する党なんだから。

内田　総裁候補だった人なんだから。

高橋　そうそう！　下手したら総裁だった人が「うらやましいっ！」（笑）。

内田　「自分たちがやりたいことを、民主党がやってる！」って。あれ、まずいよね。

あれだとさ、「民主党っていうのは、自民党の中の『何とか日本をよくしようと思ってる人たち』がやろうとしてることを代わりにやってる政党なのかしら?」って思っちゃうよ（笑）。だとすると、それに反対している自民党って、「やっちゃいけないことをやってる人たち」っていうことになるよね（笑）。

どんどん弱る自民党

高橋　しかもそれと前後して、自民党総裁の谷垣（禎一）さんが、自転車で転んで顔を怪我したって事件があったでしょ。あれもかなり悲惨な話だよね。

内田　危機管理がね（笑）。一国の政治の舵取りをしようという政治家が、チャリで転んで怪我はまずいよ。ポルシェを運転していて、事故を起こしたとかいうんならまだわかるんだけどもさ。

高橋　しかもあの人、「チャリで走る総裁」っていうイメージで売ろうとしていた人だよね？（笑）。

内田　なんで転んだの？

高橋　向かいから来た自転車をよけようとして転んだみたいだよ。

内田　それはかなり恥ずかしい。

高橋　SPがついてたけど、そりゃSPにも防ぎようがないよ（笑）。

内田　何針も縫ったっていうんだから、相当な怪我だったんだね。気の毒だけど、党首になったスタートラインで、最初に大きく報道された出来事が「自転車で転んで怪我した」っていうのじゃあね。

――しかし、自民党って想像以上に弱くない？

高橋　弱いとは思ったけど、ここまで弱いとは思わなかった（笑）。

内田　ね？　森とか古賀（誠）とか青木（幹雄）とか、偉そうな人がいっぱいいたのに、あの人たち、いま何やってんの？

高橋　メッセージを発信できてないよね。唯一発信したのは河野太郎の「くやしい～っ！」（笑）。

内田　政治家って、節目節目のときに印象的なフレーズを発するのが仕事みたいなもんでしょ。それができなくなったら、存在理由がないじゃない。野党政治家だって、辛口の批評でメディアに大受けすることだってできるはずじゃない。それができないというのは、ほんとに末期だね。

高橋　いろんな事件が起こってるから、ネタはあるはずなんだよね。でも何ひとつメッセージを飛ばせない。

内田　野党政治家なんてさ、もう権力がないわけだからさ、言論だけで勝負するわけじゃない？　シャープな皮肉とか、ウィットとかを弄することによって印象づけるのが、野党政治家の本分なんだけどさ。

高橋　実権を持っていなくても、言論だけで勝負すれば戦えるんだよね。

——そういうスキルのある人たちが全然いないっていうことでしょ。

高橋　だから、自民党の議員がいろいろ民主党批判をしても、メディアにのらない。

——メディアからしたら、民主が弱ってきてるときに、叩けるだけ叩こうって動きになってるのにね。

高橋　でもね、メディアが報じたくなるような、きちっとしたフレーズを言える政治家がいない。

内田　ほんとにいないよね。

——でも、自民党はなんでここまで弱いんだろう。

高橋　それは5年前に死んでたのにさ——。

内田　そうそう！　死んでたのに延命治療したもんだから、ここへきて完全に全身が壊死しちゃったってことだよね。

——復活とか、逆襲っていう匂いが、もうまったくしないですもんね。

高橋　前回（第2回）の対談でも、復活はないっていう話をしましたが、もう、日々、やっぱりそうだって証明されていくよね。自民党を支持するメディアだって、民主党を叩きながら、その矢は自民党に刺さっちゃう。「言ってることとやってることが違う！　それって自民党と同じ……あ、いけね！」って（笑）。

内田　だから、民主党の支持率が下がっても、自民党の支持率は上がらないっていう。一緒に下がっている。

――そうなってくると、政治の閉塞感がまた別の形で生まれてくるかもしれませんね。

高橋　だから、いま、古い自民党を捨ててる最中なんですよ。

内田　そう。自民党が若い人たちによって刷新された姿が民主党（笑）。だから、自民党が刷新するのは無理なのよ。民主党になるしかないんだからさ。

高橋　いま、民主党は純化している最中。その先に、民主党的な理念があるかどうかまでは、わからないよね。

内田　理念はないんじゃないかなあ。

高橋　自民党の再生だからね。

内田　理念なき政党じゃないと、日本では政権政党になれないからね。だから、手法がちょっと違うと。家父長から、おばさんに替わったみたいな。

高橋　そうそう。おじさんからおばさんになった。

内田　空想的社会主義なんて、純粋におばさんの発想だからね。

本音は小沢、建て前は鳩山

――自民党から民主党に、主義主張から何からまったく違うものにポコッと変わるはずがないわけで。だっていま、民主党、自民党の顔ばっかりだもんね。

高橋　うん。だから大きな変化はないんだよ。だけど、そのことに国民は、ある意味安心してると思う。それでも少しはましになった、っていうことでしょ。すごくいいことじゃない。

内田 はははは。

高橋 根本的な変化はないけど、メンツはよくなったっていうのは、望まれる最高のことでしょ? 何かが変わるって、8割同じで2割変わるぐらいで、結構劇的な変化なんだよね。そういう意味で、ちゃんと自民党の魂みたいな小沢さんを残したのはよかったんじゃないですか。

民主党って、霊と肉が分離してんだよね。霊は鳩山さんの「友愛」で、肉は自民党。こういう形って日本人は好きなんだよね。本音と建て前が分かれてるっていうのは。

内田 「友愛」なんて全然、日本人本来のものじゃないでしょ。外来の建て前と、土着の本音が拮抗してる状態っていうのは、日本人にとっては一番安定がいい状態なんだけど。

高橋 社会党がなぜ3分の1しか議席を獲れなかったかというと、全部建て前に見えて、そんな人間信用できないと思われたからだと思う。民主党って、建て前と本音の二本柱がある。一応建て前は鳩山さんがいて、本音は小沢さんで。矛盾してるようだけど、日本人のメンタリティにとってはちょうどいい感じなんだよ。

内田 社会状況に対する対応が、自民党よりも民主党のほうが、国民に接近しているってことだよね。いまの日本人のメンタリティとか階級状況に関して、たぶん民主党のほうがよく理解してるってことでしょう。

――それが、「自民党の政治家よりは、まだ蓮舫のほうがよくない？」っていう感覚につながってると思う。

高橋　そう。「こっちのほうが顔つきはいいな」って。「舛添（要一）よりも長妻（昭）だろう！」っていう（笑）。

――じゃあ、「舛添より長妻や蓮舫だろう」っていう皮膚感覚とはなんであるのか？　そのへんを言語化してほしいんだけど。

高橋　少なくとも日本では、理念的な政党に対する根本的な疑いがある。マルクス主義の経験があるからね。たとえば、環境政党とか緑の党って日本ではダメでしょう？　それは、結構正しいと思うんですよ。

内田　そうだね。

高橋　理念的なものって、要するに言葉でしょ。言葉はひとり歩きするから怖い。それは、左翼のほうでもわかっている、何かヤバいんじゃないかと。だから、戦後の60年が終わったあとの日本という国で、理念的政党がヘゲモニー（※注４）を獲ることはないだろうし、あってもまずいって気がする。で、どうなるかっていうと、いかに空気を読むか、ですね。どっちのアンテナのほうが感度がいいかという話。だからもう、アンテナの感度を上げて、対応していくしかないよね。

ちょっとだけ文学の話をすると、この前、このＳＩＧＨＴの「ブック・オブ・ザ・イヤー特集」で、斎藤美奈子さんと「今年の文芸・評論作品ベスト10」みたいな話をしていて、文学関係の今年のキーワードを「政権交代」にしたんだ。つまり、戦後とか近代と、それ以降との政権交代が起こった。それがもう20年くらい前です。それがやっと目に見える形でわかってきたのが、ここ最近。

いま、戦後文学みたいなものにまったく興味もないし、関心もないし、読んでもわからないっていう人が圧倒的に多くなったのね。でも、書いている人は歳をとっていくから、まだ同じ感じで捉えていて、だからいまの人からわからないって言われる。政権交代ってそういうことですよ。時代がすごく変わってるのに、政権を握っている人は、実際に生きている人たちよりも年齢が上で、その人たちの気持ちがよくわからない。

内田　そうだね。

高橋　だからいま、55年体制が終わって、というか、「近代」そのものが終わって、じゃあその次のステージは？っていったとき、世界中、誰も経験がないわけ。日本は島国で、ある意味、実験場になりやすいんだよね。1億3000万人もの人間が一カ所に固まって、ここで、近代、いや、高度資本主義のあとの実験をやっている。そこは、誰も知らない領域で、まさに空気を読んでやってくしかない。何が正解かわからないし、民主党だってどうしていいかわかんないと思う。

近代文学は「右肩上がりの文学」

――有権者の側は、「高速道路の無料化とか、子ども手当とか、もういい加減空気読めよ」っていうシグナルを出していますね。

高橋　ずっと出してるよね。

内田　日本はさ、全体を領導していく原理的な政治理念が信頼されない国なんだよ。そういう「きれいごと」の政治には、国民は必ず警戒心を持つ。国民の信頼をとりつけるには、「筋の通った建て前」と「ぐずぐずの本音」のブレンドが命なんだよね。それは完全に「さじ加減」だから、感度で勝負するしかない。民心の動向に敏感に反応しないとね。特にこれからは高齢少子化で、人口が減り、経済が右肩下がりになっていくという、人類史上誰も経験したことがないような、末期資本主義社会に突入していく。

高橋　もうどんどん下がっているね。実は近代文学って、「右肩上がり」の文学なんです。経済も人口も上っていくことしか知らない時代の文学なんだと思う。要するに『坂の上の雲』。坂の上の雲を目指して行く、っていうイメージ。ところが、70年代の終わりに坂の上に到達してからは、とっくに下り始めていたんだけど、みんなまだ上がってるつもりだった。

内田　なるほどなるほど。そうか。

高橋　でも、徐々にみんな気がつきだした。ある時期からは、デフレがあたりまえでしょ？　どんどん下がってくっていう実感が、過半数の人間のマインドになったときに、下がってることが認知される。そうなったときの政治形態って、誰も経験がないんです。過去に、イギリスがいったん世界帝国になって、その後没落していったとか、そういう類似の経験はあるけれど、後期資本主義国ではじめて。でも、経験がないからどう対応していいかわかんないって、正直に言いながらやっていけばいいと、僕は思うんだよね。ただ、できるだけセンサーを伸ばしてやってくれ、って注文はつけておくけど。

内田　でもね、やっぱり何か類似のモデルは必要だと思うんだよ。そうすると、昔の日本ってことになる。おじさんたちっていうのは時代の変化を捉えられていなくて、いま何が起きているのかわかっていないけれども、昔の日本を知っている。僕らの世代が、これからの日本についてある程度指導的な意見を言わなきゃいけないと思うんだけど、その中で、右肩上がりの幻想を語り続けるような、まったく現実から遊離したことを言い続けるのも、僕らの世代が中心なんだよね。

だから、政治でも経済でもメディアでも、右肩上がりのことを考えてる人が中心にいて、下り坂の社会をどうやって気分よく生きていけるかを考える人間は、まだ少ない。貧しい時代の生き方なら、日本が貧しかった戦後社会を知ってる人が、そのノウハウを伝えていけるし。たとえば20代の人たちにね、「きみたち、この先が見えない時代を、海図なき航海を勝手にしていきなさい」というのは、あまりに過酷で気の毒なことで。やっぱりある程度道筋を示してあげるのが、僕らの世代の責任だと思うんだよね。

高橋　そうそう。以前、鶴見俊輔さんのインタヴューを読んだんだけど、すごくおもしろかった。もう90歳近い方なんですけど、彼は第二次世界大戦中に、エリートでね、アメリカに留学して、そのあと通訳で南の戦線に送られたりしてた。彼はプラグマティストで、ある意味、１９４０年代から、日米の差みたいなものを自分の目ではっきり見て来た。「日本って、どうなったらいいんでしょうか？」ってきかれて、「日本はいったん滅んだほうがいいよ」って。

――はははは。

高橋　鶴見さんはルサンチマンもないし、ある意味正当に日本を見ることができる。エリート中のエリートで、学者の一家で、鳩山家みたいな感じで金持ちだし。貴族の人たちはゼロになることを恐れない。普通さ、生活基準が下がっていくことに抵抗するでしょ？　少子化にはどうやって対応しましょうか、外国人労働者を入れましょうか、とか、なんとかして坂の下へ下っていくのを食い止めようとする。でもね、「いまの人口は多すぎる。江戸時代の３０００万人くらいの人口がいいんじゃないですか？　日本くらいの国は」って（笑）。憲法で武装も禁じられているから、そんなふうに、「日本の身の丈にあったレベルにしとくのがいいんじゃないの？」って言えるのは、やっぱり、もともと貴族だからなのかも。

内田　たいしたもんだ。見識だね。

『1Q84』と『1968』

――それで、文学が政権交代すると、現実的にどういうことが起こるの？

高橋　ひとつはね、近代文学の記憶がない人、右肩上がりを知らない人が読者になるということ。いまの若い子は、職がないとか不景気とか、生きていくのが大変っていうのが日常で、「え、昔って景気よかったんですか？」って言うんだよね。前回（第2回）、『１Ｑ８４』の話をしたけど、つまりもう、生きてる世界が違ってる。日本の場合、近代が終わってどうなったかというと、タイムスリップしちゃって、坂を下ったんだけど、そこは僕たちの知っている世界じゃなかった。僕たちが子供の頃は、ごちゃごちゃいろんなことはあるけど、日本はだんだん豊かになっていって、ローン組むときだって、「どうせ給料は上がるから」としか考えてなかった。無限に右肩上がりっていうイメージがあったからこそ、政治闘争があった。そういう、豊かになっていく世界の中でどう抵抗するかが問題だった。

　これが生活水準がどんどん下がってきたら、シャレにならない。だから、貧困になったらどうするのかという問題にリアルに直面する。いまの若い人たちには、違った処方箋がいるようになると思う。

内田　うちの娘なんか、父親といた子供時代の生活レベルが自分にとっては最高で、あとは落ちるだけだと、普通に思ってるもの。

高橋　文学の世界も、とにかく不景気（笑）。

内田　なんかわりと貧乏くさいね。全体としてね。文芸誌は家に送られてくるからときどき読むけど、若い作家の書くものって、なんか貧乏くさいね。

高橋　今年（２００９年）の後半の純文学で一番売れてるのは、中村文則の『掏摸（スリ）』でしょ？　スリだよ？　スリがテーマになるなんて、考えられなかった。戦後すぐの混沌期でもないのにね。

内田　スリの話？　すごいねえ。

高橋　うん。川上未映子の『ヘヴン』だって、テーマはいじめだしね。

内田　いじめにスリ？　なんか、上野の浮浪少年みたいだねえ。

高橋　この世界の空気を敏感に感じることが作家の仕事だから、そうなると、みんな景気が悪いんだよね。

内田　「空気を読む」っていうことが、作家的資質の中で最優先されることだから、スタイルとかテーマとか文体とかが、どんどん変わるでしょう。なんでもすぐに古くなっちゃう。僕、「ナントカはもう古い」みたいなぺらぺらした断定で物事が進んでいくのって、基本的に嫌いなんだよね。だから文学が流行を追って、せわしなくそのときどきの人間の営みを俎上にのせるのも、あんまり好きじゃないんだ。人間性のうちにも変わらないものってあるじゃない。誇りとか、惻隠の情とか。そういう人間が生きていく上で中長期的に有効性のあるような話を文学はどうして扱わないのかな。目先の話ばっかでさ。

――いまの若い人はそういうヴィジョンがほしいんじゃない？

内田　ほしいんだと思う。それを示す義務は、僕らの世代にあると思うんだよ。そういうヴィジョンを示したら、いい悪いの意見はいろいろあると思うけども。こっちは何しろ60年生きているわけだから、若いみなさんが見ていないものを見ているわけだから。坂を上がっていって、頂点に達して、また下がって来た期間をずっと見ているし、「ああ、下がってるなあ」っていう全体の状況は、我々の世代はよく把握できていると思うよ。

　だからいま、日本人に対してアナウンスできることって、第一には、「ま、ちょっと落ち着きなさい」ということだと思う。浮き足立つのはやめて、腰を据えて、少しクールダウンしなさい、っていう。「変革」とか「改革」とかみたいなことばかり呼号するのはそろそろ控えてさ。社会が活性を失っていって、停滞しつつある大きな流れっていうのは、もう変えられないんだから。長期的には下り坂なんだけれど、まだまだ時間もずいぶんあるし、使えるリソースもたっぷり残っている。腰を据えて、ある程度長いスパンをとって、どういうところに重点配分していって、これからあとの日本人が、あと1世紀、2世紀、どれぐらい気分よく暮らせるかっていうことを考えませんか、と。そういう提案をすべきだと思う。

高橋　文学の世界でも、今年の特徴は、過去の見直しだったと思う。つまり、村上春樹の『１Ｑ８４』と小熊英二の『１９６８』。ほんとにうまい具合に、この2冊が出てきた。

内田　ほんとだね。ゼミ生が１９６８年のことを修士論文で書いてるんだけど、いまなんで若い人が１９６８年に興味を持つのか、僕には実はよくわからないんだ。そのゼミ生は「全共闘運動を知りたい」って言うんだ。

高橋　これは「ブック・オブ・ザ・イヤー」で斎藤美奈子さんとも話したんだけど、『1968』って、我々の世代から厳しく批判されてるんだよね。というのは、小熊英二さんは当事者に直接会わず、二次資料だけで書いたから、事実誤認が多いんだよね。だけど僕は、小熊さんのやり方を支持したいと思った。

そもそも対象となっている人物に会わないというところが素敵だよね。だって当人にあたってきいても、嘘しか言わないに決まってる（笑）。正確なことを言えるのは、それに立ち会った人間だけだっていう幻想が確固としてあるけど、そんなの嘘だからね。当事者が一番わからないかもしれないでしょう。それに、歴史って解釈の問題だから、誤解する権利だってあるはずです。要するに当事者じゃなくて、歴史は無関係な他人が書くべきだってことです。

証言者たちは歴史を「共同化」する

内田　そうだね。うちのゼミ生がやってるのは、小熊さんのアプローチとはまったく逆で、オーラルヒストリーの聴き取りなの。その時代に学生運動にコミットしていたおじさんたち5人への、ロング・インタヴュー。で、そのときに僕は彼女に「言っとくけども、ほとんど嘘だからね」って言っておいたの。「僕も含めて、おじさんたちの語る物語はつくりもの。でもね、証言者たちはまったく別々にきみに取材されたわけだけども、全員がその時代の出来事について、暗黙のうちに共同的に構築しようとしている物語がある。模造された共同体験の記憶を語っているけれど、問題は〝模造された〟ことじゃなくて、〝共同化された〟ことなんだよ」って。

高橋　共通の間違いがあるよね。

内田　実際に経験したことが物語に回収されてゆく過程で、ある大きなバイアスが働いてるんですよ。でもね、それが結局は「事実」になるんだよね。歴史的事実っていうのは、「本当に起こったこと」じゃなくて、「本当は何が起こったのか」について事後的に共犯的に構築された記憶のことなんだから。それが第一次的な事実なんだよ。だって、その記憶に基づいて、それを参照しながら、そのあとの人々は現に物事を判断して、現実は変わってゆくんだから。

だから、インフォーマントのおじさんたちが言ってることは、事実関係に徴したら「おはなし」なんだけども、本人が現にそのことを思い出している以上、そのようなものとして歴史は書かれなきゃならない、って、ゼミ生には言ったの。

高橋　そうなんだよねえ。歴史は最初から物語だから（笑）。

内田　自分で言いながら、「難しいこと言ってんなあ」と思ったんだけどもさ（笑）。僕も、当然インフォーマントとして体験談を彼女に話したんだけど、話があまりにきれいにつながっていくんだよ。「こうこうこうだからこうなって、だから僕はこう思って」って言いながらさ、「僕、きみとしゃべってると、すごい頭がよくなったみたい」っていうのがあってさ（笑）。

イノセントな顔をした若い女の子が、ふんふんうなずきながら、「そうだったんですか！」と言ってると、話がどんどんロマンチックになっていくわけじゃない。どんどん物語が作られていって。話しながら、「そういうことだったのかあ！」って、自分で自分の言っていることに深くうなずいたりするわけ。どこまでほんとかわからない、っていうのがオーラルヒストリーなんだよ。たぶん、全員が少しずつ嘘をついている。でも、その嘘を折り合わせてゆくと、ある構造が浮かび上がる。そして、実はその構造が、その時代を動かしていたんだから。

高橋　それを見つけるのが歴史家の仕事だからね（笑）。

内田　うん、ちょっと難しかったけどね。だから、小熊英二さんのアプローチもおもしろいんだけどさ、その時代に書かれたものを読むよりは、１００人ぐらいの人に会って、どういう嘘をつくのか（笑）。

高橋　共通の嘘（笑）。

内田　そう。共通の嘘を発見したほうがおもしろかったと思う。

——つまり、68年でもなんでも、もういっぺん歴史を検証しないと、この右肩上がりから右肩下がりに変わる転換点が見えないっていうことなのかな？

高橋　っていうか、検証したいんだよね。

内田　だって、歴史以外に未来をチェックする道具ってないもんね。

高橋　状況が上がってるのか下がってるのかっていうのを決めなきゃいけないでしょ？　そのためにも、どこから下がってるのかとか、角度がどのくらいとか調べなきゃ。

内田　うん、そうそう。僕も最近、発作的に松本清張読みだしたんだよね。なんでかっていうと、１９５０年代の日本ってどんなんだったのか、やっぱり知りたいから。自分はその時代に生きてたもんだから、知ってるはずだっていう前提があるんだけども、よくよく考えてみたら、その頃小学生だった自分が見てた日本なんて、ほんの一部分だから。

　で、読みだしたら、空気が全然違う。『ゼロの焦点』とか『点と線』とか『砂の器』とかがいますごく売れてるんだけど、それはどうも、我々が１９５０年代を懐かしく回顧しているからじゃないかと思うんだ。

高橋　なるほどね。50年代へ戻るんだねえ。

内田　１９４５年の焼け跡と闇市とか、上野の浮浪児とかいう時代じゃなくてね。でも、50年代っていうのは、人の話によると、大変ハッピーな時代だったらしいじゃないの。もしそこに着地するんだったら、悪くないんじゃないかな、って。

21世紀における「55年体制」とは？

――じゃあ政治ももういっぺん、１９５５年体制を作らなきゃいけないんだ。21世紀における55年体制ってのは、なんなんだろうね。

内田　構造的には「理念政党」と「実感政党」が拮抗しているシステムなんだよ。実感政党はこれからは民主党が担うはずなので、理念政党が必要なんだけども。

高橋　存在してない。だからいま、擬似的に、民主党が両方やってるわけ。代表が理念派で、幹事長が実感派（笑）。

内田　ま、つなぎとしてはこれでいけるけども、無理があると思う。

高橋　無理だね。ひとり55年体制なんて。

内田　そう、二人羽織みたいなもんだからさ。

高橋　だから民主党が割れるしかないでしょうね。

内田　それはある種、理想的な展開だよね。鳩山民主党と、小沢民主党に分かれる、と。

高橋　で、自民党は分裂して、それぞれにつく。河野太郎は鳩山さんのほうへ行って、森さんは小沢さんのほうへ、とかさ。

内田　で、実感政党が与党になって、理念政党が野党になる。理念抜きのベタの生活実感だけの与党に、野党が厳しい理念的批判を加えていく。

――小沢さんは完全に古い人だから、無理だと思いますけどね。

内田　いずれ、小沢さんに代わる人が出てくるんじゃないかなあ。官僚出身で計量的な知性が働く、有能な人が出てくるんだよ。その人がね、「要は、金でしょう！　メシ食えなきゃ話になりませんから」とか言うの。もう、理念もなんにもない超リアリスト。どんな国のどんな政府とも平気で妥協するし、交渉もするし、ブラフもかけるし、脅しも辞さないっていう。そういうゴリゴリのリアリストの人が出てきて、その人が生活実感政党を支える。

もう片方は、鳩山さんみたいな、政略家では全然ないけども、夢みたいなことを言ってる人が担う。いや、あの人のようにね、夢みたいなこと言えるってのは才能だよ？　だって所信表明演説であれを読めるのって、すごい心臓だよ。僕だったら、恥ずかしくて読めないもの！

――はははは！

高橋　あの所信表明演説はやっぱりよかったよ。何がよかったかというと、オバマの演説に似てるんだよね。僕、授業で演説についてやったんだけど、うまい演説には公式みたいなものがある。そして、鳩山さんの演説には、ちゃんと公式どおりのものが入ってた。息子に自殺されたおばあさんとか、「障害者」を雇っている工場のエピソードがあったでしょ。個人的で具体的な話を入れるのもセオリーだよね。

とにかく、よくできた所信表明演説だったと思うけど、あれをきかせる相手はアメリカ国民だったかも。日本人がきいても、「なんかいい話ですね」で終わっちゃいそうだから（笑）。

内田　いや、それがおもしろいんだよね。言ってること自体は整合的だし、真っ当なんだけども、まったく心に訴えないっていうところが。日本では、聴衆に訴える訴えないっていうのはさ、話す内容じゃないから。

高橋　そう、あの演説は現実のどこかに着地するんじゃなくて、想像上のどこかある世界に着地する感じがしたな。変な言い方だけど、翻訳の文章みたいでしょ？　というかね、村上春樹の文章みたいだよ。
内田　あ、そうか。なるほどね。でも、あれは才能だと思った。文案を練った松井孝治さんとか平田オリザ（※注5）さんも、なかなかやるなと思う。でも、あれを平然と、自分の言葉であるかのように読める鳩山由紀夫というのも、只者ではないと思った（笑）。僕、原稿は、演説の前にドラフトの段階で見せてもらったんだけども、実際にテレビで観たときには、やっぱりびっくりしたな。
高橋　読まないよね、普通、恥ずかしくて。さすが金持ちのぼんぼんだ！
――やっぱり友愛の人なんですね。
高橋　理念の人なんだよね。平田オリザさんはさ、鳩山さんに会って、「何考えてるか全然わかんない」って言ってたよ。本当に宇宙人みたいだって。
内田　ああいう人が日本の首相になるって、おもしろいよね。でも、政治家にはもともと向いてないよね。
高橋　そう、決定的な言葉を使うっていうシーンでは、彼は必要だけど、政治家としての技術が必要な場面では、活きないだろうね。
内田　マヌーヴァーとかテクニックっていうのは、全然ない人だよ。
高橋　でも、ヨーロッパの、サルコジ（フランス大統領）とかベルルスコーニ（イタリア首相）なんてねえ。

内田　ほんっとに性格悪そうだもんね！　鳩山さんには、性格の悪さは一切感じないよね。

高橋　ある意味ベルルスコーニとか爽快だよね。

──だってオバマのことを「日焼けしましたね」って言ったんだよ。

内田　言ったの⁉

──それで、アメリカでボロクソに叩かれて、そのあとオバマの奥さんにも、同じことを言ったの。

高橋　懲りないやつ！（笑）。

内田　イタリア人ってさ、どうしてここからファシズムみたいな極端な政治思想が出てくるのか想像もつかないくらいゆるいじゃない。そういう国民が、意外なことにああいう性格の悪そうな人間を、首相に選んでる。バランスをとってるのかね。

高橋　あれはすごいよね。

内田　サルコジだってそうだよ。フランス的知性とか、ウィットとか、理想主義とかと、まるっきり対極にある人なんだからね。アメリカ人みたいなフランス人でしょ？　あんな人を大統領にするっていうんだから、これもある種のバランス感覚の産物だろうね。

高橋　だから懐が深いんだよね。イタリアとフランスは。

内田　すべての国民って、自分たちの国民性とか本質的な部分と、微妙にずれた人を選ぶのかな。

高橋　日本人は無意識でバランスを取ろうとして、自分たちがきわめて現実的なので、首相としては理念的な人を選んだんじゃないかな（笑）。でも、これまでだったら鳩山さんみたいな人は選ばれなかったよね。やっぱりいまは、小沢さんがついてるから鳩山さんを選んでも安心っていう感じなのかな。本音と建て前というセットとしての建て前なら、許せる。

内田　うん、そうそう。

高橋　建て前しかない人間の建て前は信用しないけど。

内田　用心深いね。

高橋　だからある意味、日本人はいま、政党の選択を楽しんでるって言ったら変だけど、実験をしてるんだよね。絶妙のバランス感覚でさ。

内田　と思うね。ほんとに有権者の判断というのは侮れないね。

恐るべし、小泉純一郎

高橋　小泉に勝たせたときはある意味、「まあ、今回はお父さんを許してあげましょう」っていう感じだったよね。

内田　僕ね、小泉純一郎って、ものすごい怪しい人だと思うの。養老孟司先生に教えてもらったんだけど、あの人、基本、反米なんだよね。どうやってアメリカを世界的な覇権からひきずり下ろすかっていうことを、終生の課題にしていた。彼が考えたのは、アメリカに過剰に迎合することによって、誤った政策を支援して、アメリカをおとしめるって方法。オバマの就任が（2009年）1月でしょ。ブッシュの退陣と、小泉純一郎の政界引退表明が同時期だったっていうことに、なんか因縁を感じるわけ。

特に、イラク派兵っていうのは、国際世論的に見てもあきらかに間違った選択だった。世界にとっても、とりわけアメリカ自身にとって不幸な選択をアメリカがしようとしたときに、真っ先に支援したのが小泉純一郎でしょ。日本にとっても不利な選択であるにもかかわらず。ところが、これに日本人はあまり反対しなかったんだよね。日本人が「ま、いっか」と思ったのは、イラク戦争にはまりこんでゆくことでアメリカが世界的に信頼を失い、国力を殺《そ》がれ、地獄への階段を下りていくことが確実だったからでしょう。小泉さんは崖っぷちに立つブッシュの背中をひょいと押したんだよ。

高橋　すごい深慮遠謀だと（笑）。

内田　もしあのとき、友情ある同盟国の立場からだったら、「ちょっと待ちなさいよ、ブッシュさん」と言うのが筋なんだよ。「頭を冷やしなさい」っていうのが。ていねいに助言したら、ブッシュが「正しい選択」をした可能性だってあるわけだよ。だけど小泉さんは、アメリカが間違った選択をするたびに、それを全面支持するっていう形で、アメリカの没落を準備したんだよ。

高橋　高度な戦略だ‼

内田　それって、日本人という辺境人がもっとも得意とするところのマヌーヴァーなんだよね。主人に対して過剰迎合することで主人の没落を早める。

――ははは！

内田　その点では、小泉純一郎はすごい政治家だと思うよ。だって、日本人のアメリカに対するコンプレックスを最終的に消したのって、小泉さんだからね。小泉・竹中（平蔵）路線が導入した、アメリカン・グローバリズムってあるでしょう。アメリカに「やれ」と言われたことを言われたまま全部やる。「アメリカではこうやっていますから、うちでもやります」って。そのすべてが日本では失敗する。その結論は、「やっぱり、アメリカってダメなんだ！」っていう国民的合意なわけですよ。小泉さんの時代に、日本国民の中におけるアメリカへの敬意がほとんど消えたからね。

彼って横須賀生まれでしょ。帝国海軍の司令部に翩翻《へんぽん》とひるがえっていた日章旗が、ある日、星条旗に変わったというトラウマ的経験をしている。過剰迎合することを通じてアメリカの没落を加速するというのは、そのとき考えついたんじゃないかな。僕はずっと、あの人が気になってしょうがなかったんだよ。あの対米姿勢は明らかに変だから。僕らは、日本人の戦後におけるアメリカ体験の本質がまだよくわかってないと思う。

高橋　そうだよね。そういう意味では、鶴見俊輔のことも、江藤淳（※注6）も、戦後体験とアメリカ体験を持っている人たちのことを、わかってないんだよね。

内田　江藤淳なんて、「なんでこの人、こんな変なこと言うの？」って思っちゃうもんね。やっぱりね、リアルタイムで戦争をやって、負けたっていうことを見てた人と、終わった後に生まれた人は全然違うね。

高橋　それを言うとさ、夏目漱石のこともわかんない。漱石の欧米コンプレックスって、すごいものがあるじゃない。「日本はダメだ！」っていうのが。埋論的にはわかるんだけど、僕らはもうそういうのがないからさ。日本という、やっと近代化された小さな国から出て行って、欧米でショックを受けたとしても、「大変だね」くらいしか思わないよね。外国で本気で格闘して、「日本人と日本語はかくも孤独である」っていう気分になったことがない。

内田　ないもんね。たとえばフランスに行って、言葉が通じないときにさ、「漱石も苦労したろうに」って思うけど、そういう先駆者がいたわけだよ。はじめて行った漱石にとってはさ、そうじゃないわけでしょ。この孤独感ってすごいよね。日本っていう国を背負って行ったときに、言葉も通じないし、自分の持っている金は、はした金でしかない。

高橋　完全に無視されるわけだからね。ただ、それでも時代は勝手に先に進んでいてね。僕らもすでに、タイムスリップの以前の側なんだ。タイムスリップしたあとの、もっとフラットな世界の住人たちが、もう主流になってるんだよ。

島根は日本の未来です

内田　でもまあ幸い、アメリカの国力はこれから落ちていくでしょうからね。中国もそんなにはいつまでも伸び続けるわけないだろうから。そうなると、日本、アメリカ、中国、EUの構造の中で、力がイーブンになる。もしかすると、もうコンプレックスがない形で行くかもしれないよね。

高橋　でも、彼らはまだ日本の国力がアップしていた時代の人たちだから。最初に言ったようにさ、後期資本主義国で、はっきりと坂の下に向かいだした国はほとんどないんだよね。これは誰もやったことがない経験なんだから、大変といえば大変なんだけど、おもしろいよ。

内田　ほんとだね。うちの大学院に聴講生で来ていた神戸大学の院生の子が、そのあと国交省に入って、島根に赴任したのね。「島根はどう?」ってきいたら、「島根は日本の未来です」って言うんだ。

高橋　えぇ!

内田　「なんで?」ってきいたら、島根は超高齢少子化で人口が減っていて、たぶんいまから20年後ぐらいの日本を先取りしている。若い人だから、「人がいないし、経済もぱっとしないし、つまんないよ」って言うのかと思っていたら、「島根はおもしろい。日本の未来だから」って。

高橋　それはすごいよね。

内田　我々ははじめての体験をこれからしていくわけだから。それを楽しいって感じるようなマインドが必要だよね。

高橋　僕は生まれが広島県尾道市なんです。5年前、母親が亡くなる前の年に、母を連れてNHKの番組に出て、僕自身20何年ぶりに尾道に戻ったんです。風景自体は変わらないんだけど、とにかくまあ中身がすごく変わってる。自分が通っていた小学校は当時40人のクラスが5クラスあったんだけど、いまね、1クラスだけで、20人くらい。しかも、他の学校と合併して。だからもう、子供の数が10分の1くらいになってるわけ。千光寺山っていう山があってね。その斜面に無人の家がいっぱいあるんだけど、市の仕事を手伝っている僕の従兄弟が、「源ちゃん、住まない？　タダでいいから」って。人がいないから、宣伝になるって言って。

内田　高橋源一郎の書斎！　観光バスのコースになったりして（笑）。

高橋　でもさ、地方に行くと本当に人口がどんどん減ってる。子供の数なんて、信じられないぐらい少ない。これだけ急激に変わっているのを、世界の終わりみたいに感じるのか、それとも楽しむって言ったら変だけど――。

内田　いや、楽しんでいいと思うんだよ、基本的には。だって、人間って楽しまないと、知恵が働かないじゃない。おもしろがらないと。「人口が減るってどういうことなんだろう？」って、わくわくしないとね。

高橋　こういう縮小って、政治の世界でも経験がないからさ。金の問題とか官僚がなんとかって言ってる場合じゃない、って感じがするんだよね。たとえば官僚問題にしても、結局お金がないってことでしょ。つまり、赤字国債を発行してる。ダウンサイジングが続くっていうことは、この問題は永遠に解決しないっていうことでは。

都会だとせいぜい人口が1割ずつ減るって感じだけど、地方へ行くと、いきなり3分の1になったりするわけ。この前、山口に行ったとき、タクシーの運転手さんに、「山口って、産業って何？」ってきいたら、「うーん……役所？」って言われた。

――ははははは。

高橋「他には？」「うーん、ない！」（笑）。

内田　教育立国は一策だよね。学校って、かなり大きな雇用機会でしょ。税金を使って学校作っても、地元は文句言わないもの。学生が集まると、消費活動も活性化するしさ。

高橋　ああ、そうだよね。

内田　観光産業と、学校産業と、それから県庁産業。

高橋　そうだよ。みんな公務員になればいい！　こうなったら！

内田　社会主義だ。

高橋　そうそう（笑）。

内田　でね、何にお金使うかっていうと、結局、医療、教育、介護でしょ。こういうところにどんどん税金を投入して、雇用創出していけばいいんじゃない。社会主義ったって、それでも全体の1、2割ぐらいは、やっぱりじゃんじゃん稼いで、税金納めてくれる人はいるわけだから。渋谷陽一とか。

――はははは。

内田　そういう人に税金出してもらって。残りはみんなまあ、薄給でもいいからさ。でも学校の先生とかって、ものすごいやりがいがある仕事じゃない。給料安くても、生徒から、「先生ありがとう!」とか言われたりするともう、ぼろぼろ涙が出ちゃって、「ああ、教師になってよかった」って思うんだから。

高橋　金八先生かい(笑)。

内田　うん。それでいいじゃない。教育、医療、介護、それから観光。要するに、ホスピタリティが機軸になっている業種。そういうのって、最後にお客さんににっこり「ありがとう」って言ってもらえるから。

高橋　社会主義の時代がくるのか(笑)。

理想は「友愛社会主義」!?

――まさに友愛国家じゃないですか(笑)。

内田　空想的社会主義の時代(笑)。いや、ほんとにそうじゃないかなと思う。『空想から科学へ』(フリードリヒ・エンゲルス)を読んだときに、「なんで空想じゃいけないの?」と思ったわけ。「なんでロバート・オーウェンがダメで、エンゲルスが正しいの？」って。だって、いいやつじゃん、空想的社会主義者って。でも、みんなバカにするんだよね。フーリエだかサン＝シモンだか、「貴族の子女は、貧乏人と結婚しなきゃいけない」みたいなことを言ったでしょ。そうやって混ぜちゃおうっていう。それって正しいと思うよ。

　金持ち娘は貧乏な青年詩人と結婚して、金持ちの息子はマッチ売りの少女と結婚する。みんながそういう志向を持てば、階層社会の固定化は防げるわけじゃない。いや、そういう「物語」を、みんなが服用すればいいわけでさ。だって、「万国のプロレタリア団結せよ」だって、「物語」であるっていう点では、実質一緒じゃない。空想的社会主義者の「物語」を侮るべきじゃないよ。『空想から科学へ』だから、空想のほうが分が悪かったんだけど、いまなら言える、エンゲルスは間違っている！（笑）。

高橋　おもしろいんだよね。僕らの世代だと、あんまり大きな声で言えなかったけど。

内田　言えないんだよね。でも、社会がこんなふうに停滞して、大きな変化がなくなって、パイが縮んできたときの最後の頼みの綱は、社会主義だよ。

高橋　友愛なんだよ（笑）。

内田　友愛的社会主義者たちの善意だよ（笑）。

高橋　そうなんだよ、善意。そのあとの社会主義者は、悪意の塊が多かったからね。

内田　「科学から空想へ」。

高橋　だよね（笑）。考えたらマルクス主義って、生産の発達を条件にしてるでしょ？

右肩上がりなんだよね。『資本論』も、『共産党宣言』も、人類の歴史は右肩上がりが続いてるし、これからも続いていくっていう前提で書かれてる。僕も最近気がついたんだけど、その革命論は、前提が崩れたら成り立たないじゃない。人口が減って、生産量が減っていったら、革命は起きない、って話になっちゃう。だからいま、マルクスが復活したら「やっぱりサン＝シモンやフーリエでいいや」って言うかも（笑）。

内田　ははは！　いや、ほんとに、いまマルクスが蘇ったら……。

高橋　「友愛だ！」。

内田　って、絶対言うと思うよ、僕は。

高橋　そうだね。マルクスって理性の人だからさ、マルクスが死んで以降の、社会主義の歴史を、「こういうことがありました」「こうなりました」って教えてね。それから「１９８０年代以降、基本的に世界は右肩下がりの状態に入っていますが、どうしたらいいんでしょうかね？」ってきいたら、30分考えたマルクスが、「やっぱ友愛しかない！」（笑）。

内田　いまマルクスが生きてたら、そう言うんじゃない。「いや、とりあえずは鳩山くんでいいんじゃないの？」って（笑）。

高橋　「とりあえず民主党に１票！」ってね（笑）。

注1　空想的社会主義の人たち

サン＝シモン：クロード・アンリ・ド・ルヴロワ・サン＝シモン（１７６０〜１８２５年）。フランスの社会主義思想家。富の生産を促進することが社会にとって重要とし、産業階級を貴族や僧侶より重視した。キリスト教の道徳を産業社会に適用する方策を夢想し、人間は互いに兄弟として、富者は貧者を救済すべきであるという人道主義を説いた。

フーリエ：フランソワ・マリー・シャルル・フーリエ（１７７２〜１８３７年）。フランスの社会思想家。１５００〜２０００人程度が、土地や生産手段を共有してひとつの協同体として生活をする「アソシアシオン」を提唱した。

ロバート・オーウェン：１７７１〜１８５８年。イギリスの社会改革家。人間は環境によって変えられるとする環境決定論を主張。フリードリヒ・エンゲルスらによって、サン＝シモン、フーリエ、ロバート・オーウェンは共に空想的社会主義者と評された。

注2　中沢新一は１９９６年、人間の「贈与の精神」について探求する著書『純粋な自然の贈与』を発表。

注3　本書１３０ページのとおり、読売新聞の調査によると、２００９年11月に行われた事業仕分けを「評価する」という世論は71％。世論調査結果はメディアによって異なり、約９割がこれを支持したという報道もあった。

注4　ヘゲモニー：集団または人物が、政治、文化、経済などの優位性によって長期にわたって地位や権力を握ること。イタリアのマルクス主義思想家、アントニオ・グラムシ（１８９１〜１９３７年）が展開した概念。

注5　平田オリザ：劇作家、演出家。大阪大学コミュニケーションデザインセンター教授、

首都大学東京客員教授。１９６２年生まれ。劇団「青年団」主宰。代表作に、『東京ノート』（１９９５年）、『月の岬』（１９９８年）、など。２００９年10月、文化・教育政策への助言、官邸の発信力強化などを担う目的で、鳩山内閣の内閣官房参与に就任。

注６　江藤淳：１９３２年生まれ。文芸評論家。代表作に、『漱石とその時代』（１９７０年〜未完）、『成熟と喪失』（１９６７年）、『小林秀雄』（１９６１年）、『海は甦える』（１９７６〜１９８３年）など。１９９９年に自殺。

第4回

小沢一郎は、「敗者のポジション」を選んでいる

民主党小沢一郎幹事長、元秘書逮捕で去就は!?

2009年8月の衆議院選挙では、小沢の支援を受けた候補者、いわゆる「小沢ガールズ」が多数当選。同年5月には、西松建設疑惑関連で公設秘書が逮捕されたことを受けて民主党代表を辞任したが、民主党が政権交代を果たした後、鳩山の要請により幹事長に就任。党内で発言力を発揮してきた。

2010年1月15日に、自身の資金管理団体「陸山会」の土地購入を巡る事件で元秘書らが逮捕されたことについて、小沢は翌16日、定期党大会で違法行為を否定、幹事長を続ける考えを表明。2月の世論調査によると、この事件の責任を取って小沢は幹事長を辞任すべき、という意見は74%に上った。

なお、この対談が行われた半月後の3月18日、民主党の党運営や小沢の態度を批判し、小沢の辞任を求めた生方幸夫副幹事長を、民主党執行部が解任。しかし3月23日、党内外や世論の批判を受けて、執行部はその決定を翻し、生方に副幹事長職を続投させることを決めた。小沢は6月2日、辞意を表明した鳩山首相に促され幹事長を辞任したが、9月に行われた民主党代表選に出馬。現職の菅直人と対決し、国会議員票、地方議員票、党員・サポーター票のすべてにおいて菅に及ばず敗北した。

対談日：2010年3月2日

小沢は反体制である

——今回のSIGHTは、小沢一郎特集なんです。で、コピーが、「ありがとう小沢一郎　僕たちは卒業します」という。

高橋　（笑）。今回ですね、ふと気が向いて、小沢さんの本を5冊読んできたんですよ。

内田　え、そうなの？　真面目だなあ。僕ら、素人がやるっていうところを売り物にしてるんじゃなかったの？（笑）。

高橋　いや、僕はもともと、小沢が嫌いだったんだ。昔、湾岸戦争のときに1兆3000億円集めたでしょ。僕、朝日新聞に「おまえなんかに指図されるいわれはない！」って書いた覚えがある。

内田　うん。読んだ覚えがある（笑）。

高橋　「うるせえ、おまえは！」と。ほんとにむかつくやつだと思ってたんだ。で、とにかくずっと出っぱなしでしょ、この人。民主党が政権を獲ってから……鳩山さんも例の贈与問題があったけど、基本的には日本の政治ってさ、ずっと話題が、小沢さんのお金問題なんだよ。しかも「関係者がこう言った」とか、そういう話ばっかりでしょ。で、本人は相変わらず仏頂面で、何も言わないんで、「こいつはほんとは何を考えてんだろう？」と思って。そうなると、書いたものを読むしかないと。

内田　なるほどね。でも、彼は、書いたものに自分を出せる人なの？

高橋　それがね、出してないの（笑）。言葉を持たない人なんだよ、予想どおり。でね、文学のかけらもないの。

内田　ははは。

高橋　まったくね。あの人、文学的なものを憎んでると思った。で、やっぱり田中角栄なんだよね。言ってることは。僕が結構共感したのが、「自衛隊を国連軍に」っていう意見。

内田　それ言ってたね、高橋さん。わりと昔から、持論で。

高橋　そう。そしたら小沢さんもそうなんだ。それは、ちゃんと根拠があって。明治維新のとき、明治政府は自前の軍隊を持っていなかったので、薩長から軍隊を借りたと。あれがいいんだ、っていうわけ。

内田　ふうん。

高橋　あれがねえ、なかなか素敵なアイディア（笑）。それで、言っていることが、もうこの20年間、全然変わってない。全然ブレない。経済情勢が変わろうが何が起ころうが、目指しているところは、「日本を変える」「普通の国にする」ってこと。すごく頑固なんだよね。おもしろいのは、この人は自民党の本流でしょ。で、お父さんは貧乏人だったのね。だから、自分をプロレタリア的だと思ってる。一時期、左翼にもかぶれたらしい。

内田　あ、そうなんだ？

高橋　「マルクスの本を読んだ」って書いてる。でも、ああいう貴族臭のする考え方にはついていけなかった、あれは日本では向いてない、と。だから、実は自民党的なものは嫌いで、自分は反体制的だと思ってるんだよ。繰り返しそう言ってる、本の中で。

内田　へえー。でもさ、もしかすると、保守本流って、そうだよね。結構みんな、自分は反体制だと思ってる。角栄さんもそうだったしね。

高橋　そう。あの人だって、実際にはすごい権力持っていたはずなのに。つまり、自民党の本流から、田舎者扱いされてるっていう気持ちがある。小沢さんが田中角栄を好きなのは、そこなんだよね。権力内部での反権力者っていうふうに、自分を定義してる。

内田　でもそれ、自民党が55年体制で延命した本質だね。「保守による革新」っていう綱領的な構えってさ、自民党にはあるよね、やっぱり。

高橋　信じてるわけだ。

内田　それが実は自民党の活力源だったんじゃないかな。安倍晋三だって、自分を総理大臣に選んだ社会システムに対して「こんなのダメだ！」って言ったわけだからさ。それって論理的にはおかしいじゃない。小泉純一郎の「自民党をぶっ壊す」もそうだよね。保守本流って、実は一貫して「こんな日本はダメだ」って言ってきたんじゃない？

高橋　そう、彼らはそう信じてる。とすると、その場合の体制側は何かっていうと、これがおもしろくて、マスコミとかさ――。

内田　検察とか霞ヶ関とか。

高橋　マスコミ、検察、霞ヶ関。この連中がトライアングルを形成している、って、90年から言ってる。だから今回の問題も、マスコミと霞ヶ関と検察でしょ。つまり彼にしてみれば、「ほら、言ってただろ！」って感じなんだ（笑）。俺のような真の革新家が現われると、このトライアングルがつぶしにくるって、俺は20年前から言ってたじゃないか——と言いたいんで、仏頂面してる。

内田　ああ、なるほど。彼は「体制」っていうのを、そういうものだと見てるわけね。

高橋　そう。官僚とマスコミ、あと検察。それはどうしてかっていうと、55年体制で一番おいしい汁を吸ってたのは、結局この連中だって。で、彼が尊敬してる政治家は4人いるんだよ。大久保利通、伊藤博文、それから原敬、吉田茂。この4人が、日本の政治家の中ではすばらしいと。

内田　珍しいチョイスだね。

高橋　この4人に共通してることは何かっていうと、4人とも、必要以上に強大な権力を作ろうとしたこと。つまり、選挙でも、べつに過半数でいいでしょ。でも吉田茂も原敬も、過半数じゃダメで、とにかく圧倒的多数を目指した。で、4人とも悲惨な最期を迎えている（笑）。

内田　みんなそうだっけ？

高橋　大久保利通、伊藤博文、原敬は暗殺。吉田茂は、最終的に失脚したわけ。どうも、小沢一郎はそれに自分を擬してるんだよね。だから次の参院選も、彼の感じでいうと、

4分の3とか5分の4は獲らないと、スムーズに政策ができない。っていうふうに、ある意味一貫してる。

小沢は東北の怨念を背負っている

——しかし、その本、おもしろかった？

高橋　おもしろくないいんだよ。

内田　ははは！

高橋　自分で書いてると思うね、文章が下手だから。ライターだったらもう少し魅力的な文飾をするんだけど、もうまったく木で鼻をくくったような、質実剛健っていうか、口下手な文章だね。で、ずっと、まったく同じことを言ってる。この20年間、世界の情勢は変わってるのに。ある意味、信念の人だね（笑）。

内田　不思議な人だね。

高橋　もちろん都合の悪いことは、全然受け入れない。たとえば、やっぱり田中角栄と金丸信を尊敬してるんだけど、インタヴュアーが、「金丸さんはお金の問題で……」って言ったら、「あれはオヤジは間違ってない！」って。

内田　ははは。

高橋　「あれは検察にはめられたんだ！」って。もう、有無を言わせない。人の言うこと、きかないね。だから、そういう意味で非常に興味深いっていうか、筋が通ってるの。

文句をつけるために読んだら、だんだん好きになってきちゃって（笑）。

内田　でも、小沢一郎を理解しようとしたら、確かにそうやって、小沢一郎の中における主観的な合理性を見つけないとね。「やってることが変だ」って、外から言ってもしようがない。「小沢一郎は本当は何がしたいのか？」が大事なんだけど、誰もそういうことは論じないね。

高橋　うん。それで、お父さんも政治家じゃない？　お父さんがいかに貧乏だったか、苦労したかっていう話をしてるのね。これ、田中角栄も一緒なんだ。つまり、権力っていうのは中央なの。東京。地方は東京に虐げられてきた。そういう者の怨念を、俺は背負ってるっていう自負がある。

内田　安倍晋三も怨念だったよね。あの人は、岸家が三代にわたって、マスコミと霞ヶ関と検察に痛めつけられてきた、その怨念を背負って総理大臣になったわけでしょう。そういう「体制に対する怨恨」をバネにするっていうの、自民党の定型なのかな？

高橋　うん。何か、魂の中にあるみたい（笑）。

内田　ＤＮＡなんだね。怨念がないと、権力を獲れないっていう。

高橋　絶対にそう。復讐戦っていうかさ。

――小沢一郎の政治史的な歴史をざっと見ると、まず最大派閥だった田中派の中で敗れるんだよね。そこから怨念政治というか、「いつか見返してやる」っていう物語が延々と続くの。失恋した男が、自分をふった相手を執拗に追い回すような。ふられた自民党に対する怨念なんだよね。
内田　なんでも怨念の対象にできちゃうんだね。
――でも、自民党に対する怨念が一番強力な感じがするね。もう死んでしまった自民党を、それでも執拗にとにかく踏んで踏んで、木端微塵にしないと気がすまないっていう強迫観念はすごいよね。その原点が、父親の貧困なのかもしれないけど。
高橋　だから父の怨念というか、遺志を継いでるってことなんだ。もうひとつおもしろかったのは、あの人、選挙主義でしょ。とにかく選挙に勝たなきゃダメだって。一番川上から、川下に向かって選挙運動していけ、っていつも言ってる。だから、国会には出てこないで、地元に戻ってずーっと選挙活動してるでしょ。あれってなんでなんだろうと思ってたんだけど、本の中で、それについても滔々と語ってるところがあった（笑）。
　要するに、最初に田中角栄に会ったときに、「選挙は大事だ」と言われたんだね。「おまえ、有権者全員と会え」と。１日１００軒歩くと、１世帯３人いるとして、３００人。１００日で３万人。だから、ひとつの選挙区なら、１年あれば全員に会える。つまり、とにかく人に会って、石を投げられようが何しようが、話をきいてもらえと。そうすると「おまえ何言ってんだ？」とか言われるから、全員に会って、文句言われてこい。っていうのが、田中角栄の教え。
内田　へえ。
高橋　だから、他の候補者は誰も行かないような寒村、老人しかいないようなところに行って、

「何しに来た！」って石を投げられてこい、っていうのが田中角栄の教えなんだと。いいこと言うんだよ。

内田　いいこと言うね、田中角栄は。

小沢の敵は「よくしゃべるやつ」

――それ、小沢一郎、今回の衆院選でもやったよね（笑）。

高橋　つまり、彼はそういう選挙戦なんだよ。その話をしてるとき、必ず一緒に言うのが、普通はみんな、そういうのは大変だからやんないでしょ。テレビで人気取りを考えたりとか、メディア戦略とか、「風を起こす」とか。あんなのは、なんの意味もないと。だから、今回民主党が風で勝ったっていうのは、彼はまったく意味がないと思ってるだろうね。たとえば誰か演説のうまいやつが出て来るとか、何か事件が起こるとかで、そんなのは簡単にひっくり返ってしまう。でも、自分が実際に会って、フェイス・トゥ・フェイスで話した人から得た支持っていうのは、そのあと自分が何をしようが、絶対に変わらない。

内田　はあ。

高橋　だから、そんな浮ついた選挙してるやつなんか、一切無視。たとえば、今回の小沢さんの金の問題があっても、絶対に支持者は減らない。有権者全員に会ってるから。そして、その有権者たちもみんな言葉を持たない人なんだ。小沢さんが来て、何か言っても、黙ってる。で、いろいろ言うと、「おまえは口で言うだけだ」みたいな目で見られる。それに耐えてこいという、田中角栄の教えからすると、いまみたいなマスコミウケを狙ってる選挙なんて、もう下の下なわけ。

内田　ははは。

高橋　っていう人だったの。ね、だんだん小沢が好きになるでしょ（笑）。

――でもさ、実は小沢って勝ったことないんだよね。自民党のときにも負けた、新生党のときにも負けた、新進党のときにも負けた、自由党のときにも負けた、って、ずっと負け続けて、結局、自分の政党さえ放り投げて、民主党に吸収合併されちゃう。剛腕と言われながら、実はほとんど勝っていない。でもスタンスは変わらないという。

高橋　そう、「世界が間違ってる」。

内田　結局、彼の仮想敵の中心にあるのはさ、霞ヶ関であっても、検察であっても、メディアであっても……要するに知識人っていうか、「言葉を使う人」でしょ。

高橋　そうそう。

内田　ペラペラとよくしゃべるやつ。

高橋　我々だよ、我々。

――ははは！

内田　我々が仮想敵なの？

高橋　うん、仮想敵。憎んでると思うよ。

——というかね、山口二郎（※注1）さんの話だと、とにかく人当たりがいい、やさしい感じの人なんだって。ところが、小沢に側近はまったくいない。

高橋　うん、いないらしいね。

——子分がいないし、親分もいない、仲間もいない、友達もいない。

内田　悲しい人だな。

——すごく孤独な人なんですよ。で、負け続けているにもかかわらず、常に何がしかの権力を持っている。で、最終的に、最大の権力を持ってしまったっていう。

高橋　今回本を5冊読んで、おもしろい人だと思った。でも、この感じは知ってるな、何に似てるんだろう？って、考えたんだけど。もしかして、吉本隆明かも。

内田　あ、それ、おもしろい。「大衆の原像」なんだ。

高橋　大衆の原像を抱えてるから、どんなに敗北してもくじけない。

小沢は自己処罰をする

内田　そうか。それ、わかる。あのさ、小沢一郎って、敗者のポジションを進んで選んでるんじゃないの？ 今回の土地購入問題とかを見てても、自分が中心になって、民主党政権を運営しようと思っていて、マスコミと検察と霞ヶ関が敵だっていうことがはじめからわかってるんだったら、政治資金のことなんかに関しては、「あいつらに絶対つっこまれないようにしておこう」って用意しとくはずじゃない。でも、あえてボロを出すっていうのはさ。

高橋　ははは。

内田　うがって考えるとさ、これってある種の「自己処罰」なんじゃないのかな。自分で自分の足元を崩しておいて、「また今度もダメだった……」っていう。

高橋　無意識のうちに負けたいと思ってるのかもしれない。

内田　うん、あの人にはどうも、そういう傾向があると思うね。無意識の自己処罰っていうかね。自分がトップに立っちゃいけないって、思ってるんじゃないかな。前に民主党の代表だったときも、お金の問題で、結局退かなきゃいけなくなったでしょ。あれも、何か、起こさなくてもいい問題を自分で起こしたような感じがするな。

高橋　そう。避けてるんだよね、日なたに出るのを。

内田　たぶん「日なたに出た小沢一郎」はもう小沢一郎じゃないんだよ。日の当たるところにいる小沢一郎、怨念のない小沢一郎って、もう小沢一郎じゃないんだよ。

高橋　そうだよね。怨念って、ダークサイドだからね。

内田　そう、強権と闘って、とにかく体制を倒す。で、「倒してどうすんの？」って言うと、たぶんそのあとのことは考えてないんだよ（笑）。

高橋　勝っちゃいけないんだ。

内田　検察・霞ヶ関・マスコミっていう、日本のエスタブリッシュメントに対するある種の純粋な批評性なんだよ。確かに吉本隆明だね。

高橋　これ、誰も言ったことがないね。小沢一郎は吉本隆明だと。

内田　僕ら吉本さんのこと大好きじゃない。たぶんさ、「吉本隆明的なもの」って、日本人の琴線に触れるんだよ。大衆の原像を繰り込んで、知的な言葉をぺらぺら語る知識人に怨念の鉄槌を下すっていうのはさ、日本における批評性の、ある意味での本道なんだよね。

高橋　おもしろいね。まったく文学と関係ない人なのに、思想的スタンスとしては吉本さん。で、安保問題は、『アメリカと私』、江藤淳みたいなね。

内田　ほんとだね。

高橋　つまり、江藤さんは、「日本はアメリカからの負債を返せない」っていうことが、いつもモチーフになっていた。小沢さんは、「アメリカと対等になれ！」っていうのがモチーフだよね。だから、全然文学と関係ない人なんだけど、ある意味極めて文学的なんだ。

内田　そうだね。いつも言ってることだけどさ、日本がアメリカに負けたときに、負けたっていう事実をまっすぐに引き受けたらさ、そのときに出てくる言葉は、とりあえず「次は勝つ」なんだよね。そうじゃないと、ことの筋目が通らない。

高橋　ははは。

内田　アメリカを倒すまでは臥薪嘗胆《がしんしょうたん》で耐え忍ぶ、っていうのが「普通の敗戦国」のメンタリティなんだよ。でも、日本はそうならなかった。こないだ、ゼミの卒業旅行で台湾に行ったんだけどさ、ちょっと感動したの。蔣介石の巨大な銅像が、中正紀念堂ってところに立ってるの。そのリンカーンみたいな恰好した銅像がさ、ぐっと西を睨んでるのよ。

高橋　ああ、中国をね（笑）。

内田　そう、いつか台湾海峡を越えて大陸反攻するぞ、っていうのがさ、いかに非現実的ではあれ、それが国是なんだよ。国民党軍が共産党軍と戦って敗北したっていう事実は、事実としてまっすぐ受け止めてるわけ。確かに、負けた。だから、「次は勝つ」なんだよ。そうすると揺るがないんだよね、国民の気持ちが。負けたという事実を素直に受け止められる。「なんで負けたのか？」をリアリスティックに考えるようになる。だから、怨念にならないんだよ。だから、日本もアメリカに負けたあとに、乃木将軍か東郷元帥の銅像でも建てれば筋が通ったんだよ。

——ははは！

高橋　太平洋に向けてね（笑）。

内田　そう、「臥薪嘗胆捲土重来」ってしておけば、こんなふうにねじれなかったんだよ。だから小沢一郎が出てくるわけ。小沢一郎は蔣介石なのよ、やっぱり。太平洋の向こうを睨みつけてさ、「臥薪嘗胆」って言ってるの。「見てろよ、いつかアメリカ反攻するぞ。カリフォルニアに上陸するぞ」って（笑）。

それは別に、日米関係を損なうわけじゃないんだと思うの。そういう筋目の通った国是を立てた上で、「アメリカとの歴史的な和解」を達成するというのは「あり」なんだよ。それは全然問題ないわけ。「二度目は勝つぞ」って言ったけど、まあ、「二度目はやらないことにした」でもいいわけ。

高橋　「戦争やめましょう」でもね。

内田　そう、これからは日米同盟機軸で行きましょうでも、全然ＯＫなわけよ。でも日本は、「アメリカ反攻」を政策的にはまったく示さないで、ずるずると属国になってしまった。属国になっただけじゃなくて、その事実そのものを隠蔽してきた。だから、日本人大衆の感情の根っこのところには、いつも、「なんかおかしい」っていうひっかかりがあるんだよ。「なんか、マスコミと霞ヶ関と検察にごまかされているんじゃないか？」って。

小沢は勝つと根拠を失う

内田　小沢一郎はさ、平たく言えば、「俺らは負けた。敗北者、貧乏人、田舎者だ。この事実を受け入れて、そこから這い上がるしかないんだ」っていう話にしたいんだと思うの。

高橋　そうそう、宮沢賢治みたいに。

内田　東北的な情念っていうのをベースにしてる、っていうのはあるんじゃないですかね。縄文時代から延々とメインストリームに虐げられてきた東北、っていう考えが関わってるんじゃないの?

――だから小沢一郎の場合、その上で勝ちたくない、負けなければいけないと。

高橋　負けるもんだっていうね。

内田　だって「敗者」っていうのが自己規定の原点だからさ。だから、勝者になりそうになると、わざと足を踏み違えて、階段から転げ落ちたりして(笑)。そういうのって、フロイトの言うところの失錯行為の典型じゃない。日の当たるところに出そうになると、つい日陰に引きずり込まれてしまう。その点では病気だよね。

――でも、考えたら、細川内閣なんて政権を獲ったわけだし、そこである程度安定した政治体制を作れるはずだったと思うんだよね。でもそこで小沢は変な純粋主義に走って、どんどん自分の側近を排除する、同盟を排除する、そして負けていくという。常にそれを繰り返すんだよね。

高橋　そう、壊したいんだよ。

内田　勝つのがイヤなんだよ。

――というか、勝つと根拠を失う。

高橋　永久革命者だからね。つまり、あの人が言葉を持ってないっていうことが重要でね。要するに、「巧言令色、鮮《すくな》し仁」という立場なんだ。でも、農民ってそうだったよね。僕たちのひいおじいちゃんぐらいだと、みんな農民なんだけど。何かしゃべってると、「えっ?」みたいな顔をするというか。何か、言葉に対する嫌悪感みたいな。

内田　あるね。あるある。

高橋　中央の言葉にだまされてきた、っていう、ある種のDNAがある。だから、そういう意味では、中央と辺境との永久戦争の、最新バージョンなんだ。それが小沢一郎の、政治家としての姿になってる。彼が岩手出身っていうのは、すごく大きいですよね。

内田　原敬は同郷だよね。

――自民党を追い出されたときから、ルサンチマンの対象が自民党になったわけだよね。で、自民党憎し、自民党をつぶすっていう動機で、ずっと走ってきたわけだけども、まあ実際にそうなって、民主党政権ができて、小沢が望んだ状況が生まれて。だから、いま、小沢は根拠を失ってる。

内田　そう。だからつい自傷行為に走る。

――自傷行為って（笑）。

内田　あの4億円は自傷行為じゃないの。

高橋　そう、ちょっといい子にしてれば民主党圧勝だよ？　自民党は自壊してんだから。なのに、どんどんボロを出して、ハンデあげてる。

内田　あの問題にしたってね、「すいません！」て謝っちゃえばすむ話じゃない。本当に7月の参院選で圧勝しようと思うんだったら、あっさり謝って幹事長を辞任するっていうのが、政治判断としては一番賢明なわけでしょ。でも、それをしない。どんどん状況を不利な方向にひっぱってゆく。

——実は検察は、それをやられるのが一番イヤだったはずなんだけれども、やらなかったよね。「幹事長はやめない」ってがんばり通しちゃってる。

高橋　だから、検察もそこまで精神分析してたんじゃない（笑）。プロファイラーがいてさ、「いくらやってもやめませんから、あの人は」って。

——でもその、勝つことに対する恐怖感って、自分でわかってるのかな。

内田　自分じゃわかってないと思うな。

高橋　うん、無意識だね。小沢病（笑）。

小沢はナロードニキである

——それってすごく不幸なんだけど、本人はどう思ってるんだろうね。

内田　どうにもならないと思う。だって、これってさ、小沢一郎個人の問題じゃなくて、さっき言ったように、明治維新以来、近代日本人に取り憑いてきた病だから。

高橋　やっぱり、日本は中央と地方の対立がずっとあって、地方が切り捨てられてきた。近代日本史では、これは一番大きい怨念の構造でしょ。近代史って、いつもそれで動いてきたから。いつか、なくなるだろうと思ってたんだけど——。

内田　二・二六から終わってないんだよ。

高橋　それを担うべき政治家が、他にいるかっていったら、いないんだよ。民主党でも自民党でも、そういう役割を担える、つまり無意識に大衆の原像を繰り込んでいそうな政治家、いないでしょ。

内田　いないね。

高橋　小沢さんは選挙のこと、ほんとに、とりつかれたように言うわけ。「川上から、川上の誰もいない農村から」って。ナロードニキ（※注2）だよ。

——ははは。

内田　いや、ほんとに。それってさ、実に日本的な左翼だよね。小沢一郎は左翼だったんだ。

高橋　そう。「大衆の中へ」っていう思想でしょ。だから紛れもなくナロードニキ。小沢一郎っていうのは、数少ない左翼の生き残りの、自民党に紛れ込んだナロードニキじゃないかな。

——というか、現実的に小沢一郎って、ほんとに貧しかったの？

高橋　それは関係ない。お父さんは貧乏で、結構苦労したらしいけど、小沢さんの代はそうじゃないよね。だって、お父さん、国会議員だったんだから。要するに、主観的に作ったイメージでしょ。自分がどうだったかはともかく、観念的な左翼なんだよ。「おまえは東北のもの言わぬ農民の魂として立て」という。

内田　そう、別に自分が貧しい農民である必要はないんだよ。物語なんだから。近代化のプロセスで切り捨てられてきた日本の貧しさの怨念を負託されているというふうに思えればそれでいいんだよ。

高橋　でも、いまや彼が依拠していた農民層自体が、いわば消滅に向かってるわけでしょ、地方を含めて。

——たとえば田中角栄も金丸信も、結局権力を獲るわけじゃない。権力を獲って、権力の中で、ちゃんと充足するわけだよね。それはなぜかっていうと、貧乏人だったから。貧乏人が豊かになるってことは、ルサンチマンが解消するわけじゃない。ところが小沢一郎は貧しくなかった。観念におけるルサンチマンで、まさに左翼的なわけだよね。だから、それは絶対解消されないんだよ。金丸信も田中角栄もすごい家に住んでたけど、小沢一郎って、金を儲けて大邸宅に住んでる感じじゃないもんね。

内田　たぶん、錦鯉は飼ってないと思う。

高橋　そう、その点に関してはね、小沢さん、田中角栄と金丸信を批判してる。「そこは違う」と。

内田　実はお金も、あんまり好きじゃないし、それほど必要としてないんじゃないの？

高橋　そうだね。まあ政治資金に必要な分は、集めてくるだろうけども、金に固執してはいかん、って自分でも書いてますね。

内田　それなのに、メディアは「ゼネコンから金をかき集めて私腹を肥やす悪徳政治家」っていう古典的イメージで捉えようとするじゃない。だから、捉えそこなっちゃうんじゃないの。

高橋　そう。それが小沢さんの側から言うと、マスコミと検察が作ろうとしてる物語だってことになる。
内田　僕らが作ろうとしてる物語はそれとは違うよね？（笑）。
高橋　そうそう。ナロードニキだから。
内田　吉本隆明だよ（笑）。いや、でも、これってさ、いままでの小沢一郎論の中でもしかしたら一番正しいかもしれないと思う。
高橋　でも、ナロードニキって言ってるけれど、いわゆるロシア版のナロードニキと、またちょっと違うよね。日本的なナロードニキっていうのは、言語化されないんだよ。
内田　農本主義（※注3）。
高橋　そう、農本主義ってあったでしょ。
内田　権藤成卿（笑）。それがまだ脈々と生きてるんだねえ。
高橋　いくら攻撃されても、言葉で反発しないじゃない。普通言うよね。
内田　そうだね。都市の言葉じゃびくともしない。

小沢の対米姿勢は「敗北を認めろ」

――だから、いわゆる政治的なビジョンとか、社会的な理想像とかは、小沢一郎の中にはないんだろうね。
内田　ないんだろうね。
――だから、政策レベルでは、局面ごとにブレまくるわけだよ、あの人。でも、根本的なルサンチマンの部分においては、絶対ブレない。ブレないからこそ負け続けるっていう。それって、おもしろいけど迷惑だよね（笑）。

内田　でも、あの人の対米姿勢っていうのは、実は日本人の多くにとって、琴線に触れるものがあると思うよ。あの人の言う「普通の国」って、さっきの話で言ったら、アメリカに戦争で負けたあとは、「臥薪嘗胆捲土重来、次はアメリカに勝つ」っていうふうに考えることでしょ。負けたあと、戦勝国にシッポ振ってご機嫌をうかがうのは、国民統合上よろしくないって。だから、小沢一郎が言ってるのはさ、「敗北を正当化するな、敗北を認めろ」っていうことじゃないかと思う。日米が軍事面で対等になれるはずはないけども、「いつか見てろよこの野郎」っていう気構えはないとまずいんだよ。これって、都市住民と農民の関係がそのまんま。

高橋　そう、日本とアメリカの関係になってるんですよ。

内田　だから霞ヶ関・メディア・検察のトライアングルはホワイトハウス・ＣＩＡに置き換え可能なんだよ（笑）。まさに東北の言葉なき農民たちが、霞ヶ関にそびえる高層ビルを見上げながらさ。

――ははははは。

内田　「いつか思い知らせてやる」って歯ぎしりしているのと、基本的には同じなんだよ。それでいいじゃないか、と。そのルサンチマンをそのまま日米関係でも展開すればいいじゃないか、っていうのが小沢さんの外交戦略であってさ、それって、多くの日本人には共感できるものなんじゃないの？

高橋　いやあ、琴線に触れるんだよ。

――ただそれ、小沢一郎のパブリックなイメージとの乖離がものすごいからさ。その物語を共有できないんだよ、有権者は。

内田　メディアの作ってるイメージはあまりに陳腐だよね。

高橋　そうだね。「強くて悪い人」ってものだから。

内田　もっとおもしろい人だと思うよ。

――この対談の中ではおもしろい人だけれども、やっぱり世間の思ってるイメージとは全然違うよね。

高橋　それが彼の怒りを生んで、ますますしゃべらなくなる。

――それは大衆のせいじゃなくて、そう誘導してるマスコミのせいだっていう怒りが、またそこで出るよね。

内田　でも、語らない彼自身のせいでもあるよね。そういう構造の再生産をしてるわけだから。それはやっぱり確信犯だよね。言語に対する不信感を、態度で表してるんだから。

高橋　ただ彼自身としては、大衆は語らないものだっていう確信があるんだと思う。だから、ドストエフスキーの小説に出てくる農民だよね。ずーっともう何十年も、何も言わずにただ農業をしてる。で、ある日突然、巡礼にでかけちゃうんだ。

小沢はとにかくオーラがすごい

――あともうひとつききたいのは、そうやって常に負け続けるわけじゃない、小沢一郎って。でも、ある一定のポジションには常にいるわけだよね。特にいまの民主党では、非常に重要なポジションを手に入れている。これはなにゆえなのかっていう。

高橋　他にいないんじゃない？　他の人間が、あまりにも弱すぎるから。つまりさ、さっき言った、大衆の原像を繰り込む、圧倒的な強さを持ってる人が、いないもん。社会民主主義者とか、民主主義者とか、保守主義者はいるけども、みんなある意味、浮草みたいなものだから。大衆の原像を持ってる人間が目の前に現われたら、かなわないよね。そういうのってもう、フェイス・トゥ・フェイスで圧倒されるじゃない。

内田　うん。あるね。

高橋　つまり、その人が持ってるキャパシティとか、確信の度合いの深さっていうのは、実際に会ったりすると、リアルなものとしてわかるじゃない。で、「こいつ、すげえ。俺にはこんな確信はないや」って。この前、橋下大阪府知事が小沢さんと会ったとき、オーラがすごすぎて何も話せなかったって言ってた。

内田　へえ。

高橋　陳情に行ったんだって、民主党本部まで。で、はじめて会ったんだけど、あまりのオーラのすごさに何も言えなかったって。あの自信満々な男が。それはやっぱり、歴戦の勇者であるっていうのもあるけど、それよりも確信の深さだよね。

内田　そうだね。

高橋　僕も政治家には何人か会ったことあるけど、やっぱり、「ただしゃべってるだけだなあ」っていう人ばかりだもんね。小沢さんみたいな「何考えてんだろう？」っていう人はいないよね。まあ、小沢さんと会ったことはないけども——。

内田　凄味があるんだろうね。

高橋　パッと背中を向けると、身体じゅう傷だらけ、みたいなさ（笑）。実際に戦闘の場に出ると、実戦をやってきた人にはかなわないっていうことがあるじゃない。そういうフィジカルな問題じゃないかと思うんだよね。

内田　そうだね。修羅場をくぐってる数が違うからね。自民党の幹事長やってたんだからね、40代で。

——小沢より強いものが出ない限り、常に存在し続けていってしまう。

内田　小沢に代わる、小沢的機能を、大衆の原像を繰り込んでくるような政治的な機能を、誰が代替し得るのかっていうことだね。

高橋　いやあ、それはいないよね。農村自体が崩壊寸前だから。

内田　でも、あの機能を誰も担わないとしたら、どうなるんだろう。本来、自民党の中に、そういう流れがあっていいはずなんだけど、いまの自民党って、もう都会派政党でしょ。

高橋　谷垣さんも舛添さんも、要するに都会人で、言葉の人なんだよね。

内田　メディアでぺらぺらしゃべる、小沢一郎が憎むところの言葉の人たちなわけでしょ。いまの自民党の政治家の中には、日本人の深層意識に伏流しているドロドロしたルサンチマンを繰り込んで、政策的に展開する力はないよね。

小沢と鳩山はいいコンビである

高橋　だからおもしろいのはね、小沢さんが意外と鳩山さんと気が合うのはさ――鳩山さんって、あまりにも現実離れしてるんで（笑）、つまりエスタブリッシュメントの側の人じゃないんだよね、あの博愛主義っていうのは。宇宙思想ですよ。

内田　鳩山さんは確かに、近代的な知識人ではないよね。

高橋　だから一緒にやっていける。

――でも、小沢より強いものは現れない、という結論だと、この号の特集タイトルの「卒業します」が――。

内田　卒業できない。

――うん。たとえば小沢一郎が尊敬する田中角栄は、明らかに小沢より強かったわけだよね。このいまの日本の政治状況の中で、そういう、小沢一郎以上の存在が――。

高橋　出ないんじゃない？

――そんなこと言わないでよ（笑）。

高橋　難しいよね。ある意味小沢さんは、農本主義の魂みたいなものを代表しているので、それを鎮魂できるほどの強さを持った人が出てくるのは難しいよね。あの荒ぶる魂を鎮めなきゃいけないんだからさ。

内田　だから鳩山さんっていうのは、いいコンビだったんだよ。「怨念と友愛」だもの。平仄が合ってる。鳩山さんがロシア貴族でさ——。

高橋　農民の小沢さんに対してね。

内田　「なんて悲惨なプロレタリアなんだ」って。

高橋　まったくロシア革命だね、これ。21世紀になってもロシア革命のパターンを繰り返してるんだよね。

内田　ほとんどドストエフスキーの世界になってきたな。

小沢問題は日本問題である

——じゃあそこで、小沢一郎を鎮魂させる誰かが出てこないとすると、たとえば大衆そのものが小沢を乗り越えるっていうのはないの？　日本の社会状況が、小沢的なるものを必要としなくなるという。

内田　それはないと思う。日本はあまりに屈折してるから。世界の国の中で、日本ほど心理的に屈折してる国は珍しいから。台湾に行ったときもさ、「台湾の人たちはいいよ」って思っちゃった。国民の物語がすっきりしててさ。「日本人は大変なんだから」って

（笑）。

高橋　複雑怪奇だよね。日本人であることイコール、精神病を覚悟せよ、ってことだから。普通に生きてると、必ずちょっと精神的に病むよね。

内田　病んでるのが標準仕様だからね。確信を持ってものを言うことができない。

高橋　病気だよね。

内田　そういうふうに自己形成するように、子供の頃から訓練されるんだから。

――小沢一郎問題は深いなあ。

内田　根が深いよ。日本問題だから、小沢一郎問題は。

高橋　日本を語るっていうことになっちゃうんだ。そういう意味で、非常に興味深い政治家だよね。やっぱり、言葉を持たない政治家っていうのは、なかなか謎で、だって政治って、本来言葉の世界じゃない。言葉があれば、マスコミにも伝えられるけど、言葉を持たないものをどう伝えるのか、じゃあ伝えないっていうのが、いわばエスタブリッシュメントな人たちだよね。だから、ドストエフスキーだって、トルストイだって、「それではいかん」っていうので、小説を書いたわけじゃない。つまり、言葉を持たないものをどうやって代弁するか。それは文学だったわけだけど。そういう意味で、小沢一郎は政治で――。

内田　文学をしようとしてる？

高橋　そう、そういう意味では文学なんだよね。ある意味、もっとも深いところで、文学的なことをやってる。だから、調べれば調べるほど、だんだん好きになるんだよね（笑）。
内田　高橋さん、文学的なもの、無条件に好きだから。
高橋　そう。つまり、表面上はまったく非文学的なんだけど、でも、いわば農民って、非文学的な在り方そのものじゃない。たとえば、中野重治（※注4）の書いたものに出てくる農民ね。
内田　ははは。
高橋　あれこそまさに、文学っていうものが日本でどういうふうに存在してきたかっていうのの、もっとも典型的な例。農民である父親に「文学をやっていきます」って言ったら、沈黙される。やりなさいともやめろとも言われない。言ったんだけど虚しい、真空に飲み込まれるように。でもそこに向かって言わなきゃいけない。つまり、言語にできるものとできないものがある。
内田　中野重治の描く無言の父親が、小沢一郎なんだね。
高橋　そう。だからさ、小沢一郎があれだけ何十年も叩かれ続けてきて、それでもまったくへこたれなかったのは、思想家だからだよね。
内田　うん。
高橋　思想家はどんなに言われても動じないんだよ。信仰を持ってるようなものだからね。でも、小沢さんの本を読むと、彼はある意味ピュアに、日本にきちんとした政治を作ろうと言っているわけだよね。官僚システムは、いわばツールとして機能して、中央に強力な政府があって、でも地方は分権して力を持っていて、っていう、非常にバランスが取れた政治システムが理想だと。それを作るために、当人が非常に不可解なことをしてる、それが小沢さん（笑）。

小沢は少数派である

内田　だけどさ、いま、時代が求めてる政治家像はもうはっきりしててさ。坂本龍馬なんだよね。

高橋　ああー。

内田　龍馬って矛盾する要素が混在してるでしょ。土佐の下士の育ちでありながら、日本を上空から俯瞰するようなスケールの政治家になっていく。剣客でありながら――。

高橋　ピストル使ってるしね（笑）。

内田　そう。それで、日本国内がさまざまな地方的利害に分裂してるときに出てきて、「みんなまとめて面倒みよう」っていう大風呂敷を広げるわけじゃない。そういうタイプの包容力のあるキャラクターが、激動の過渡期には要請されるわけですよ。でも、政治が安定すると、都市と農村、エスタブリッシュメントと反抗者、言葉を語る知識人たちと無言の大衆というふうに二元化してゆく。

その二項対立がバランスを失って、カオス化しているのがいまの日本でしょ。こういう混乱期には、すべて自分の肚《はら》に収めて呑み込んでしまうような、「小沢くんの言うこともわかる。検察の言い分もわかる。それぞれにはお立場というものがあるだろう。どうだね。ここはひとつ俺に預けちゃくれまいか。なあに、悪いようにはしねえよ」っていう感じで混乱を収束するスケールの大きな政治家を、日本人はいま、痛切に望んでると思うね。

高橋　どこから出てくるか、なんとなくわかる。つまりね、いつも地方対中央とか、中心と周縁とか、そういう構造だったでしょ。坂本龍馬も土佐だしね、小沢さんは岩手だし。地方は少数派だよね。少数派じゃないと見えないんだ、っていうことだよね。だから日本の首相も――吉田茂は違うけど、伊藤博文も原敬も、地方の、少数派で言葉を持っていないところから出てきた人だった。とすると、農村から出てくるべきなんだけど、農村自体がいま縮小してるので。とするとだね、少数派というと――。

内田　あのさ、大胆な予言をしようか。在日韓国人の三世とか四世とかいう人の中から、どこにも党派的なしがらみのない人が出てくるんじゃないかって思うの。エスニック・マイノリティの中から。都市住民でもないし、農民でもないし、言葉の人でもないし、無言の人でもない、そういう第三極的な人が出てきて、「俺がみんなまとめて面倒みようじゃないの」って調停しちゃうの。

高橋　そう、あれだよ、「ゼニのないやつは俺んとこへ来い」。

――ははは。

高橋　「俺もないけど心配すんな」。

内田　「見ろよ青い空白い雲」ね。

高橋　植木等の歌だよ。それか、ニートとか。フリーターかもしれないし。

内田　僕はエスニック・マイノリティから出てくると思うな。あのさ、少数派って、左翼的な文脈だと常に社会の不正を告発するっていう立場じゃない。社会的不正の純然たる被害者であって、そういう制度に対して一切責任はないという立場をとるでしょ。でもね、もしその中から、社会の不正を一身に引き受けて、あえて「赦す、受け容れる、癒す」という立場を取る人が出てきたらさ、そのインパクトはすごいと思うよ。そのカリスマに抵抗できる人、いないよ。

高橋　ぜひ姜尚中（※注５）に（笑）。

内田　そう、姜尚中さんが突然、「すべて受け入れよう」と。「日本のこのろくでもない制度を、俺は結構愛してるんだよ」って言ってくれたら。

高橋　いいよねえ。

内田　オバマ大統領の場合と似てるんだけどもさ。霞ヶ関と小沢がもめてるときに「おまえら、内輪のケンカは止めろよ」って言ってくれるようなさ。それで、みんなハッと目が覚めるの。「みんな仲よくやろうよ」って、大所高所から言える人間は、マイノリティからしか出てこないと思うんだよね。

小沢は生きるロシア文学である

高橋　だから、小沢さんって、永住外国人地方参政権問題でも、断固として推進派でしょ。一番言ってるのは、あの人だからさ。
内田　そうなんだよ。おもしろいね。
高橋　左翼だ。過激派だよね。
内田　ほんと。30年前、入管闘争の頃にそんなこと言ってたの、過激派だもん（笑）。
高橋　極左だよね、そんなの。それがペロッと出てくるところが――要するにね、つまり言葉なき農民は、少数派で、過激派になっちゃうわけだよ。ナロードニキに。だから、保守と革新っていうふうにならないんだよね。つまり、マイノリティを背負ってるっていうのが小沢さんの根本にある。で、そのマイノリティが日本人の原像だっていう確信があるから、俺が日本人を代表していて、マスコミは違うんだ、そういうことでしょ。つまり、マジョリティが偽物だって言ってる。
内田　でも、ファシズムって全部そうなんだよね。
高橋　そうだね、だからファシズムでもある。だから、すごく危険な人ではあるんですよ。必ず少数派で、それが糾弾するほうにいくか、許すほうにいくかで、ファシズムにいくかそうでないかが分かれる、っていうことだよね。いや、実に深い話だね（笑）。
――だから、非常に左翼的でもあるし、ファシズム的でもあるという。

高橋　そうだよ。ファシズムって左翼的なんだよ。ナチスもそうだし。

内田　国家社会主義っていうぐらいだからね。

高橋　他者を赦すかどうか、違いはそれだけだもん、だから、小沢が赦しの心を知ったらいいよね。

内田　それは無理じゃないかな。

高橋　無理か（笑）。

――小沢一郎じゃなくなっちゃうね。

高橋　そうか。残念だな。じゃあ、そういう人と組めばいいんだよね。だから、鳩山さんと組んだっていうのはよかったんだよ。

内田　いいペアだったんだよね。基本的に「赦す人」でしょ、鳩山さんって。

高橋　そうそう。おもしろい人だよね。言ってること、結構めちゃくちゃなんだよね。わけがわかんなくて、それが僕、好きなんだよ（笑）。

――だから、鳩山由紀夫が本当にタフな友愛主義者だったら、うまくいったかもしれないけどね。

高橋　タフじゃないよね。

内田　鳩山さんがロシアの貴族で、小沢さんはロシアの農民だとさ、結局農民のほうが強いわけよ。貴族は「うまいもん食って、うまい酒飲んで、きれいな服着てるやつに俺たちの苦しみがわかるか。何がバカ野郎！」って農民に言われると、グッと絶句しちゃうの。

高橋　いや、ほんとにドストエフスキーの小説みたいだね。で、鳩山由紀夫と鳩山邦夫は、『カラマーゾフの兄弟』みたいだし（笑）。

――はははは！

内田　そうだね。ほんとだね。生きるロシア文学だ。

高橋　すごいねえ。この説は、日本でまだ誰も言ってないと思うけど（笑）。

小沢は鎮魂されるのか

――でも、この先どうなるんだろうね。評論家とかは、「鳩山は小沢を切る」っていう分析が多いみたいだけど。

内田　だから、鳩山さんが小沢さんを切るように、小沢さんが仕向けるんだよ。切らざるを得ない、っていうところまで追い込んでいくの。

高橋　切らざるを得ないようなことをするんだよ。で、鳩山さんが、「もう勘弁して」と、泣いて馬謖《ばしょく》を斬る、っていうふうに仕向ける。

内田　そう、ただ「馬謖を斬る」んじゃないの。「泣いて馬謖を斬る」というところが、いいわけですよ。

――なるほどね。だから、これで自ら幹事長をやめちゃうと、ある意味小沢って役割を終えちゃうけれども、切られると死なないからね。

高橋　そうそうそう。

――「俺は切られた！」っていうルサンチマンが、また残るからね。

内田　そう。魂魄《こんぱく》が宙に残ってさ。

――だから鎮魂してやらないと（笑）。

内田　いや、だから、今日のこの話自体が鎮魂なわけですよ。ここまで「こうなって、こうなるよ」って言われちゃうと、やっぱりさ、そのままやりにくいじゃない（笑）。

高橋　先んじられるとね。

内田　予祝《よしゅく》というかね。「あなたはこのようにして死にたいんですね」って言ってあげたの。

――だから「ありがとう小沢一郎」っていうこの特集コピーは、彼にとって一番不快なんじゃないかと（笑）。

高橋　そう、「もう小沢やめろ」って言われたほうが、彼にとってはエネルギーになるから。いつも悪役だったわけで、その中で「俺は正しい」っていうのが彼の政治姿勢だから。誉められると困るよね（笑）。

内田　僕ら誉めてるよね、今日は。

高橋　小沢すごい！　小沢最高！

内田　（笑）。でもある意味、今日の話、本人としても、「わが意を得たり」っていう部分もあるかもしれないし。

高橋　そうかもね。

内田　そうすると、成仏してくれるかもしれない（笑）。小沢一郎はやっぱり成仏してもらわないと困るよね。

高橋　でもね、言っちゃなんだけど、僕なんかまったくの素人でさ、たった1日、彼の本を読んだだけですよ。プロの人たちは、それぐらいやってほしいよね、僕より先に。だって、普通に読めば、小沢さんが20年以上ブレてないとか、一種の農本主義者であるとか、いかにマスコミと検察と権力に対抗し続けてきたかとか、全部書いてあるんだから。でも、そういう分析は出てこない。政治と金がどうしたとか、そういうことしか出てこないでしょ、いまも。

内田　マスコミってほんと歴史性がないよね。長いスパンでものを捉えるってことを、なんで日本の新聞記者はできないのかね。

高橋　資料がすぐ手に入るところにあるんだから、それを読んだだけでもわかるはずなのに。読んで、そういう解析をした上で批判すればいいのに、みんな、お金もらったかどうかの話しかしない。

内田　だから、その点で言うと、小沢一郎が「日本のマスメディアはダメだ」っていうのは、そのとおりなんだよね。

高橋　いや、そのとおり。

内田　特に、政治についての言論は、質が低いね。

高橋　たとえばアメリカだと、大統領が就任して1年間は「ハネムーン」っていって、マスコミも基本的に批判しない。「日本のマスコミはそれができないのか」って、小沢さんは20年くらい言ってるわけ。新しい政権ができて、何をやればいいかわからないからいろいろ失敗もあるだろうけど、とりあえず1年間様子を見て、それからダメだったら批判すればいい、っていうわけ。なのに、1ヵ月くらいでいきなりお金の問題とか叩いて。もう昔からだよね。

内田　そもそもメディアには、政治家を育てる気はないのかってね。

高橋　そう、そういういまにつながることを、小沢さんは全部言ってきてるから。

余談：本書のテキストが長い理由

――だけど昔は、メディアと世論って、ある程度リンクしてたけど、いまはもう完全に乖離しちゃってるよね。メディアが小沢の金がどうだこうだって言ってても、有権者は「それは当然問題だけど、それより小沢一郎の古さ、あるいはもっと本質的な民主党のダメさが問題で、倫理レベルでどうこう言っているわけじゃないよ」って感じだと思う。

内田　このＳＩＧＨＴってさ、渋谷陽一の個人誌でしょ？（笑）。

高橋　同人誌ね。

内田　そこがやらないと、他はどこもみんな同じ話なんだもん。既製の政治言語以外の言葉遣いで語るメディアがもっと必要だと思うよ。ＳＩＧＨＴみたいな。あと、ＳＩＧ

HTが偉いのは、インタヴューが長い。

高橋　そうそう。そうでなきゃいけない。「これでもか!」っていうくらいページ数あるもんね。

内田　他の雑誌は、同じ話を繰り返すと、カットされちゃうんだよ。同じ話は1回しかのせない。SIGHTはさ、同じ話をしつこく繰り返してるんだよ(笑)。

高橋　っていうか、我々がそうなんだけど(笑)。

内田　でも、読んでて「また言ってるよ」っていうことがあると、「ああ、これは大事なことなんだな」ってわかるよね。

——でも同じじゃないんですよ。本当に同じならカットするけど、1回目よりも2回目のほうが、結論が先に進んでいたりするんだよね。だから、音楽の発想なのよ。同じメロディを繰り返しているけど、ワンコーラス目とツーコーラス目では歌詞が違っていて、フルコーラスで1曲になる、っていう。

内田　とにかくSIGHTはフルコーラスなんだよね。他の雑誌はさ、ワンコーラスだけで、「ふーん。それで?」っていう。だからさ、ある程度長くしないと、語り口とかその人のトーンが出てこないじゃない。読んでるうちに、「この人はこういうことが言いたいのね」ってわかってくるんだけど、他の政治誌って口ぶりがみんな同じで、文章だけ見たら誰がしゃべってるかわかんない。

——だから、発想が新聞の延長なんだよね。新聞って音楽や文学にあんまり向いていないメディアだから、雑誌の持つ独特の散文性が全部排除されちゃう。うちは、雑誌と音楽をずっとやってきたメディアだから、全然違う切り口なんだよ。この対談も、長いからおもしろいしね。

内田　長いんだよ。すごいページ数使ってるもんね、ダラダラダラダラ（笑）。でも、長いから、しゃべっているうちに、もののはずみで出てきたアイディアを、グルグルグルグル深めていけるっていう。その過程を全公開してるんだよね。

高橋　おもしろいよね、読んでると。読む頃には、そのときしゃべったことを忘れてるんだけど、読みながら「次、こんなこと言うんじゃないかな」と思うと、結構当たるよね（笑）。

――あと、おふたりとも、相手の言ったことを絶対否定しないっていうのが、ポイントですよね。

高橋　だってそのほうがおもしろいじゃない。その話の続きをききたいから。

内田　「そうかなあ？」とかすぐに否定するやついるけど、人の話の腰を折るやつの話ってほんとつまんない。

高橋　この対談は、他できいたことがない話をしてるから、自分でしゃべりながらおもしろいし。「この話、どうなるんだ？」っていうのを、いわば即興で考えてるわけだからさ。普通みんな、まず結論があるでしょ。僕たちは、めんどくさがりな性格だから、前もって何も考えてこない（笑）。それがいいんだよね。

内田「今日どういう話になるんだろうな」って、楽しみにしながら来る。で、高橋さんが最初に振ってくれるから、僕のほうもアイディアが出てくるんじゃないかな、っていう。

高橋　そういうこと。

内田　意外といつもパターンと役割が決まってるよね。高橋さんが最初の基調を作って、僕がからんでいくという。

高橋　オタクだから、何かあると調べちゃうんだよ。知らないことがあると、とりあえずいろいろ調べて、本を読む。本を読む口実を探してるわけだからさ。特に知らない分野がいいよね。政治なんて基本的に言葉だから。文学の隣のジャンルなわけだよね。でも中身は全然違う。

内田　文学と隣なの？

高橋　政治と文学とはちょっと間が空いてるけど。隣だと思う。どっちも言葉を扱う仕事だからね。少し前、武田泰淳の『政治家の文章』（※注6）を読んでいたせいもあって、小沢さんの文章を読んだ。読んでよかったと思う。この対談がなかったら読まなかった。

内田　それが偉いよね。僕はさ、そういうのが読めないの。

高橋　僕はなんでも読めるんだよ。読めない本はないよ、文字が印刷してあったら（笑）。

内田　（笑）。

注1　山口二郎：1958年生まれの政治学者。北海道大学大学院法学研究科教授。専門は、行政学、現代政治。1998年の結党から2009年8月の政権交代まで、民主党のブレーンを務める。著書に、『若者のための政治マニュアル』（2008年）、『政権交代論』（2009年）など。

注2　ナロードニキ：19世紀後半のロシアで、革命運動を行った（都市の知識人階級を中心とした）社会運動家の総称。小作農たちを革命階級と位置づけ、ロシア君主制の打倒を目指した。

注3　農本主義：明治時代以降の日本において興った、農業及び農村社会が社会体制の基軸であるとする思想。権藤成卿は日本を代表する農本主義思想家のひとりで、大正後期〜昭和戦前期に、農村自治の確立を目指すべく活動した。

注4　中野重治：1902〜1979年。小説家、政治家、評論家、詩人。代表作に、小説『歌のわかれ』（1940年）、『むらぎも』（1954年）など。平野謙、荒正人らと「政治と文学論争」を引き起こし、戦後文学を確立させた。1947〜1950年までは、参議院議員を務める。

注5　姜尚中：1950年、熊本県で在日韓国・朝鮮人二世として生まれる。政治学、政治思想史を専門とする政治学者。東京大学大

学院情報学環・学際情報学府教授。主な著書に、『オリエンタリズムの彼方へ―近代文化批判』（１９９６年）、『日朝関係の克服―なぜ国交正常化交渉が必要なのか』（２００３年）、『在日』（２００４年）、『ニッポン・サバイバル―不確かな時代を生き抜く10のヒント』（２００７年）など。

注６　『政治家の文章』：小説家・武田泰淳（１９１２～１９７６年）によって１９６０年に刊行された著作。政治家が書いた文章を解析し、その人物像を描き出した。

第5回

鳩山さんが首相で、本当によかった

鳩山由紀夫首相、普天間問題の混乱が長引き辞任

2010年3月31日、鳩山由紀夫首相は自民党の谷垣禎一総裁との党首討論で、停滞している普天間基地移設問題について、5月末決着を改めて強調し、「腹案を持ち合わせている」と話した。その後鳩山政権は基地の移設先について、鹿児島県・徳之島を軸に対米交渉と地元調整に臨む方針を固めたが、徳之島では1万5000人（主催者発表）が集まる反対集会が行われ、同島の3つの町の首長はいずれも強く反発した。5月4日、鳩山首相は就任後はじめて沖縄を訪問。仲井眞弘多沖縄県知事、稲嶺進名護市長との会談後、「最低でも県外移設」という衆院選時の公約について、「党としてではなく私自身の代表としての発言」だったとし、「学べば学ぶにつけ、（米海兵隊の部隊が）連携し、抑止力が維持できるという思いに至った」と述べ、国民を失望させた。

この普天間基地移設問題の混乱や、自身や小沢一郎幹事長の政治資金問題により、徐々に支持率が降下。発足時には70％を超えていた鳩山内閣の支持率は、5月末には19％まで落ち込んだ。この対談直後の6月2日、鳩山由紀夫首相は、普天間基地移設問題と「政治とカネ」の問題の責任を取り退陣する意向を表明、小沢一郎にも辞任を要請した。

対談日：2010年5月29日

再婚直後の離婚の危機!?

高橋　第一声だけは考えてきました。

内田　ありがとう。いつも高橋さんが、口火を切ってくれるんだよね。

高橋　あの、「再婚直後の離婚の危機」って知ってる？

内田　（爆笑）。知らない！

高橋　これ、僕が作った法則なんですけどね。たとえば、何十年間か結婚生活を送ってきた人が、離婚して、再婚します。そういう人は結婚に耐性ができてるから、なかなか離婚しないかというと、逆で。そういう人こそ、離婚しやすい！

内田　なんか実感こもってないですか？

高橋　いやいや（笑）。それはなぜかっていうと、我慢しなくていいってことを知ってるからですね。だから、はじめて結婚する人より、はるかに離婚率が高い。一度、離婚っていう、禁断の……不可能だと思ってたことをやってしまったので、そのあとはなんでもＯＫなわけですよ。ってことを今回、感じました。「再婚直後の離婚の危機」。ね？

――それ、高橋源一郎が言うと、シャレにならないよ（笑）。

内田　それ、俺も困るんだけどなあ。

高橋　はははは！

内田　軽々には同意できませんよ。奥さんだって読んでるし。

高橋　いや、離婚直後の再婚じゃないじゃん、内田さんの場合は。これは、長期間結婚してて、離婚した直後に、すぐ再婚した人が——。
内田　そんなことしないよ普通は。
高橋　(笑)。あ、そもそもしないか。
——ダメだよ、高橋さん。どんな球でも拾う内田樹が、はじめて拾えなかったじゃない、この話(笑)。
高橋　でもね、最近、僕は、新聞見る気がしないんだ。要するに、これまでは、「がんばってるな」だとか、「ダメだな」とかいう感じで、新聞を見てたんだけど、いまは、見てると暗い気分になってくるんですよ。このSIGHTの内田さんとの対談が楽しかった理由は、「政権交代っておもしろい!」っていうのが一番大きいの。50年以上続いた自民党政権が代わったじゃない? 政権交代っておもしろいから、代えてみよう、みたいな。で、ついに政権交代してみたら……変わんないじゃないか。
——ははは。
高橋　この失望はものすごく深い。さっき、なんで離婚の話をしたかというと、国民は自民党と離婚して、民主党と結婚したわけじゃない? つまりさ、そのときはまだ、結婚っていう制度を信じてたわけ。
内田　(笑)。なるほど!
高橋　だから、この次に来るのは、「そもそも結婚っていう制度自体が信じられない」

ってことじゃないか。

内田　ああ、前は個人に対する、属人的な反感だったのが、この議会制民主主義という制度そのものに対する不信感に——。

高橋　そうそう。つまり、政権党があって政治をやっていくっていうシステムで、その政権党が代われば少しはマシになるって思って、代えてみたら、同じっていうか……それどころか、ある意味、後退したんだよね。理由はいろいろあると思うんだけど。自民党のせいとか、安倍が悪いとかね、福田が悪いとか。でも、本当はそうじゃなくて、「どうもこのシステム自体に問題があるんじゃないか？」と思ったら、どうしたらいいの？

内田　それ、高橋さんの個人的な気鬱なの？

高橋　うん、気鬱なんだけど、それには、いい面もある。いままで、政権があって、政党があって、首相がいて、そのコントロールの下に政治をやる、っていう建て前があった。でも、その向こう側にアメリカがあって、官僚制度があって、マスコミがいて、そのへんがなんかやってるんだな、っていう舞台裏が、鳩山さんがいろいろ混乱した結果、見えたというか。

内田　うん。

高橋　そこはいままで、なんだかんだいっても隠れてたじゃない。でも今回、その部分が見えた。それは、実は鳩山さんの手柄だと思うんです。

内田　うーん、それ、100%同意見！

鳩山首相が「ばらした」もの

高橋　一番そう思ったのは、ある意味での「情報漏洩」が、鳩山さんの口からあったこと。鳩山さんが普天間問題で沖縄に行って、態度を変更したときに、「アメリカの、沖縄の海兵隊に抑止力があるっていうことを勉強しました」って言ったよね。ふつう、「それ、誰からきいたの？」って思うじゃん（笑）。誰かが鳩山さんに、海兵隊に抑止力があることを教えた。そもそも、その情報が正しいかどうかっていう吟味はされていない。でも、首相は言っちゃったんだよね。なぜなら、そう教えられたから。ある意味、彼が為すべきジャッジメントの一番基礎になる情報を、よく知らないどこかの誰かからきいたっていうことを、言っちゃったわけですね。

内田　米軍当局の、インテリジェンスの人が言ったんでしょうね。

高橋　そのせいで、僕たちにも、政治のシステムっていうか、向こう側にブラックボックスみたいなのがあるんだな、ってことが見えちゃったんだよね。首相がダメとか政党がダメって言ってたけど、そうじゃなくて。どうもその向こうに――。

内田　リジッドな構造がある。

高橋　それを見せたことが、鳩山さんの最大の功績じゃないかって。

――僕もそれ、同意見なんだけども、結論は違っていて。高橋源一郎は新聞を読むのがイヤになったって言ったけども、僕は逆に、みんな新聞を読んでる気がするんだ。おもしろがってるような気がするの、まだ。

高橋　おもしろいのかなあ？

内田　僕が特に気になるのは、メディアの鳩山叩き、鳩山バッシングってさ、明らかにヒステリックじゃない？　あれ、メディアの側の主観的願望が投影されていると思うんだよね。つまり、いまの日本のシステムが不調なのは、鳩山由紀夫っていう個人が無能だからであって、これを有能な政治家に交換すればなんとかなるんだっていう、マスコミの願望なんだよね。実際には誰がやったって、後ろにいるアメリカと官僚制とマスメディアが作っている巨大な構造は微動だにしないんだ。マスコミはそれをなんとか隠蔽しようとしてる感じがするね。

高橋　でも、はじめて舞台裏が見えちゃったもんね。

内田　うん。「抑止力について学びました」っていうのは、歴代首相の中で、それをポロッと言った人いないもん（笑）。「政権交代時点では知りませんでしたが、総理になって知りました」。何を知ったの？（笑）。

――でもほんと、あれが究極の鳩山さんだと思う。

内田　あれを「言葉が軽い」と言うのは失礼だよ。

――あれは本質だと思う、鳩山さんの。だから「友愛」の本質だね。

高橋　なんでも言っちゃうんだよね。

内田　きいてびっくりしちゃったんだよ。あの発言に対して、「抑止力について何も知らなかったのか？」って、メディアがずいぶん攻撃したけどもさ。それはずるいよ。

高橋　うん。だから、新聞を読むと暗くなるって言ったのも、そういう、マスメディアのなんらかのバイアスがかかったものを、前はまだなんとなく読めたんだけど、いまはもはや読めないっていう。いちいちツッコミを入れながら新聞を読むようになったね。

内田　難しいのは、メディアは何かを隠すためにバイアスをかけてるのか、バカだからそう言ってるのかが、よくわかんないんだ。

高橋　（笑）。そうそう。

内田　作為があるのか、無作為なのか。作為があるんだったら、まだ許せるんだけど。新聞を読むと混ざってるよね。わかってる人間が不都合な事実を隠蔽しようとして書いてる記事と、何もわかってないやつが書いてる記事が混在している。でも、結論は一緒なの。

――はははは。

高橋　だからね、僕、今回普天間問題があったのはよかったと思う。つまり、単に政権交代だけだったら、うまくいったとかうまくいかなかったって問題だけど、我々が戦後、隠蔽してきたものが、明るみに出ちゃったから。これはもうどういう形にしろ、なんとか決着をつけないと変なんだよね。

――だから、ふたりとも言ってるように、あの人の一番の功績は、誰かが悪くて、その犯人を糾弾するっていう構造じゃなくて、「俺たち共犯なんじゃない？」っていう意識を、我々が持つようにさせたっていうことだよね。

内田　みんながコミットしてるっていうね。それまでは、日本人全体が、無知を演じていたんだから。

高橋　だからマスコミが鳩山さんをいじめても、説得力ないんだよね。

——そう。「何言ってんだ」ってみんな思っちゃったっていう。

高橋　で、またさ、「米軍基地を全国に散らします」とか、言っちゃうわけじゃない？　そうするとみんな「イヤだ！」って言う。もうみんな、自分の足元がバタバタになっちゃったでしょ？　あれはねえ、ある意味国民全員が傷ついたんだよね。だから、非常によかったんだよ。

——そう、沖縄が傷ついたり、負荷を負ったという意味では最悪の事態だったけれども、それとは別に、日本国民全体において、普天間っていうものに関しての共犯意識を共有した。その教育的な効果は、すごく大きいと思うんだ。

内田　そうだね。日本の統治システムが、どういうシステムなのかっていうことが、わかったっていうね。やっぱり動かないんだよ、変えようとしても。政権交代してもダメだった。だから、いかに堅牢なシステムがあるのかっていうことを、改めて思い知らされた。特にアメリカがね。「ああ、日本って、本当にアメリカが支配してる国なんだな」って。

高橋　だから、マスコミも、本来そこをつっこむべきだったんだ。でも、つっこまないんだよね。その問題を全部スルーした。もっとも深刻な、アメリカと日本の関係を、戦後のすべての矛盾を背負ったまま隠してきたけども、それが出てきちゃったじゃない。鳩山さんは少なくとも、「矛盾がありました」って言ったんだけど、そのあとに、メディアは従来の対応をした。つまり、隠蔽する方向にしたじゃない？　「王様は裸だ」って言ったのに、「いやいや、着てらっしゃいますよ」って言ったわけ。

内田　いや、言い得て妙だね。

高橋　だからあれは、すごく不思議な光景だったね。

――「着てらっしゃいますよ」ってメディアが言う、そのメディアの発言を見て暗くなるっていうね。

「暗黙の密約」に触らないメディア

内田　日本のマスメディアって、ほんとに、状況を判断する力も、分析する力も、記述する力もなくなっちゃったって感じがする。

高橋　本当は、マスコミは情報提供する役目を担うべきなんだけど、情報が出てこないんだよね。たとえば普天間問題を論じるんだったら、そもそも抑止力が必要なのか？　っていうことを調べるために、どこかから情報を持ってこなきゃいけないでしょ？　どこにもない。ただ、「抑止力があるって言ってる」とか言うだけで。つまり、アメリカが代替基地を必要としている、それを受け入れるかどうか、鳩山さんどうします？　っていうだけなんだよ。それ以外の情報は全部シャットアウト。

内田　そうだよね。僕、ブログ（「内田樹の研究室」）にも何度も書いたけどもさ、普天間問題で一番論ずべきことって、代替基地を認められないアメリカの、西太平洋地域の中長期的な軍略はどうなっているのかということでしょ？　それについての記事がないんだよ。だってさ、フィリピンのクラークとかスービックの米軍基地、もう撤去されてるでしょ。

高橋　そう。みんな、「絶対必要」って言ってたはずなんだけどね、昔は。

内田　韓国の基地だって、２００８年からどんどん撤去されて、３分の１にまで縮減しようとしている。そういうふうに東アジアの米軍基地が縮小されてゆく中で、沖縄だけが現状維持でしょ。だったら、それを説明する根拠が示されなきゃいけない。でも、それは誰も追及しない。

高橋　言わないよね。

内田　言えないんだよ。だって、論理的に考えると、韓国やフィリピンからは撤収できても、沖縄からは撤収できませんということの理由は「韓国には置けないけど沖縄には置けるものがある」ってことしかないんだから。

高橋　「それは何？」ってことだよね。

――その、内田さんがブログで書かれている論だけど、公にそれを言っている人って、本当に内田さんだけなんだよね。気になって、他のメディアとかも調べたんだけど。でも、その論を、この場にも採用するなら……日本が必要とする「抑止力」とは、何を抑止する力なのかと考えると、いまあり得る唯一の現実的な危機は、北朝鮮からのミサイル攻撃だと。それに対する抑止力として機能し得るもの、そして韓国には置けないけど日本には置けるもの、と考えると、核しかないっていうことですよね。

内田　でもそれは、アメリカも日本も口が裂けても言えない。その両国政府の暗黙の密約をメディアがアシストしてる。

――そこが機能していないのが、ヤバいんだよね。

内田　このトピックに関しては、思考停止に陥っているんだと思う。

――意図的な無意識というか、反射的に「これ触っちゃいけない！」っていう無意識が機能している。それで、鳩山はバカだとか、そういう論調に陥っていて。

内田　ほんとメディアは話がせこいからね。なんでもっと風通しのいい、広々とした視点から、外交戦略について語らないのか。

――それは藤原帰一（※注1）さんもSIGHTのインタヴューで言っていて。トータルな東アジアの防衛戦略の問題を語らないで、沖縄の話だけしていてもしょうがないっていうのは、誰でもわかることだけど、議論がそこに行かないんだよね。だけど、実は過去の首相も、そういう面でちゃんと機能できてたかっていうと、できていなかった。ただ、高橋さんが言ったように、その首相が機能しないという全体の構造を、すごく露わに見せてしまったっていうのは、民主党政権の大きな役割だったと思う。だから、前にもおふたりが言っていたように、小沢一郎の献金問題はともかく、鳩山さんの献金問題には、みんなそんなに怒ってない気がするんですよ。

内田・高橋　うん。

――「やっぱり機能不全の首相だなあ」という印象はあったけど、たとえば「麻生ふざけんな、やめろ」みたいな、ああいう形でのバッシングではなかったですよね。

高橋　うん、みんなの意見は「いい人なんだけどねえ」って感じ（笑）。

内田　はははは！

高橋　以前はみんなイヤな人だったけど（笑）、少なくとも今回は「いい人なんだけどね」になった。

政権交代は無効、ではどうするか

――そうそう。だから、絶望のレベルが1コ上がった気がするんだよね。

高橋　いや、だからすごくいいことだと思う。プラスに考えると、つまり、党を代えても結局同じことになるんだったら、やり方を変えるしかない、っていう発想の転換。つまり、改良はダメだから、革命だ（笑）。

内田　あはははは！

高橋　従来型の政権転覆って、政権交代じゃない？　それではダメだと思う。だから、ある種の直接民主主義っていうか。このシステムだと、政権を代えても変わらない、っていうのは……たとえば我々はもう、マニフェストとか政策で選んでないじゃない？

内田　うん。

高橋　とすると、個々のテーマについて、何かしらこちらから参加できるやり方を考えるとかね。つまり、政権交代をやってみてわかったことは、政権交代しても変わらないってこと。

内田　うん、貴重な教訓だよね。

高橋　たとえば、いま人気あるのはみんなの党でしょ？　じゃあみんなの党が政権を獲ったらよくなるとか、もうみんな思ってないと思うんだ。

内田　誰も思ってないね。

高橋　となると、このシステムについて勉強して、このシステムの構造を変えるか、このシステムの特性を逆用するかしかない。だから国民はクレバーになるんじゃないのかな。

内田　そうだね。学んだよね。

高橋　「沖縄のことを考えます」って、自民党の総裁も言ってたんだ、ずーっと。でも、結果としては、今回「なんにもやってないじゃん」っていうことになった。誰もなんにもやってなかったってことでしょ？　50年以上。それがわかった、じゃあもう同じ手段は通用しない。だから、もう一度普天間問題が出てきたときに、「沖縄の人のことを考えます」とかいう言葉は言えないよね。

内田　もう出てこないよね。

――それを言うと、「じゃあおまえのところで米軍基地を引き受けるの?」っていう、昔は思わなかったことを、国民全員が思わざるを得なくなってしまったっていう。

高橋　そうだよね。

――「とりあえずは沖縄県民のことを考えるけれども、俺たちの生活は変わんない」じゃなくて、「沖縄県民のことを考えると、俺たちの生活も変わるんだ」っていう。そこまで考えないとなんにも変わらないんだということを、鳩山さんは、ある種身を挺して教えたっていうか。

高橋　鳩山さん、言えばよかったんだよね。「じゃあ基地、東京に持ってきます」とか(笑)。

内田　「核があるから、東京には持ってこれないんです」とかね。

高橋　言ってほしかったね。

内田　で、まあ、ほとんどの日本人は、もうそのことを知ってるわけだよね、今度のことでさ。それもはじめてじゃない?　その問題を、ひとりひとりが真剣に受け止めたのって。60〜70年代に、「密約」によって核が持ち込まれていた、っていうことが去年明かされて、今度の抑止力発言があって、「ああ、そうか」って。本当に日本って、アメリカの核の抑止力の下で……。

高橋　生きさせられてる。

内田　本当に核の傘の下で生きてきたっていうことを、実感したんじゃないかな。やっぱり非核三原則って、日本人の幻想を少し支えてる部分があってさ。内心では「あるんじゃないかな」と思いながら、「でも、佐藤栄作もないって言ってるし。ないことにしよう」っていうのがあったと思うんだよね。米軍の抑止力戦略に、日本はコミットしてない、っていうね。「核の傘」っていう言葉って、すごく日本人の中にビジュアルイメージがあって。アメリカが傘の柄を持ってんのね。その端っこのほうが、日本にかかってるわけ。

高橋　（笑）。確かに。

内田　で、傘の柄は、ハワイとかグアムにあって、うちにはない！　というね。うちには傘の端っこのほうが来てるだけっていうイメージだったと思うの。で、今回はじめて、「核の傘」の柄が沖縄に刺さってるっていうことがわかった。自分たちの手は白くて、手の黒い部分はアメリカ人に持ってもらっている、って思っていたんだけど、自分たちの手も黒いっていうことを知らされた。60年間ずーっと、黒い手を白い白いと言い続けてきた自己欺瞞に、日本人が気がついて。それでいま、イヤな気分になってる。

高橋　だから、マスコミと官僚とアメリカの三位一体っていうのも、間違っててね。国民も入れて、四位一体なんだよ。

内田　はははは！　そう！

高橋　共依存関係なんだよね。この戦後の繁栄も、なんだかんだ言って、アメリカに軍備を任せて、官僚が全部仕切ってくれて、マスコミがそれを全部カバーする。我々国民も、その三位一体の傘の中に入って、いろんなものを得てきたわけだから、彼らを批判する権利がないんだよね。

内田　ない。我々にはない。

高橋　それが、民主党政権になったらさ、KYな首相が現れて、みんなに泥をはねとばしたわけ（笑）。

――これまで、その知らないふりの中で、日本は発展を遂げてきたわけだし、機能してきたんだけども。

高橋　それがね、機能しなくなってきたからね。

――そう。それが機能していたのは、冷戦構造があり、圧倒的に強いアメリカというシステムがあったからだけども。冷戦が終わり、アメリカも強くなくなり、日本の経済成長も止まってしまった。それはもう数十年前に起きてるんだけど、それに対応しないままやってきた。そのツケがいま、一気に来てるってことだよね。

高橋　現実を見たって感じですね。

内田　「さあどうする？」「うーん、どうすりゃいいんですか？」って。

高橋　『人形の家』（※注2）だよね、ノラが家出したあとの（笑）。

内田　はははは！

高橋　「自立しなさい！」って言われても、できないって感じだよねえ。

「みんなが満足する解」なんかない

――でも、ここで自立のための知恵をどうやって持つか、っていうことが問われているわけで。いま、その知恵を出してください、ふたりで（笑）。

高橋　いや、だからいままでは、選挙とか、政権交代とかによって、少しは前へ進むと思ってきた。つまり、右肩上がりの発想なんだよね、選挙で変わるっていうのは。でも変わらない、下手すると劣化する。とすると、このシステムが変わらない以上、誰にやってもらっても劣化するんだから、違う方途を考えるしかないの。

だから僕が考えるのは、やり方としては、イシューの提案だよね。つまり、「自民より民主がいい」とか言ってんじゃなくて、「普天間はいらない」とかね、そういうイシューをはっきり出す。もう、政策とかどうでもいいし、政権党も、自民でも民主でもいいし、みんなの党でもいい。だから、最終的に自分たちで政治行動するかどうかは別問題として、マスコミも言わないし、党も言わないんだったら、「沖縄に核あるんでしょ？」とか、どんどん言うしかない。

「王様は裸だよ」っていうことを、マスコミが言うべきなんだよね。でも日本のマスコミは、さっき言ったように、四位一体の体制で、この狭い島国で、夢を見させてくれるっていう存在であったわけだから。そうするとやっぱり、現実を知ってもらい、現実を共有するために、何かをしないといけない。もしかするとこのSIGHTの意義もね、いままでは「政権交代っておもしろい」とか言ってきたけど、そうじゃなくて、「特集：沖縄に核がある！」にするとか。

内田　ははは。

高橋　つまり、情報を出して、提案をする、みたいな形に、こっちのほうがしないと。バカに付き合ってるヒマはない、そういう感じじゃないかと思うんだけどね。

内田　普天間の問題が、鳩山さんって人の個人的な無能じゃなくて、システムの問題だっていうことがわかったから。別の人が首相であれば、うまく解決できただろうとは、誰も思ってないからね。谷垣禎一がやればできたとか、渡辺喜美がやればできるとは、誰も思ってないでしょう。

高橋　思ってないんだよね。

——っていうことを、いままでは考えなかったのに、考えざるを得なくなっちゃったっていう。

高橋　だから免責されてたんだね、我々国民は。「あいつが悪い」とか言ってたんだけどさ、もう「あいつが悪い」って言えなくなっちゃったわけだよ。

——だから、これからは高橋さんが言うように「普天間に基地はいらない」とか、そういう形での、ひとつひとつの政策提案を出すしかない。すべてがそういう、「じゃあおまえはどうするの？」っていうところからの問題提起にならざるを得ないよね。

高橋　それはどうしてかっていうと、マスコミがそれをしないからだよね。提案しないでしょ、一切。

内田　そう。一切しない。

高橋　「普天間、返還しないんだったらこうすべき」って言わなきゃ、おかしいんだよね。

内田　おかしいよね。「はかばかしい成果がなかった」って書いてる。「はかばかしい成果」ってなんなんだ？　何をもって「はかばかしい」と言うのか？

高橋　「その中身を言ってみろよ」だよね。

内田　「米軍と政権与党と沖縄県民、みんなが満足する解を」ってさ、あるわけないじゃないの、そんなの。あるはずのない解決を求めて、できなかったら文句言うっていうのはさ、批評性でもなんでもないよ。

――それは、いままでは、高橋源一郎とか内田樹みたいな、一部の優秀なインテリが思ってたことなんだけど、いまはそれを国民全員が共有せざるを得ない。というカードを、鳩山さんが引いちゃったんだよね。

高橋　だからおもしろいよね。いや、沖縄の人たちは気の毒だけど。

――いや、沖縄の人たちにとっても、沖縄の状況を変えるためには、そのカードを鳩山さんが引いたのは、よかったと思うんだよ。だから、「どうなのよおまえら？」って、沖縄の人たちも、絶対言いたいと思うんだよね。

内田　沖縄の人たちがいままで感じてきたことを、ようやく日本国民全員が実感として「ああ、そうなんだ」ってわかったんじゃないかな。「だから怒ってたんだ」って。

——沖縄の人たちからしたら、「俺たちはずっとそう言ってたじゃねえかよ！」っていう怒りだよね。

内田　でも、沖縄に関するメディアの報道って、沖縄の人の怒りを、鳩山さんに怒ってるっていうふうに振り替えてるよ。

高橋　そう、向けちゃうんだよね。

内田　一総理大臣の、属人的な無能に対して怒ってる、っていうふうに報じるの。違うでしょ！　システムに対して怒ってるんだよ。

——というか、共犯者に対して。

高橋　つまり、日本人に対して怒ってるわけだよね。

——そこで、「あ、怒られてんの、俺なんだ」ってことを、我々は理解してしまったよね。

高橋　でも、メディアはそう伝えない。あと、思ったのは、ここ数回、「マニフェスト選挙」っていうのが出てきた。「勝ったらこういうことをやります」って。でも、実際には、まあ、やんないわけですね、選挙が終わったあとに、「いや、マニフェストはマニフェストだから」って無理してやってもさ、子ども手当みたいに、逆に有権者から「大丈夫？」とか言われるし。

内田　ははは。

高橋　やったらやったで大変だし、やんなかったらやんなかったでダメだし。だからいまは、外野から「普天間、県外移設って言ったじゃん！」とか、そういうことが言えなくなってるよね、我々も。つまり、外野席の自由が奪われた。それはたいへん結構なことだと思います（笑）。

内田　あのね、マニフェストって、もうやめるらしいよ、参院選では。さすがに恥ずかしくて。

高橋　ははは。

内田　昔の「選挙公約」に戻すらしい。それでいいと思うよ。

高橋　そうだね。だから、「政党の役割はなんなのか？」とか、「選挙はなんのためにやっているのか？」とか、根源に返るしかない。いいことだよね。

内田　うん。明確な、具体的なイシューを挙げて、それに関して我々はこういうふうにします、っていう。

小沢なら沖縄問題をどうしたか

――うん、ほんとにそれを突きつけられてるよね。いま、自民党にも民主党にも投票できないという有権者が、何を考えているかというと、高橋さんの言ったとおり、「選挙ってなんなんだろう？」っていうところまで――。

内田　政党に信任するっていうスタイルは、もう無理なんだよ。

高橋　無理だね。というところまでわかったって意味で、民主党の功績は大きいよね。自己犠牲だ（笑）。

――今回のSIGHTはみんなの党の特集なんですけれども。要するに、みんなの党ってすごく支持率が上がってるんだけれども、それは、従来の民主党への期待とか、自民党への期待とは違うと思うんだよね。みんなの党が何かをやってくれる、っていう期待ではなくて、みんなの党への投票行為において、選挙ってなんなのということを考える、っていうレベルに、有権者が来てると思うんだ。

高橋　みんなの党っておもしろいのはさ、専門店なんだよね。つまり、民主党とかって、政策が80個とか100個とかあるじゃない？　みんなの党ってある意味、特化しててさ。「官僚問題はこうしろ」っていうプロがいる、それだけ、みたいな。

内田　そういう意味では、さっき言った、単独イシュー提案型だね。いま、求められてるのは、そういうスタイルかもしんないね。

高橋　百貨店じゃなくて、ユニクロなんだよ（笑）。

――だから、みんなの党自身も、政権を獲ろうなんて思ってなくて。非常に過渡的な政党で、「将来的にはなくなりますよ」って公言している、そういう発想なんだよね。

高橋　いいよね、時限政党（笑）。つまり、政党で一番怖いのは、権力維持のために、結局、大きくならざるを得ないことじゃない。

内田　うん。組織の自己目的化をする、というところだね。

高橋　そうそう。前回話したけど、小沢一郎はほんとに、そういう政党の精神の象徴みたいな人だよね。とにかく圧倒的多数を獲る、っていうのが目的。圧倒的多数を獲って、そこで何をするか、っていうのはないんだけど、それで動いてきたわけじゃない？　いまも、あの人がやってることは、選挙なんだよね。選挙選挙で、ある意味ピュアなんだけど。でも、ある政策を実現するだけっていう党が、その反対極に出てこないと。つまり、時限立法ってあるようにさ、時限政党。「官僚システムをこういうふうに変えたら、我が党は解党します」って。それは、いいよね。

内田　小沢一郎は、政界再編だけが目的の人だからねえ。とにかくシステムのあり方をまず変えてみて、殴ったり蹴ったりしてるうちに、何か可能性が出てくると思ってんじゃない。

――やっぱり最終的には、小沢さんの敵は自民党で、結局従来型の55年体制の中にまだいるんだよね。

高橋　でも、たとえば沖縄問題だと、彼は国連軍派だから、彼の発想だと米軍基地を撤去してもいいんだよ。だから、彼が考えてることを自由にやらせてみたかったよね。あの人は保守でもないし、アメリカに対しては独立派だしね。自衛隊はいらない、国連軍でやっていくっていう、極端にラディカルな考えなんだけど、それは出せない。選挙至上主義だから。だからそこは、ちょっと、惜しいなって思ってるんだ。

内田　ふふふふ。

――だから、普天間で鳩山さんがイケイケになっちゃったのは、やっぱり小沢一郎のそういう世界観が影響していたと思う。それを、鳩山さんなりの翻訳機能で、ちょっと誤解して言ってしまったっていう感じがするね。

高橋　うん。「じゃあ普天間基地はいらないんだ！」と思ったんだ（笑）。

黙殺された「野中爆弾」

――それで、次の参院選で、民主党の力学がどう変わっていくのかっていうのが、すべてだよね。

高橋　たぶん民主党の人も、去年の夏に政権を獲ってから、ずっとびっくりしてたんだよね、この数ヵ月。

内田　（笑）。うん。

高橋　どうしていいかわかんない、対応しきれてない。やっぱり、政権を獲って政治権力の側に入るっていうのは、ショッキングなことなんだ。民主党がやること、ひとつひとつに対する反応が、ダイレクトに来るじゃない。いいことは言われないで、悪いことばっかり。マスコミに「ダメだよ！　自民党と同じだよ！」とか、「何考えてんだ！」って言われ続けて。つまり、そういう経験がなかった人たちなので、何が起こってるのかがわからなかった。

内田　うん。

高橋　思うに、考えてるヒマがないんだよ。最初の頃さ、大臣から政務官から、みんな毎日、省に泊まり込んでたじゃない。ずーっと官僚の上のほうと話しててさ。合宿かよ！　って（笑）。そんなの、続くわけないもんね。だから、すごくテンション高く、志高くやったんだとは思うけど。

僕はそういう場にいたことがないのでわからないんですけど、情報だよね。つまり、何が起こっていて、実際どういう数字なのかっていう情報は、持ってる人は知ってるけど、持ってない人はなんにもわかんない。さっきの抑止力の話にしても、「首相、実はあそこに核があるんです」って言われるまで、知らなかったわけだから。いや、言われたかどうか知らないけどさ（笑）。しかも、実はそれが本当かどうかもわかんないわけ。

内田　うん、そうだよね。

高橋　そう言ってるだけかもしれないし。そういうものとして、システムっていうものがある。民主党の人たちは、はじめてそこに触れてしまって、どう対応していいのかわからなかったんじゃないのかな。だから、政権が代わって、選挙による政権交代っていうこのシステムを維持しようと思うんだったら、マスコミがきちんと教育するべきだよね。「共に学習しましょう。我々も情報を最大限提供します」と。

前にも言ったけど、アメリカでも、大統領が代わると、ハネムーン期間があるでしょ？　「とりあえずがんばってくれ、我々も協力を惜しまない。最初は失敗には目をつぶるから。情報があれば提供する」と。で、「1年やってみたけど、ダメだね、能力ないね」ってなったら批判します、っていうのはわかるけど、初心者が間違えたらいきなり噛みつくっていうのはねえ。

　ってことは、そもそもこのシステムは、なくてもいいと思ってるの？　そう思わざるを得ない。つまりマスコミが、選挙によって政権交代があったりするっていう現在のシステムを、よしとしてるのか、ダメだと思ってるのか、わかんないわけだよね。すぐに「ダメだ」って言うけどさ、このシステム自体をどう思ってるのか、っていう意見は出てこないからさ。

——だから、日本のマスコミはずっとそれをやってきて、その手癖が全然抜けてないから、それ以外のノウハウを持ってないんだよね。だからせめて、国民が「こういう構造があるよね」って理解してるぐらいのところまでは踏み込まないといけないのに、そこにも踏み込まず、わかってないふりをしている。高橋さんが言うように。

内田　でもいまのマスコミにとって、それって難しいよ？

——野中広務が、官房機密費を配っていたってことをばらしたのだって、ある意味、パンドラの箱を開けたわけだよね。新聞社も、評論家ももらってたわけだし。

高橋　名前出たもんね。田原総一朗だけが拒否したんだって。

内田　偉いねえ！

——そう、あとはみんなもらってる。でもメディアはまったく蓋をしたっきりだから。

あれは野中爆弾だったよね。

高橋　野中さん、決死の思いで爆弾落としたね。全然効かなかったけど。官房機密費を渡した人のリストまで出したのに。あれ、遺書だよ（笑）。

内田　でもメディアで話題になってないからね。

高橋　だって、自分たちももらってるんだから。

――だからもう、そういうレベルなんだよね。メディアは自浄機能を持ってない。それで、民主党も――長妻さんも、最初は志高く、いろんなことをやろうとしたんだけど、結局半病人になっちゃって。

高橋　全部ひとりでやろうとして。でも実際ね、官僚が情報を出してくれなかったら、何もできないでしょう。外部からいきなり来ても、敵は60年も70年も生きてきた妖怪変化みたいな連中なんだから、情報も出してくれなければ、言うこともきかない。だから、国家戦略局も壮大なスケールで計画されたけど、結局なんにもできない。あれが典型だよね。たぶん、意図はあったと思うんだけど、現実に動かすためには、老獪なことができる人がいないと、機能しなかった。そういう意味では、民主党は素人だったんだね。官僚と戦うには、さっきも言ったように、昨年の政権交代で見えた、アメリカとマスコミと官僚と国民の四位一体の、どこかをなんとかしないと動かない。「官僚なら私に任せて！」っていう人が出てきたら、それはそれで結構頼りになるよね（笑）。ただ、政治って森羅万象を扱うことだから、「私の専門分野はこれです」みたいな人は、政治家としてどうかっていうと、難しい問題だよね。

内田　それは政治家とは言わんなあ。

高橋　そこが悩ましいところだよね。

小沢がタレント候補を並べた理由

――ただ、そうやっていろんなパートと、いろんな人が得意分野を活かしながら担うことで、新しいメカニズムが動いていくと、僕は思うんだけど。

内田　あとさ、今度の参院選の候補者のリスト見ると、絶望しない？

高橋　ちょっとねえ……。

内田　三原じゅん子とかさ、庄野真代とかさ。

高橋　谷亮子とかね。

内田　何考えてんだろうと思うよ。

――特に民主党の候補者の選び方ね。

内田　あれ、小沢一郎主導で、やってんだろうけどもさ。

高橋　あの人の、「選挙とはこういうもんだ」っていう信仰から来てると思うんだよね。つまり、彼の選挙って、東北なんだよ。たとえばさ、「東北、歌手が行ったら喜ぶよね」とか。「ああ、今日は一年に一回のハレの日だ！」みたいな。そういう、彼の世界観の下に選ばれている候補者。だから、日本全土対応じゃないんだよね。

内田　でもほんとにさ、日本の政治家の成熟度が相当高くないと、知性が高くないと、とても乗り切れないような困難な状況に直面してるときに、あの候補者の人選っていうのは、絶望以外の何ものでもないよね。何考えてんだろうね。小沢一郎って、自民党政治を壊すんじゃなくて、何かもっと大きなものを——。

高橋　壊そうとしてる（笑）。自民を壊したでしょ？　いま民主も壊そうとしてるもんね。だから、カオスを生み出そうとしてるのかもしれない。

内田　自分を頂点とするグループをとにかく作ろうとするのはさ、小沢一郎を政治家として超える人間が出てこない、っていう前提があるからでしょ。それってさ、まずいと思わない？　自分を超える人間が出てこないような仕組みを作るっていうのは、出来の悪い経営者が、自分が引退したら会社がつぶれるようなシステムを作るのと同じじゃない。

高橋　スターリンとか毛沢東と同じだね。そのあとに革命が起こっちゃうんだよ（笑）。

内田　そこまで考えてるのかな？

——小沢一郎が勝っていればそういうことが起こるけれども、残念ながら、というか幸福なことに、勝たないから。

高橋　そうか。それにしても、あの参院選の人選って、深い絶望を人に感じさせる候補を選んでるよね。

内田　選んでるね。つまり、投票率が一気に下がるってこと。投票率が下がった状況だと、相対的に、票は大きく動かないんだよね。政権交代が起きるくらいの激動っていうのは、やっぱり、投票率が上がった状態じゃないとあり得ないからさ。だから、風が一切吹かないと思うね。

高橋　そうか、投票率を下げようとしてるのか。そのために、みんなが嫌になるような候補者を大量に（笑）。

内田　うんざりするような。「ああもう、選挙なんか行きたくねえよ！」っていう感じになれば、現状維持。

――それすごくおもしろいけど、小沢一郎は真剣に勝つつもりだと思うよ、あれで票を獲って。

内田　票は獲れんだろう！

高橋　だから、彼の無意識は、違うことを願望してるんだよ。いかに投票率を下げるか、と。

内田　あと、とにかく高学歴、英語がしゃべれる、みたいな人は、絶対民主党に入れないみたいだしさ。

高橋　入れないね。ポリシーだよね。それはほら、前回も言った、東北の僻地の、もの言わぬ農民の側に立っている人だから。

内田　そう、ああいうタレントとかスポーツ選手とかの候補の人たちっていうのはさ、そういう高学歴とかじゃなくてさ。ものすごく苦労して這い上がってきて、栄光を得て、そのあと栄光の絶頂から転落していって、みたいな。それを僕らは「パッとしないタレント」なんて言うけどもさ、小沢さんから見たら、日本人のある種の情念と、もっとも同期するようなタイプの人だと思って選んでる可能性、あるよ？

高橋　そうだよねえ。

内田　この暗さ。この苦汁をなめた経験。にもかかわらず、何かにすがろうとしている、このひたむきな思い、とかさ。

高橋　演歌っぽいよね。

――それ、日本人の情念というより、小沢一郎の個人的な共感なんじゃない？

内田　いや、小沢一郎には、そういう人が日本人の琴線に触れるっていう確信があるんだよ。現に、かなりのパーセンテージの人が、それに感応しちゃう可能性がある。落ち目のタレントっていうのはさ、意外に共感されるのかもしんないよ？（笑）。

高橋　そう、落ち目のタレントだよね、はっきり言って。

内田　だってさ、「なんでこういう顔ぶれなの？」って感じしない？

高橋　あり得ないよね。

内田　中には上り坂の人がいてもいいのに、ひとりもいないんだよ？

――ははははは！

内田　それはやっぱり、判官贔屓じゃないけども、日本人のかなりの広範な有権者っていうのは、自分たちよりも才能があって、徳も高い人間ではなくて、自分たちと同じレベルの知性、同じレベルの特性の人間を、国会に送りたいっていうさ。だから、落ち目のタレントがいいっていう。

高橋　どんどん上昇している人はイヤだ、っていう感じだよね。

――でも、俺は単に、小沢一郎が過去の成功原則に執着してるだけな感じがするけどね。その感覚が、完全に時代からずれちゃってるっていう。

内田　いや、そう言うと話が終わっちゃうから、いろいろ深く考えてるんだよ（笑）。

小沢一郎は日本人を憎んでいる

高橋　そうです（笑）。でも、普通に考えると、自殺行為みたいな選び方だよね。あれを確信を持ってやってる、っていうのがすごい。ほんとに、「死なば諸共！」とか、「地獄へ一直線！」みたいな候補者選びじゃない、だって（笑）。さっきも言ったけど、また小沢一郎の無意識を考えると、「自民党は壊した。次は民主党だ！」ってなってるよ、絶対。

内田　民主党の次は、日本の統治システムの中にある、いかがわしさみたいなものを痛撃したい、っていうのもあるんじゃないかな。フィリピンで何代か前に、映画俳優が大統領になったでしょ？　アメリカもレーガンがなったことあるしさ。明らかに、どう考えても、適性から言ったらいかがなものかっていう人が、圧倒的なポピュラリティを獲得して、トップになることがあるでしょ。あれってやっぱり、自分たちの統治システムに泥を塗りたい、みたいなね。

――そう言うんだったら、小沢一郎って日本を憎んでるんだと思う。

高橋 ああ、そうだね、きっと。

内田 日本のエスタブリッシュメントを憎んでるよね。

――というか、日本人そのものを憎んでる感じがする。

内田 日本人そのものを！（笑）。

高橋 根本的な憎しみだよ。

内田 でも、日本への憎悪は感じるね。

高橋 だから、彼の中では、東北の農民だけは、そこから免責されてるんだよ。さっき言った四位一体構造の中の国民、その国民からも疎外されてるのが、彼の選挙区の、東北の農民なわけです。だからそういう意味で、国に泥を塗りたいっていう気分は、彼の無意識の中にあると思う。自民党を壊して、民主党が第二自民党だってことはわかってるわけだから、これも壊すと。で、行き着くところはどこか、彼も知らない（笑）。

内田 近代日本に対する怨念だよね。僕なんか、会津と庄内の血が流れてるから、ちょっとわかるんだけどさ、東北の人間の、近代日本に対する怨みって、深いから。近代日本なんかつぶれればいいんだ、って思ってる部分があるから。ほんとに。だって、原敬、東北出身のはじめての宰相だけどもさ、あの人は爵位を拒否したんだよね、「そんなものいるかい」って。

高橋　ああ、そうなの。小沢一郎が原敬を尊敬するはずだね。

内田　明治近代以降の、日本のメインストリームに対するルサンチマンがあるのよ。実際に、会津や庄内や白河で、俺らがどんな目に遭ったか……僕は遭ってないんだけどもさ（笑）。四代ぐらい前の祖先が遭遇した、死体が晒されて、鴉がついばんだ、みたいな想像的な原体験があって。薩長藩閥政治以降の、すべてのエスタブリッシュメントに対する、拭いがたい憎しみがあるような気がするな。

高橋　ああ、あるだろうね。

内田　田中角栄さんだって越後だからね。逆に、西日本のほうから出てきて、そういうルサンチマン的なものを持った人っていないでしょ。

高橋　いない。自民党は山口県だからね。西日本からは大量に首相が出てる。

――本当に小沢一郎は、自分が殺されない限り、周りを殺し続けるという感じがしますね。でも民主党は、小沢一郎と鳩山だけではなくて、菅直人もいれば、いわゆる旧社会党人脈の人たちや、労働組合出身の人もいるんだけども。

内田　菅直人って、このところずっと逃げ回ってるでしょ。党が危機的状況にあるときに、逃げて、無傷で乗り切って、鳩山がコケたあとにエアポケットに入ってくるっていう魂胆が見え見えだよ。いま、国民は彼に対して、すごく不信感があるんじゃない？　鳩山さんが退いたあとに出てきて「次は私が」って言われてもさ、「あんた一体、いままで何してたんだ！」っていう。

高橋　彼、何も言わないしね。でも、「政治ってそういうもんじゃないだろう」って言ってくれる人が民主党の中にいないのが困るよね。政権交代はおもしろかったし、政治に可動部分は確かにあると思う。強固なシステムがあるから難しいかもしれないけれど。その部分を動かすためには、ある程度の準備とか、余裕とか、情報がいるのかもしれないし、知識を持った優秀な人間がサポートしなきゃいけないのかもしれない。でも、その可動部分を動かせそうなキャラクターがいないっていうのが、非常に不幸な感じがする。

鳩山「抑止力」発言の真意は

――そうだね。しかし、普天間問題が、ああいうことになってしまった次っていうのは――。

高橋　でも、普天間問題のときも、実はあそこで結構すごいことができそうな瞬間もあったでしょ？　つまり、アメリカは、「基地周辺住民の諒承がなければできない」って言ったじゃない？　アメリカが言ったんだからさ。「全員反対します」って言ったら、アメリカとしても受け入れるしかないわけじゃん。それを利用できなかったのかなあって思うんだ。

内田　そう。だからほんとは、原則的にひたすら「基地撤去」って言えばよかったんだよ。それでアメリカに跳ね返されて、負けましたと。「我々は一丸となって基地撤去を説いたのだが、アメリカがゴリ押しして、我々は負けた」っていう形にすれば、日米間に対立があって、日本国民は一致するっていうことになるじゃない。

――でも、それはできなかったよね。

内田　なんでできなかったかというと、沖縄に核があるからなんだよ。もともと「核がある」とわかっていて、核っていうものはどういうふうにハンドルするのかっていう、テクニカルな知が蓄積していれば、びっくりしないんだけども。「ないはずのもの」が出てきちゃったので、胆をつぶしちゃったんだよ。しょうがないから、また蓋をしちゃった。蓋しちゃった以上は、もうどうにもならない。

――でもさ、これは藤原帰一さんが言ってたんだけども、政権交代という便利なカードがあったんだから。「俺たちは知らないよ、自民党がやったことじゃないか」っていう――。

高橋　可能性はそこにあったよね。

内田　唯一の可能性としてね。

――それは、外交の戦略としては、どこの国でもやってることで。だから、すごいチャンスだったんだよね。

高橋　でも、それを言える人がいなかったっていうことだよね。

――だから、内田さんが言ったみたいに、あまりにもショックが大きいっていうか、経験値がなくて、対処法ができていなかったというか。

内田　でも、鳩山さんも、「これ言っちゃおうかな？」って一瞬は思ったんじゃないかな。

高橋　うん。

内田　「これ言っちゃおうか？」って思ったんだけど、官邸の周りがみんなもう「殿、ご乱心！」って、松の廊下みたいに羽交い絞めにしてさ（笑）、「言っちゃダメ！」って。だから、あれが精一杯だったんじゃないの？　「抑止力」って言うのがさ。きく人がきいたら、「あ、この『抑止力』って、ただの普通名詞じゃないな」ってわかるような言い方をした。ああいう「奥歯にものが挟まったような」言い方をわざとした人って、いままでの日本の総理大臣ではいないでしょ。

高橋　誰も言ってないんだよね。だから、パンドラの箱を開けちゃったんだ。自民党も知らんふりしてるけど、開けちゃったものはしょうがないんで。確かに1回目はね、びっくりして動けなかったかもしれないけど。次はもう少し、肝の据わった対応をしてほしいね。つまり、政治っていうものに関して、もう少しフリーハンドでやろう、っていうかさ。強い立場で、強い意志で、従来の政治観から逃れた上で政治をできる、強いスタッフがそばにいる体制を作れれば、もうちょっとおもしろいことができると思うんだけどね。

　僕は政治システムって、どうなってるか知らないんだけど、きっと、全部は首相が決められないと思うんだよね。つまり、優秀なスタッフと、情報をもたらす人が常に同行していないと、できないでしょ？　それができる人材と、それを活用できる政治家が出てくれば、再チャレンジの可能性がある。だって、この問題は、終わってないわけだから。沖縄問題だけじゃなくて、これからもいろいろ出てくるわけだし。とにかく、自分たちで情報を得る方法を考えないと。官僚も、マスコミも、無理なんだから。

我々は新しい経験をしました

――そういった意味では、民主党ってノウハウの蓄積がないから、それなりに風通しがいいんじゃないかとも思うんだよね。２０００年に、ＳＩＧＨＴで菅直人と経済学者の小野善康（※注３）さんの対談をしたんだけど、小野さんが菅さんをやりこめちゃったんだよね。で、その後しばらくしてから、経済政策がどうしようもなくなって、菅さんが自分の右腕に小野さんを選んで、いまもそのまま小野さんがやってるもんね。

内田　自民党ではあり得ないよね。「いろいろおききしたい」っていう姿勢は。

――だから、民主党は、何か新しいものを求めてはいるんだと思うよ。

高橋　そういうマッチングを、ＳＩＧＨＴみたいな弱小メディアがやってるのは偉いよ（笑）。

内田　でもさ、他のマスメディアがひどすぎ！　分析力がないんだよ。前に、公安調査庁の人が、僕のところに来たの。『街場の中国論』（２００７年）を書いたあとだったんだけど、「こういう中国についての情報はどこから仕入れるんですか？」ってさりげなく探りを入れられた。中国のどこかの筋とつながりがあるんじゃないかなって、思ったらしい。だから「毎日新聞」って答えた（笑）。だって新聞読んでれば、断片的でも、情報が入るじゃない。公開情報からだけだって、わかることはわかるよ。

高橋　分析能力がないんだ。

内田　ジグソーパズルのピースがいくつかあって、その背後の全体像を見るっていう能力がインテリジェンスには必要だと思うんだけどさ、最近の役人って、そういうの本当にないね。

高橋　それってさ、マスメディアがもう、政治状況について考える余裕がないからじゃない？　自らが明日をも知れぬ身で、10年後の政権について考えてるヒマなんかねえよ！　って。

——記者クラブなんて象徴的だよね。

内田　記者クラブって、ほんとよくないよ。これって、一部の記者たちが情報を独占するんじゃなくて、情報を独占してるっていう幻想を持つことによって、情報読解力が落ちてるっていう状況を作ってるんだよね。情報なんてさ、断片的でかまわないんだよ。情報が組織的に隠蔽されてても、「どうしてこれに関する情報だけがないんだろう」という推理は可能だからね。あるはずの情報がないという事実そのものが重要な情報なんだよ。記者クラブってマスメディアのインテリジェンスを鈍化させる装置だね。

高橋　だから、記者クラブ方式をやめてることだけでも、民主党の功績大！　なんてことは、当然マスコミは言わないよね（笑）。

――そうした意味で、マスコミも政府も、あり方そのものがどんどん変わってしまっているよね。だから、ヤバいといえばヤバいし、風通しがよくなったといえば風通しがよくなったという感じがするよね。

高橋　だからやっぱりね、いま、我々は、新しい経験をしているとは思う。政権交代で、よくなるかと思ったら、よくならなかったっていうのは、大変いい経験だね、ほんと。

内田　よくなると思ってた？

高橋　少しは。もうちょっとよくなると思ってたよ、実は。

内田　あっそう。僕はこんなもんだと思ってたけど（笑）。

日本の左翼は愚鈍化している

高橋　ははは。でも、民主党って左翼も入ってるし、エッジが利いてるんで、もうちょっと小沢のコントロールが利かないかも、と思ったんだよ。おもしろくなるかもと思ったら、左翼がコントロールされちゃってさ。

内田　うん。左翼が弱いねえ。

高橋　弱かったなあ。

内田　現代日本の最大の問題は、左翼の愚鈍化だね。左翼ってさ、力はないんだけど頭がいい、っていうのが唯一の取り柄だったのにさあ。日本のいまの左翼は、頭が悪いんだもの。

──（笑）。

内田　福島瑞穂さんのこととときどききかれるのね。「どんな人？」って。「頭のいい人だよ」って言うと、びっくりするんだよ。「テレビ見るとそうは見えない」って。気の毒なんだけどさ、日本の左翼って、公的には、愚鈍にふるまうことを義務づけられているでしょ。

高橋　ははは。

内田　話がわからなくて、空気が読めなくて、場違いな正論を吐いてる人間が日本の左翼なんだよ。福島さんって実際は頭のいい人なんだけどもさ、メディアに出てくるときはさ、立場上、ものわかりの悪い人間を演じるしか選択肢がない。

──ひどいこと言ってんなあ（笑）。

内田　いや、実際会ってテレビの印象との落差に驚いたから。それが現代の日本の左翼の宿命なんだよね。全共闘運動のあとも既成左翼は生き延びたんだけどさ──。

高橋　ガラパゴス化したよね。

内田　（笑）。そう、ガラパゴス化。彼らの設定している論理の枠内ではまことに正しいの。首尾一貫してる。でも、まったく現実的じゃない。

高橋　現実から離れちゃったからねえ。

内田　左翼はバカで、右翼の人のほうが頭がいいっていうのが、20代ぐらいの人たちの、偽らざる実感だと思うんだよね。まずいよ、それは！

――いわゆるネット住民レベルだと、左翼っていうのはもう蔑称だよね。

内田　もう明らかに、知的劣等者っていうニュアンスが入ってるからね、左翼っていう言葉には、いま。でもね、僕、こんど本出すんだけどさ、『若者よ、マルクスを読もう』（２０１０年）っていうの（笑）。代々木の人と一緒に書いたんだけどもさ（※注4）。

高橋　すごいね、共闘したんだ。

内田　共闘したんだよ、マルクス復権のために。とにかく左翼はバカじゃないっていうことを証明しないとさ。「金と力はなかりけり」でもいいんだよ、でも、左翼は知的じゃないと社会的機能を果たせないんだよ。両方ないんじゃ、どうにもならないよ！

高橋　うーん、ほんとだよねえ……。

――そんな中で、このふたりはほんと、孤軍奮闘してるよね。

内田　ＳＩＧＨＴも左翼誌じゃん。

高橋　変わってるよね。

内田　珍しいよね、左翼の雑誌って。でも、「みんなの党」って左翼じゃないと思うけどさ（笑）。

高橋　「みんなの」党だからね（笑）。右も左も、だよね。

内田　マルクスの思想っていうのは、確かに教条的ではあるし、現実に適用できないところもあるんだけどさ、でも、ああいうふうな、がつんと首尾一貫した世界観っていうのが、左の端っこのほうにね、重石としてあると、いいのよ！　すごく眺望が広々としてくるでしょ。僕が考えてるのはそれなの。左翼的知性の復権。左翼がここまで知的威信を失ったことって、20世紀以降なかったんじゃない？

高橋　ああ、そうかもしれない。

内田　がんばろうよ、高橋さん！

高橋　がんばります（笑）。だから、民主党って左翼がいると思ったら、いなかった。いや、左翼といっても幅広いと思うんだけれども、この資本主義社会の中では、対抗原理を持ってるわけだよね。これは政治システムの問題だから、根本的には。とすると、やっぱり一回原理に戻って考える。そうすると、原理の立場から「改良より革命だ」とかね、そういうことを言えるわけなんだからさ。それを踏まえた上で、政策が出てくるはずなんだもん。

内田　うん。「革命はちょっと待って、高橋さん！　それは行きすぎだから、もうちょっと手前で」とかね。

高橋　そうそう。

内田　「革命」って言うから、はじめて「その手前」っていうのがどの辺か、っていう議論が出てくるわけであってさ。「革命」って言わないと、改良も出てこないもんね。

高橋　そう。「やっぱり選挙はダメだ！」とか。ここはね、「やっぱりプロレタリア独裁じゃないか」とか。

内田　ははは！　いねえっての、プロレタリアが（笑）。

「みんなの党」ではなく「俺の党」!?

高橋　いや、つまりさ、そうやって「選挙はダメだ」って言うと、そういう原理が言えるわけじゃない？　なぜ選挙がダメなのかってことを、原理的にね。つまり、ずーっと我々は……というか、左の人たちは、原理で考えてきたわけだからさ。ただね、いまのインターネットが発達した時代に、マルクスが生きてたら、違ったことを言うんじゃないかと思った。「インターネットおもしろいね」とか。「これ、実際に革命やるより、もっとすごい革命的なことができるんじゃないか、あたし的には」とか。

内田　（笑）。言いそうだね。

高橋　っていうのが、マルクス主義的に考えるっていうことじゃないの。

内田　いや、ほんとそう思う。マルクスって自由だと思うのね。ラディカルにものを考えるってことが、マルクス主義なんだからさ。

高橋　その目の前にある現実のシステムに対抗するシステムを、本質から考えるっていうのがマルクスのやり方なんだ。だからもしかすると、時代によっては、マルクス主義って共産主義じゃないかもしれない、っていうことなんですよ。

内田　そうそう。ほんとにそうだね。それが真の左翼性ってことです。

高橋　それがいまこそ、問われるんじゃないでしょうか。

内田　ははは。
高橋　でも、僕はね、小沢さんってシステムを変えようとしてたんだと思う。この日本の近代以降140年のシステムがおかしい、っていう感覚があって、それを右からひっくり返そうとした。僕はその方向は間違ってると思うし、そもそも古いし、それじゃ何も変わらないと思う。ただ、この140年がっちり動かない体制を変えたい、というふうにしか見えないような行動をしてると思うんだ、小沢さんは。現時点では、動かすっていうよりも、動かすのは大変だっていうことがわかったということで、民主党の第一幕が終了した。
内田　参院選までが第一幕ってことで。
高橋　「政権を代えるだけでは何も動きません」っていうことが、国民に見えた。あるいは、官僚のサボタージュで動かせないっていうことも、見えてきたでしょ。だから、民主党は今回の選挙と、政権を獲ったことによって、国民の政治教育をしたということで、功を多とすると（笑）。
――そんなつもりはなかったんだけどね。
高橋　結果としてね。
内田　有権者も、「なんとかしとけよ」っていう言い方ができなくなっちゃったよね。役者を代えればおもしろい芝居やるかと思ったけど、それでもダメだったってことは、この芝居小屋も観客も劣化してんじゃないかって思い始めたという。

高橋　そもそも、俺たちは芝居なんか観てていいのかと（笑）。

内田　ほんとにね、いま必要なのって左翼的なラディカリズムによる再編って感じがするよ。「みんなの党」とかそういう腰が弱いネーミングじゃなくて。「そんなのぬるいんだよ！　もっとがつんといこうぜ！」っていう。

高橋　「俺の党」！

内田　ははははは！　そうそう、「俺の党」、やっぱり。そしたら結構支持されるかも。でもさ、やっぱり原理的に、いまの枠組を、知的に構築し直していく力が必要だよ。

高橋　そもそも必要なのは政党じゃないかも、とかね。

――それはインターネットかもしれないし、他の何かかもしれないけれども、政党っていう形のままじゃ、再構築はできないよね。

内田　三原じゅん子が行使し得る政治的影響力と、ツイッターの高橋さんのつぶやきだったら、高橋さんのほうが影響力強いかもしれないよ？　だから、別の形での政界再編っていうのはあるかもしれない。

　従来的な代議制民主主義のままでは、何も変わらないと。さっき言った四位一体の国民を変えるには、それじゃダメなんだよね。僕らがやろうとしてるのは、国民の考え方を変えることで。ターゲットにしてるのは、アメリカでも官僚でもない。国民というかね、実は我々自身に向かって言ってるわけでしょ。

高橋　三位は動かないからね。僕たちも現時点では、ある政党に全権を委託するという形をとりあえず採用してるけれども、それがうまくいかないってことに薄々気づいてる。かといって、その代替システムが、かつてはマルクス主義だったけれども、それもいかんっていうことになった。だから国民は、とりあえず民主党に入れようとしたり、とりあえずみんなの党に入れようとしたり、もう困ってる。

いまのところ、我々は選挙と民主主義によるシステムしか持ってないわけ。アナーキズムだって、一部の歴史的コミューンの中で実験はしたけど、持続しなかったでしょ。でも、代議制民主主義ってよくできたシステムだからね、それプラス何か、っていう形がいいのかもしれないよね。

選挙システム＋ネットの可能性

内田　本来は、代議制民主主義のシステムってさ、メディアが補完するんだよ。

高橋　うん。いろんな正しい情報を流してね。

内田　システム自体の不調を、メディアがコントロールするっていうか。まあ、そのメディアが不調になったから、代議制民主主義も不調になってきた。そしてずるずると、メディアを経由して、我々も劣化しちゃった、っていう状況があるわけでさ。

でもやっぱりね、代議制民主主義っていうのはいじりようがないと思うんだよ。独裁制も、直接民主主義も、日本には持ってこれないし。これしかないわけだから、これをコントロールするシステムっていうのを作んなきゃいけない。僕はね、それがネットなんじゃないかっていう気がするんだけどね。

高橋　僕もそう思う。結局、ネットっていうのはまだ使い込まれてないし、いろんな使い方もできる。もしかすると、インターネット、プラス選挙システムっていうのがいいのかもしれない。それがどういうものであり得るのか、まだよくわからないんだけどね。

内田　いま、新聞なんかよりも力を持ってる可能性あるよね。

高橋　ネットはある種、直接民主主義になってるところがあるから。間接民主主義の選挙と、直接民主主義のインターネットって、本来肌合いが違うんだけど、もうそんなこと、言ってられない。補完するしかないと思う。

具体的にやるとしたら、たぶん、政策の国民投票制だよね。インターネットで国民全員参加にして、即座に判断して投票できるシステム。いままでは候補者しか選べなかったけど、政策を国民が選べるかもしれない。

内田　技術的には可能ですね。

高橋　いま、政治システムの話をしているんだけど、実際に、政治以外のシステムがドラスティックに変わる瞬間って、すごくあるでしょ。iPadだってさ、10年前には想像できなかった。すごく便利なんだよね。紙もいいけど、iPadの利点はすごくある。新聞や出版だって、少し前までは「このシステムは、穏やかに衰退しながら、あと100年くらい続くかな」って感じだった。でもいまは、「10年後にはもうないかも」って思ってる。我々は、インターネット以降の変化の早さにやっと慣れてきて、あっという間にシステムって変わり得るんだっていうことに気づいてきたんだよ。

だから、政治システムが急速に変わってもおかしくはないと思う。自民党の政治システムは60年続いてたわけだけど、それは、サラリーマンはなんだかんだで一生同じ会社に勤めるとか、夫婦は一度結婚したら離婚しないとかと同じで、昔からずっとそうだったから変わらなかった、っていうだけなのかもしれない。そういう社会習慣って、変わるときはあっという間に変わるから。だから、1年とか半年単位で変わる分野にいる人にしてみたら、政権交代が2年単位とかって、遅いって思うかもしれない。

内田　コンピューター・テクノロジーの進化と、統治システムの進化っていうのは、同列では論じられないと思うよ。統治システムは惰性が強いから。変わるところはあるんだけど、どこから変わるかがわからない。5年10年経ってもびくともしない部分もあれば、急速に変わる部分もあると思うので。

高橋　一般国民は、変わるのに慣れてるんだよ。でも、統治システムの中にいる人たちは、変わらないっていうのに慣れているわけなので、そのギャップが深まっていく、ということはあるかもしれないね。

原理的に、そしてコロキアルに

内田　だから、「中を取り持つ巡航船」じゃないけど、その間のシステム・エンジニアがいまは必要だね。僕も高橋さんも、できるだけコロキアルな言葉で政治を語ろうとするでしょ。専門的なことも知らないし、政治家の知り合いもいないんだけども。でも、いま、そういう人間に対してのニーズがあるってことがわかってきた。コロキアルな言語で政治を語る人がいないんだよ。舶来の言葉で政治を語る人間も、日本の土着の言葉で政治を語る人間も、両方いないわけだよね。だから、その中間のところにみんな溜まってて、レンジが非常に狭くなってる気がするの。もっと広くなきゃいけない。外来の原理的な思考と、土着のコロキアルな言語、本音と建て前が入り混じっているのが、日本的な落としどころとして、いい状況だと思うんだけど。土着のコロキアルな、生活実感のこもった言語で政治過程を語ることが必要だし、反対側では「歴史とは！」とか「人間とは！」とか、ソリッドな言語で語るようなロジックも必要。でも、両方とも痩せ衰えてる感じがする。

高橋　僕の文学活動って、それだからね。原理とコロキアル。片方ではすごく原理的に、誰も読まないような文芸論を徹底してやる。もう片方では、徹底してコロキアルにやる。中間はなくてね。他にそういうふうにやる人がいないから。

内田　でもさ、四位一体の本質って、中間にまとまってる、中間で全部やってるってことだよね。

高橋　それで話が通じるかっていうと、通じちゃうんだよ。

内田　だから、もともとメディアの言語っていうのは、コロキアルじゃないんだけど、それに加えて原理性までなくなっちゃったってのが大きい。メディアに、原理的な、知性的な部分が欠落してきてるんだよね。

高橋　だから「沖縄問題は」とかいう話になっちゃうんです。でも違うでしょ？　原理で言うと。「国家とは」にならなきゃいけない。マスコミが言うのは、「この問題については慎重な対応が求められる」とかばっかりなんだね。

内田　「杭打ち方式だといくらかかるんです」とか、全部あれ中間なんだよね。原理性もないし、生活実感もない部分に、全部はまりこんでる。僕が、代々木の人とマルクスについて書いたのもさ、彼（共著の石川康宏教授）が原理の言葉を語り、僕がコロキアルに語るっていうふうに、分業でやってみたかったんだよ。代々木の人って、生活言語でマルクスを語るっていう習慣がないからね。日本固有の政治システムってそういうバランスなんだよね。アメリカとかフランスの政治過程に、「建て前と本音のバランスがいいな」っていうようなところ、ないもの。

高橋　日本は天皇制もあったしね。本当のことを言っちゃいけないシステムが真ん中にあるので、すべてほのめかしになる。だから、日本語は閉ざされている言語だよね。そんな状態がずっと続いてる。でも、内田さんが言うように、僕たちには政治を語る言語が乏しかった。その言語は、その性質上、原理的で、かつコロキアルじゃなきゃいけない。だからアメリカの政治システムにいろいろ問題はあっても、大統領の演説って、コロキアルでかつ原理的じゃない？　必ず、統治の原理を語るんだよね。しかも、日常の言葉で。

内田　ああいう言語を養成するのは、やっぱり民主主義システムなんだよね。

高橋　だから、これからの日本としては、そういう言語を養成するか、そういう言語は我々には無理なので、そうじゃないシステムに戻るか、っていうことになっちゃう。

――僕は後者のほうに行くような気がしてしょうがないんだけど。だから、なんでそういう言語がなかったかっていうと、必要なかったからでしょうね。

高橋　必要なかったね。阿吽の呼吸があれば良かったんだから、

――いままでの曖昧な言語って、従来型の政治システムにはそれなりに対応していたと思うんですよ。でもいまはもう、完全に政治言語の失語症状態になっている。

内田　そうだね。でも、そうでなかったら、僕らに出番なんかないよ。

――そうそう（笑）。

内田　だからさ、外国から政治を原理的かつコロキアルに語れる人を招くべきだよ。ゴルバチョフに来てもらうとかさ。

――ははははは！

内田　いいでしょ。外務大臣になってもらって。国家戦略局はさ、ヒマそうだからビル・クリントンに。クリントン＝ゴルビー布陣。

高橋　すごい！　世界最強（笑）。でも、民間人だから呼べるんじゃない。

内田　ゴルビーなんてさ、いまたぶんスイスかどっかで自叙伝でも書いてんじゃないの？　ヒマでしょうがないって。現役で外務大臣やってくれって、三顧の礼をもって迎

えようよ。

高橋　いいよね、国連演説を日本代表でやってもらう。「日本語できないんで、ロシア語でしゃべらせてください」って（笑）。

内田　日露交渉だってばっちりだしさ、もう、日米交渉も日中交渉もやりたい放題だよ？　姜尚中が総理大臣、ゴルバチョフが外務大臣で。

高橋　ビル・クリントンが官房長官！　かっこいいよ、かなり。もうニュースが楽しみじゃない。「今日、何言うのかな？」って。帰化してもらおうよ。

内田　それが僕らからの提案です（笑）。いや、ゴルバチョフが外務大臣って、僕、前から言ってるんだよ。あるいは、姜尚中を外務大臣にして、日韓交渉もいいね。姜尚中が外務大臣なら、韓国、あまり文句言わないと思うよ。

高橋　『朝まで生テレビ！』に出てるよりはいいよ。

内田　そうそう。テレビでしゃべってるより、実際にやってもらったほうがありがたいよ。とりあえずは、ゴルバチョフ＝クリントン布陣！

注1　藤原帰一：1956年生まれの国際政治学者。東京大学法学部・同大学院法学政治学研究科教授。専門は、国際政治、比較政治など。『「正しい戦争」は本当にあるのか』（2003年）、『戦争解禁―アメリカは何故、いらない戦争をしてしまったのか』（200

7年)、『新編　平和のリアリズム』(2010年) などの著書がある。

注2　『人形の家』：1879年、ノルウェーの劇作家ヘンリック・イプセン(1828〜1906年) によって書かれた戯曲。弁護士ヘルメルの妻ノラが、ひとりの人間として生きていくために家を出るまでを描く。女性の自立を描き、新たな時代の女性像を示したとされる。イプセンを世界的な劇作家として位置づけたこの作品は、フェミニズムを提起した社会劇として、世界各国で上演されている。

注3　小野善康：1951年生まれの経済学者。専門はマクロ経済動学、国際経済学、産業組織論。2010年2月から9月まで内閣府参与、2010年10月から2012年12月まで内閣府経済社会総合研究所所長を務める。

注4　『若者よ、マルクスを読もう』：内田樹と、神戸女学院大学文学部の同僚である石川康宏教授による往復書簡という形式で書かれたマルクス論。2010年6月20日刊行。「代々木の人」とは、日本共産党の本部が代々木にあることから、共産党員や左翼思想の人物に対して使われる俗称。

第6回

我々は、「たそがれよ日本」を提唱する

円高が進行、ＧＤＰ減速。景気対策は進まず

ギリシャの金融危機に端を発したユーロの大幅下落などにより、日本の円が独歩高となり、2010年8月には、ロンドン市場やニューヨーク市場で一時、1995年7月以来15年ぶりの水準となる1ドル＝83円台まで円高が進んだ。財務省は、6月末時点の国の債務残高がはじめて900兆円を超えたと発表、債務額は過去最高を更新した。また、8月16日に内閣府が発表した2010年4〜6月期の国内総生産（GDP）の速報値によれば、物価変動の影響を除いた実質GDP（季節調整値）は1〜3月期に比べて0.1％増加。年率に換算すると0.4％増で、前期（4.4％増）から急激に減速した。

7月11日、第22回参議院議員通常選挙が行われ、民主党が44議席、自民党が51議席を獲得。民主、国民新の連立与党が非改選議席を含め過半数を割り込み、大敗した。これにより、衆参で第一党が異なる、ねじれ国会の状況が発生。この対談の翌日の8月30日、政府及び日本銀行が追加の経済・金融対策を相次いで決定したものの、9月には民主党代表選が行われ、政局は混乱。後退する日本経済に対する、有効な政策議論は進んでいない。

対談日：2010年8月29日

政界再編しても何も変わらない

——今回は、「早くしようよ、政界再編」というテーマでして。まず、いつもどおり、高橋さんに口火を切っていただければなあと。

高橋　あんまり気乗りしないんだけど（笑）、恒例で僕から。まず、ひとつ、興味ある記事を読んだので、紹介したいと思います。歴代の内閣の就任時の支持率なんだけど、これがおもしろくて。戦後1回目が吉田（茂）内閣で、これが50％ぐらいだった。で、そこからいままでで、だいたい30人ぐらい首相が代わった。そして、小泉純一郎以前で、一番支持率が高かったのが、細川（護熙）内閣。75％。

内田　へえ、そうなんだ。

高橋　で、次が田中（角栄）内閣。

内田　はあはあ、そうでしたね。思い出しましたよ。

高橋　で、50％超えって、その3つだけなんです。

内田　え！　本当？

高橋　うん。小泉さんより前は、支持率が過半数を超えたのは、吉田内閣、田中内閣、細川内閣だけなんだよ。あとはみんな、30％台か40％台。20％台っていうのも、いっぱいある。ガラッと変わったの、小泉内閣以降。小泉さんが80％。福田内閣が60％。

内田　安倍晋三も最初高かったよね？

高橋　そうそう。麻生さんが一番低くて50％だけど、鳩山さんが70％、菅内閣が60％。だから、戦後30人の総理の、就任時の支持率ベスト5のうち、４人は最新の5代。

内田　就任時の支持率が高ければ高いほど、政権は短命ってこと？

高橋　そう。つまりね、小泉さんのときから異常に高いんだよ、就任時の支持率が。そして、異常な勢いで下がる（笑）。

内田　ジェットコースター、「ヘルター・スケルター政権」だね。

高橋　うん、だからもしかすると、それまでの国民のほうが賢かったのかもしれない。いまのほうが、すごくみんな政治的リテラシーが高くて、政治にクールに相対してると、僕なんかは思ってたんだけど。「どうしちゃったの？」って思うよね。
まあ、小泉さんはとりあえず、いまの自民党を一掃するっていうことで人気があった。安倍さんとか福田さんは、中身はあんまり変わってないんだけど、安倍さんはいままでたいした役に就いてないから、いいかも、って。福田さんは、落ち着いているから、いいかも、かな。

――ははは。

高橋　それで、麻生さんでさえ50％あって。鳩山さんは――。

内田　政権交代したからね。

高橋　そう。で、菅さんに至っては、鳩山さんと小沢さんがやめたから高支持率、ってわけでしょ。だからこれ、国民が、なんかすごくいらだってるっていうか、ものすごくシンプルになっていて、怖いなって思うんです。

内田　「ザッピング」状態？

高橋　そうそう！　テレビのチャンネルをすぐ変えるのと同じ。だから、番組がその先どうなるか、見ていない。テレビって、リモコンができてから変わったって言われてる。テレビ局の人が言ってたけど、「番組がじっくり作れません」って。とにかく最初の5分で視聴者の興味をつかまないと、どんなにいい番組を作っても見てくれない。最初の5分でびっくりさせる以外、手はないんだって。それ、政治だよね（笑）。

　で、それがひとつ、大きい疑問としてある。それで、もうひとつが……今回のＳＩＧＨＴ、政界再編っていうテーマですけど。ぶっちゃけ、僕はなんの期待もしていません（笑）。どうしてかって言うと、「再編する」っていうけど、「再編」って、もとからあるものを入れ替えるっていうことだよね。でも、中身は同じ人でしょ。人が変わるわけじゃなくて、枠組みが変わるだけ。

　これは昔からやってることです。戦後でいうと、第1回目の政界再編が、保守合同と社会党の結党でしょ。で、その前、戦前は、政友会と民政党が合同して大政翼賛会になったとか。

内田　それも政界再編なんだ。

高橋　政界再編って、そういうものなんです。それはもう自分たちの主義主張ではなくて、軍部に言われて、身を守るためにそういう枠組みを作った。その次が、さっき言った保守合同。要するに、保守合同しないと社会党にやられるから、っていう理由で作った。だから反左翼連合なんだよね。それで、3回目の政界再編が、細川内閣の八派連合（※注1）。あれは「自民党を倒すためだったらなんでもいい」って集まった。だから、日本でいう政界再編って、ポリシーとか主義主張じゃなくて、とりあえず緊急避難的に全部集まる、っていう例しかないんだよね、いままでは。

「誰がやっても同じ」という信頼感

高橋　なぜそうなったかっていうと、メンバーが一緒だからだと思うんだ。つまり、新しい誰かが現れて、新しい綱領とか主張のもとに作るっていうんじゃなくて、とにかく同じ顔の人が「こういう事件が起こったから、とりあえず違う布陣にしましょう」っていうだけで、大政翼賛会とか、保守合同とか、八派連合ができた。今回もメンバーが変わったかっていうと、同じでしょ。だから、大政翼賛会や、保守合同のときと、実は同じ。保守合同して自民党ができたんだけど、あの当時ってみんな「10年続かないだろう」って言ってたんだよね。

内田　へえー。

高橋　ところが、半世紀続いちゃった。なぜみんな「10年続かないだろう」って言ったのかっていうと、所属している連中がみんな言ってることが違うから。要するに、左翼以外を全部集めただけだから、意見が揃うはずがないんだよね。だから、「こんなのもつわけないじゃん」って言われたんだけど、もっちゃった。だから、今回、民主党も分裂必至とか、「中身が全然違う」って言われてるけど、50年前の自民党に比べれば、かなりまとまってる。

内田　ははあ、なるほどね。

高橋　なので、過去の例から見て、今回、政界再編があるとしても、同じだと思う。同じようなメンバーが集まって、若干の配置換えを行う、という過去の伝統に鑑みるとね。

　だから、僕はまったく期待できない。政治家も変わってないだろうけど、我々国民の側も、変わってないどころか、もしかしたら劣化してるのかなと思う。政界再編って、よく言うけど、そんなのやらなくてもよろしいのではないですか？

内田　ふふふふふ。

高橋　と、思うんでございますが、いかがでしょう？

内田　あのさ、僕ね、菅政権成立のときにいろんなメディアから取材を受けたのよ。そのときに、支持率が66％だったんだよね。その前の、鳩山さんの末期が20％。

高橋　それが支持率66％。

内田　そう。でも、支持率が3倍に上がる根拠がないじゃない。有権者がこんな高支持率つけてるっていう理由は、下がるときの、落下の快感ぐらいしか（笑）、政治に要求するものがないということでしょう。国民が政治に求めているものが、すごく即物的っていうか、感覚的になってきている。一時的に熱狂して、それが一気に冷めて萎む。支持率が乱高下して、パーセンテージの変化の絶対値の大きさを刺激として享受してる。ローマ時代のコロセウムで、キリスト教徒とライオンの殺し合いを見ているような。「刺激が強きゃそれでいいよ」っていう、有権者の気分の一種の荒廃を僕は感じたな。

普通の感覚であれば、菅直人首相に対しては、支持率はつけても40%ぐらいでしょ。だって、現に菅直人は、前政権の副総理で財務相だったわけで、もし鳩山内閣が政策的にダメで、機能不全だったとすれば、副総理はその共同責任者でしょう。逆にもし彼が、鳩山時代には影響力をまったく行使できなくて、本当はやりたいことがあったのだができなかったっていうことであれば、副総理でありながら、総理大臣の政策決定に関与できなかった無能な政治家だってことになる。菅さんの鳩山政権における存在感のなさは、彼が鳩山政権の共犯者であったか、政治的に無能であったか、どちらかでしか説明がつかないんだから、66%っていう支持率は論理的にはあり得ないんだよ。だから、支持率バブルだって言ったのよ。すぐに暴落することがわかっていて、本来40のところを高めにつけたのは、目減りする分を楽しもうということなんだと思う。期待を担って登場した政権が短期間に人気を失ってゆくプロセスを、メディアが総掛かりで叩きのめす光景を、バラエティショーを見るように見てみたいっていうね。

だいたいさ、鳩山内閣の命取りになったのは普天間問題だけど、メディアは「普天間問題、じゃあ菅直人はどうするんだ?」って。

高橋　なんにも言ってないよね。

内田　ね？　まったく突き詰めないでしょ。実際に菅内閣は、その問題に対してなんにもしてないんだけどもさ。鳩山由紀夫内閣のときは何もしなかったことについてあれだけの罰が与えられたのに、菅内閣は許されるっていうか、「そういうことは脇へ置いといて」っていう。一体何を基準に政権の信頼性を考量しているのか、僕には全然わかんないよ。

高橋　だから、有権者の側の政治的機能っていうか、能力が、著しく落ちてるね。

内田　落ちてるね。

高橋　政治ショーを見る観客っていう立場をとる人が、無意識のうちに非常に増えたんじゃないかな。いままでの半世紀、なんだかんだ言っても、ある種の政治訓練が民衆の側にあって。それは左右の対立であったり、戦争を知ってる人たちがまだ生き残っていたり、ある種の良識があって、「政治は真面目に見ようよ」っていうブレーキがかかっていたと思うんですよ。

　でも、ある時期からそういう政治性が抜かれて、政治ショーを見る観客の立場になってきたような気がする。やっぱり、小泉さんの頃ぐらいからだよね。

——小泉以降、内閣の支持率という概念そのものが、抜本的に変わったんだと思うんだよね、昔は内閣の支持率と政党支持率って、同じような意味合いを持っていたわけだけど。

高橋　いま、まったく違うでしょう。

——だから、内閣支持率っていう言語そのものが、意味を失っちゃった。

内田　人気投票だね。

高橋　完全に人気投票だよね。

——そもそも小泉純一郎は「自民党をぶっ壊す」っていうコピーだったわけで。

高橋　あれは、「政党政治を壊せ」っていうことだよね、ある意味。

——だから、それ以降壊れちゃったわけだよね。ただ、ジェットコースターみたいに内閣支持率が変わるから、政党支持率も変わるかっていうと、そんなことはないんだよね。

高橋　ほとんど影響受けてないんだよね。

——だから、内閣なんてどうでもよくなったというか、まさにふたりが言うように、すごく無責任に「ああ、なんかいいんじゃないの？」みたいな、軽い動機で支持率が決まるようになってしまった。でもそれは、政治に対する抜本的な不信感か？　っていうと、そうじゃないですよね。

内田　不信感じゃないです。逆なの。信頼感なんだよ。

高橋　信頼感なの？　あれ。

内田　そうだよ。あのね、政治過程が成熟してるっていうかね、誰がなっても大きな変化がないっていう、そういう信頼感だと思う。もういまや、内閣総理大臣にフリーハンドなんてないわけで。やろうとしても——本人にヴィジョンがあって、すごく理想的な政策を実現したいと思っても、「あ、それできません、すいません」っていう縛りが四方からかかる。これまでの歴代政権の惰性っていうのがあるし、霞ヶ関の抵抗もあるし、対米関係もある。「日本の政治の基本的な枠組みは変えてはいけません」というものすごい外圧内圧がかかっているんだよ。だから、誰が総理大臣になっても、わずかな色調の違いを出すくらいのことしかできない。政策上の抜本的な転換っていうのはよほどの覚悟がないと無理でしょう。

普天間問題で、鳩山さんが何もできなかったっていう、あの一件でわかったと思うんだけどさ。もう、選択の幅がほとんどないんだよ。政治過程が成熟したというのは、選択肢がなくなってしまって、誰が総理大臣やっても同じだということなんだよね。だから、システム的に安定していると言えばそうなんだけどさ、それがわかっているからこそ、有権者も「まあそれだったら、人気投票でもやるか」っていうね。

高橋　あきらめじゃないの？　それ。

内田　ある種のあきらめだとは思うね。だって、自分たちの周りから出てる政治家たちの質が低いっていうのは、もう実感として熟知してるわけだから。テレビとかみんな出るでしょ。頭が悪いとか、性格が悪いとか――。

高橋　みんな見えちゃうからね。

内田　そう。そうするとやっぱり、もう期待はなくなっちゃうよね。

高橋　だから新番組が始まると、とりあえず最初の3回だけ見てみて、「あっ、ダメね」って、チャンネルを切り替えるスタイル。

内田　有権者は愚鈍になり、政治過程は成熟し、選択の余地はなくなった。だからこのあと政界再編しても同じだよ。どこがどう組み合ってもほとんど変わらない、できることは。

日本の教育は「小粒の秀才」しか生まない

高橋　さっき僕が「政界再編に期待できない」って言ったのは、実際に、政治に携わってる人たちの考え方とか、発想とか、やり方とかイメージっていうのが、すべて想定範囲内だから。だから、これはまったくの他者を呼び入れるしかないのかもしれない。そういうことって前にあったわけ。たとえば、田中康夫が長野県知事になったときは、これはもうとんでもないことで、「ええっ⁉」っていうようなことを次々にやったじゃない？　その1期目は、長野県民からの支持率、異常に高かったでしょ？

内田　うん。

高橋　で、数年間はそれでよかったんだけど、あまりに飛ばしすぎて（笑）、有権者もだんだん怖くなって、「そこまでいくと、ちょっと戻ってこれないんじゃないか？」って、終わったと思う。だから、政治システムが成熟してしまって、誰がやっても同じだっていう諦観の裏側には、安心もあるんだよね。つまり、それこそ、自民と民主が交代してもたいして変わんないだろうから、交代させたっていう理由につながってる。だから、ある意味、一億総保守化っていうかさ。

内田　そうだね。

高橋　そういう中で、狭い選択肢を争っていくことで、これからの政治システムは動いていきそうなんだけれど、「それを是とすべきか？　非とすべきか？」って言われても、あんまり賛成はできないんだね。

内田　僕はもう、是も非もないっていう気がするんだけどね。「是」の方向性がないわけだから。圧倒的な他者を導入してきて、日本の政治システムを根本から変えていく……いま、本当にろくでもない部分が多々あるんだけども、それに大鉈を振るうっていう仕事は、明確な国家像、国家戦略を持っていないと、できないでしょ。政治過程も、外交も、内政も、医療とか教育とか福祉とかも全部込みで、整合性があって、大胆で、かつ夢のあるヴィジョンを提示できる指南力の強い政治家集団が出てこなければ、改革はまず無理だと思う。そんなもの、いまの日本の政治には、存在しないもの。

高橋　うん。政治も含めて、文化とか、日本の社会で考えても、「出てくるか？」って言われると、僕だって「無理！」って言う。そういうふうに思わざるを得ない。

内田　無理。だって、何年も何十年もかけて、そういう改革運動の芽を全部つぶしてきてるわけだから、日本って国は。その結果、国民全体小粒になってしまって、だから「回天の英傑」が出てくるはずがないんだよ、ひとりも。

前にも言ったけどさ、近代日本でもっとも成功した教育システムっていうのは、幕末の私塾なんだよ。松下村塾とか、適塾とか、懐徳堂とかね。全部個人が、自分の身銭を切って作って、自分のやりたい教育を誰にも指図されずにやって、そこから巨大なスケールの人たちが輩出されてきた。

だから、明治維新の段階では、そういう私塾システムがどれくらい有効かっていうことは、経験的にははっきりわかっていたはずなんだよ。だって、元勲たち自身が全員その出身なんだからさ。でも、まさにその人たちが維新後に支配者層を形成すると、彼ら自身を育て上げたシステムを全部つぶしにかかったわけだよ。もう「回天の英傑」なんかいらない、これからあとは小粒なやつでいいんだ、って。もう国家の大枠はできたから、あとはその中でこつこつ働く秀才を育てよう、っていう。

それを１００年間やったその成果が陸軍大学校だったと僕は思うんだ。陸大って小粒な秀才しか入れない教育機関なんだけれど、その卒業生に大日本帝国の戦争指導部の中枢を委ねた。あの歴史的な敗戦は、実際は明治維新以来の日本の「秀才教育」の総決算だったと僕は思ってる。

でも、敗戦後も全然反省してないんだよね。相変わらず「小粒の秀才」だけを作り続けてる。スケールの大きい人間は絶対作らないというのが日本の教育システムの暗黙の合意なんだよ。そういう人間が出てこないように、出る釘を打ち、イノベーションの芽をつぶし、ということをやってきた結果、「こういう国」になったわけで。これを幕末のレベルにまで戻そうと思ったら、１００年かける覚悟がいると思うね。

高橋　うん。本当に松下村塾は、すごい力があったでしょ？　それ以降で、唯一それに似たことをやろうとしたのが、松下政経塾（笑）。

内田　うん、本当にそうなんだよ。

高橋　それは、オーソドックスな教育システム以外のところから、もっとダイレクトに、資本主義の神様みたいな人が、さらに有効な政治システムを求めて作った。だからいまあるのは、小粒な人だけを作る古い政治システムの思想と、あと松下政経塾的なもの。だから、民主党の中だって、古い自民党以来の保守政治と、松下政経塾的なものがあるんだよ。松下村塾の第2部はそれだったんだよね。ただ、松下政経塾の主張って、「この社会をいかにもっと効率的なものにするか」って、経済的な観点からできているものだから、それ以外のものがないんだよね。

たとえば、もしかしたら優れた政治的な思想を持った人が、単独で出てくるかもしれないけれど、政治ってひとりじゃできないでしょ？　では、ある種の集団を作って、ってなったときに、まったく期待できないことになってしまう。

ネゴシエーションこそ真の民主主義

内田　それから、さっき言った、政治過程が成熟してる、誰がやっても同じだっていうのには、だから何も決められない、っていうことも含まれてる。仮にテキパキとものごとを決めても、必ずそのあと激しい揺り戻しがきて、結果的には「こんなことなら、はじめから何もやらなかったほうがよかったね」っていうことになっちゃう。

小泉純一郎の構造改革・規制緩和なんて、結果的には、「やんないほうがよかった」ことのほうが多いわけでしょ。傷痕だけ残して終わっちゃったわけだから。

高橋　悲惨な傷痕だよね。

内田　合意形成の手間をかけずに、綱領的な整合性だけを追求し、反対派は強権発動してつぶすという政治スタイルは、日本の場合はほぼ100％失敗するね。

高橋　だからあれが、一種のトラウマになっちゃったんだよね。日本国民にとって、自分の党と対立してでも自分の信じる政策を行うっていう、ある意味ポジティヴな政治的マインドを持った小泉さんって政治家が出てきたんで、強く支持したら、とんでもないことになっちゃった。

内田　僕は支持してなかったけどもな、そのときも。だって、彼は、自分の政策の適切性についていっさい挙証しないから。非常にシンプルに「私は正しい。私に反対するやつはダメ」って言うだけなんだもの。なんでこれがよくてあれはダメなのかっていうことについて、情理を尽くして市民に説明するという努力には、全然興味を示さない。クリアカットな対立関係に一気に持ち込んで、「私に賛成か、反対か、どっちですか？」って言うだけで。なぜ私に賛成しなければいけないのかっていうことについて、反対派を説得する気がないんだよ。怯えさせるだけで。だって、「俺に反対するやつはつぶす」って宣言しているわけだからね。ああいう手法で、またそれが成功しちゃったでしょ。でも、小泉純一郎の場合は、日本人の心の琴線に触れたとこがあるから、長い目で見ると、彼はたぶん、非常に人気のある政治家として記憶されることになると思うね。

高橋　レーガンみたいなものだよね。

内田　うん。短期的に見た場合、政策面でいうと、本当に雑な人だったけど。

高橋　危険だってことがわかっちゃったんだね、有権者もみんな。

内田　そう。敵味方をはっきりさせて、「俺はこうしたい！　俺の味方か？　敵か？」みたいな形で、問題をシンプルにするやり方の危険性は小泉さんで学習したと思うんだよね。

高橋　むしろ日本の政治思想の中においては、ある程度のバグを出しながら、混乱を生みながら、グズグズやってるほうが、物事は間違わないぞ、っていうことを骨身にしみて思った。

内田　だいたい日本の政治家の中では、あとからよくよく見ると、グズグズやっていた人のほうが、最終的に得た果実は大きかった、っていうことはあるような気がするけどね。

高橋　そういう意味で、評価高いのは大平（正芳）さんとかだよね。当時は何言ってるかわかんなかったけど。小渕（恵三）さんとかね。

内田　そうそう。ネゴシエーターっていうか、とにかく同意形成を大切にして、できるだけ敵を作らない。自分に反対する人たちの意見も取り込んでいって、全体としての、反対派の意見も代表するような公的な立場っていうのを、なんとか構築しようとすると。

やっぱり保守政治家は、それが本道だと思うんだよ。野党政治家はいいんだよ。野党は「俺は正しい！　おまえは間違ってる」っていう、非常にすっきりした形に持っていくのが仕事なんだから。でも、政権を担当してる政治家っていうのは、全体の言い分をなんとか織り込んでいって「みなさんもご不満でしょうけど、だいたいこのへんでひとつご勘弁ください」っていうようなところに持ち込むっていう。その手並みで能力を量られるんじゃないの。小泉さんのような、とにかくクリアカットな政策を立案する能力なんていうのは、いまの日本の政治過程の中では、ほとんど意味がないと思う。

高橋　うん。それで、個人的な話なんだけど、この夏は、いろいろ古典を読むっていうことをやっているんです。一番おもしろかったのが、ルソーの『社会契約論』。

内田　うんうん。

高橋　本当に唸りましたね。高校のときにちょっと読んで、つまんないなと思った。40年ぶりぐらいに読んだら「こんなにおもしろかったのか！」って思った。この本、民主主義の原点であり、原理っていうことになってるんですが。実はルソーは、代議制民主主義を完全に否定してるんだよね。

内田　ふんふん。

高橋　たとえば、イギリスの議会制を批判していて、「選挙民が自由なのは、選挙のときだけで、選挙が終わればただの奴隷である」って。

——はははは。

高橋　それって、いまの我々じゃん。だから、ルソーは「直接民主制だけが民主主義で、代議制民主主義は奴隷制である」ってはっきり言ってる。ただし、原理は原理として置いといて、じゃあ現実をどうやって原理に近づけるかって考えるところが、ルソーのまたおもしろいところなんですね。

ルソーは、直接民主主義だけが民主主義だっていうけど、だから議会制一般を否定しているのかっていうとそうでもない。実際には、いろいろ法律を作るのを手伝ったりしてる。ルソーの思想に近かったのはジャコバン派で、何をしたかっていうと、国民投票法を作った。国民の意志をしょっちゅうフィードバックするシステムがあれば、少しはマシになるだろう、っていう感覚だよね。

でね、なんでいまこの話をしたかっていうと、自民党が得意にしていたネゴシエーションの話。それって古い政治手法でしょ。それに対して、もっとクリアカットに「AかBか？」って、激しい対立のもとに、どっちかがどっちかをぶっとばすっていう、小泉さん的なやり方がある。でもそれは、ルソーに言わせると、一番貧困な民主主義なんだ。いろんな意見があって、それを全部斟酌した上で決めるのが、真の民主主義だって言ってる。

内田　ふふふふ。

高橋　目からウロコだよね。つまり、「千も万もの選択肢があって困ったな、じゃあこのへんで……」っていうほうが、民主主義の原理に近い。つまり、「郵政民営化、賛成か？ 反対か？」っていう、小泉さんのあの二者択一こそ、もっとも非民主主義的な考えなんだ。あれが、政治の進化した姿みたいに受け入れられたのは、それまで何十年も、自分たちの政治のプロセスを見て、落胆したり、絶望したりしてきたので、少なくとも、それまでと違っていたから、よいものに思えたっていうだけ。いままでと違っていたからって、イコールよいものってことにはならないよね。

内田 そうだよ。

高橋 違っていて、しかももっとひどいことをやっている。っていうふうには思わなかったんだよね。

有権者は白黒つけられない

内田 ちょうど、オバマさんが「change」っていうのを掲げて、まあいま、人気急落してるけどさ。

高橋 下がってるね、日本みたいに。

内田 やっぱり「change」っていうのは政策的には無意味なんだよね。何をどう変えるのか？ 変えることによって不利益を被る人間、既得権益を失う人間が出てくるわけだけれど、彼らをどうやって納得させるのか？ それについても目配りしないとね。

だから、勢いで変えちゃダメなんだよね。勢いって、まるで頼りにならないものだから。オバマは、高支持率を背景にして、一気にやろうとしたけれど、大統領支持率なんて、自分の明日の米びつに影響するとわかったとたんに簡単にひっくり返っちゃうものなんだから。政治的構えとしては大統領を支持する、でもこの政策を実行したら、自分の明日の収入がちょっと減るとわかると、平気で「じゃあ反対」ってなっちゃう。やっぱり、その生活者の剝き出しの生活実感とかエゴイズムに対する配慮が、オバマさんにはちょっと足りなかったような気がするね。

高橋　オバマさんの支持率の急落って日本みたい。だから、アメリカも追いついてきたね、日本に（笑）。

内田　本当にそうだね。もうひどいらしいからね。アメリカの民主党は今度の中間選挙、ボロ負けだって。

——だから日本でも結局、参議院選では民主党、負けちゃったわけじゃない？　当然、誰も「自民党に復活してほしい」なんて思ってないけど、民主党が負けたっていうのは、要するに、いわゆる日本的な保守政党が必要だっていう皮膚感覚が、国民の側にあって、それを投票行動で表しているんだろうなあという。

だから、「使えなくなったね、自民党ダメだよね」ってNGを出して、民主党にとりあえずやらせてみた。まあ、目も当てられないことになった。じゃあどうするのかっていうと、自民党にも民主党にも勝たせないという、実に日本的な選択を有権者はしている、という気がする。だから、その内閣支持率のジェットコースター状態っていうのは、また別の問題じゃないかなと思うんだけど。

高橋　だから、別人格なんだよね。つまり、テレビでアンケートを求められるときは、ファン投票みたいな感覚なんだけど、投票するときはちょっと真面目になる。

――っていうか、あのアンケートのやり方そのものも、昔はもっと真剣に、面と向かって調査していたけど、いまってもう、アンケート屋さんにお願いしちゃってるみたいな状態になってるんじゃないかな。

内田　かなり偏ってるよね。本来なら、自分の政治的な意見って、簡単には表明できないものだしね。「Aですか？　Bですか？」って言われても「なんとも言いがたい」というのが一番多いんじゃない？

――っていう人たちは、だから、アンケートに答えないわけだよ。

内田　投票所に行って見てるとさ、やっぱり、パッと書く人いないもん。みんなあのボックスに入ってから「うーん」って頭抱えてるもの。

高橋　行ってから考えてるよね。

内田　選べないんだよ。いいか悪いかわからないっていうところが、本音なわけでさ。その、いいか悪いかわからない、決めがたいっていう幅のところを許容してくれるような、寛容な統治システムを求めているということなんだと思うけどね。

――っていうか、ずっとそれを日本人は選択してきたわけで。ところがいま、その選択肢がない。だから、政界再編が必要なわけで。

内田　そうかな？　僕はもうちょっと民主党にがんばってほしいけど。僕が民主党に少しプラス・イメージを持ってるのは、個人的に、民主党の代議士を何人か知ってる、っていうことがあるからなんだけどね。向こうから僕に声をかけてくるわけ。「お話をききたい」ってさ。で、自民党の場合は――。

高橋　声かけてこないの？

内田　そうそう（笑）。自民党からはそんな話一度もなかったもの。でも、民主党には、従来の政権の周りにいた「すれた」知識人じゃない、もう少し素人っぽい、僕みたいな人間の話をきいてみようという態度があるみたいに思うんだよね。従来の政治的な言語にはなかなかなじまないようなことが起きているなら、何が起きてるのかを知ろうとしている、その努力は評価に値すると思うよ。

政界再編は実現するのか

内田　それから、政界再編を言う前に、とにかくある程度の期間、政権を託さないと、良否の判定ってできないでしょう。オバマ大統領だって、人気が下がったからって、「じゃあ途中でやめさせろ」っていうことにはならないわけでさ。やっぱり、大統領は2期8年ぐらいやんなきゃ、やりたいこともできないんじゃないかって思うし。日本だって政権交代したの、去年の9月でしょ？

高橋　そう、まだ1年なんだよね。

内田　これで「さあ政界再編だ」って言うのはさ、いくらなんでも「ドラマ」を求めすぎだと思うんだよね。そりゃおもしろいよ、政界再編始まったらさ。新聞読むの楽しくなるし、テレビの番組も楽しく見られるけどもさ。

高橋　おもしろけりゃいいってもんじゃないよ。

内田　そう、おもしろけりゃいいってもんじゃないでしょ、っていう。いまこの条件で政界再編したら、次はもっと早いよ。政界再々編、再々々編ってさ、どんどんどんインターバルが短くなる。

——いや、俺はそうは思わなくて。前にこのSIGHTで、「さよなら自民党」って特集をやったけど、そのときのこの対談、「次は『こんにちは自民党』だね」って結論になったじゃない？　だから、いまは「こんにちは自民党」を作るための、過程にあると思うんですよ。

高橋　また自民党ができるの？

——自民党はできないけれども、なにか新しい保守政権みたいなものができていくんだと思うんだよ。で、それに内田さんや高橋さんの言うような、明らかな対立構造を持った野党が、相対していくという。

高橋　でもね、それを考えると、自民党と民主党で、政策の違いって何かというと……たとえば、「大きい政府」、両方とも反対。「景気をよくする」、両方とも賛成。「とりあえず消費税は上げない」、両方賛成。「官僚は抑制する」、両方賛成。だから実は、ひとつひとつテーマを挙げていくと、全部同じなんだよ（笑）。

――そう、だから選択の幅はないの。

高橋　本当にないんですね、これ。じゃあどこが違うのか、まあ強いて言うと、結局、憲法と自衛隊くらいしかない。ただ、それも、党内でそれぞれ意見が割れているわけだし。「憲法に関して、それぞれの党で統一した政策を組め」っていうふうにしてこなかった。

　これは、おもしろいところだよね。憲法9条について、同じ政策を持つ者が集まる、っていうふうに、社会党や共産党はしているけど、大政党では「いいよ、意見違っても」っていうのが共通認識だから。

　だから、民主党と自民党っていうふたつの党は、アメリカの民主党、共和党に比べても、差はほとんどないのね。政策の違いは、ない。「何が違うか？」って言ったら、何も違わない。でも、国民の側は選択肢がほしい、っていうんだよね。

――っていうことなんだと思うんだよね。だから、意図的に対立を作んなくちゃいけない、ひとつだけになっちゃうとまずいから。で、そのふたつのバランスの中で、日本的な落ち着きどころを探りながら、常に秤にかけながらやっていく、っていうふうになればいい。民主党が変わることによってそうなってもいいし、政界再編によってそうなってもいいと僕は思うんだけども。ただ、いまの状況だと、僕はあんまり民主党に期待を持てないんだけど、内田さん的にはそうでもない？「もっとこうなれば、民主党も機能するんじゃない？」みたいな予想ってあります？

内田　別にないよ。だって人材があれだけしかいないんだからさ。

――ははは。

内田　いる人の順列・組み合わせを変えるだけだからね。誰を艦長にするのかとか、誰を監督にするのかっていう、せいぜいそれぐらいの選択の幅しかないんだもの。だから、こうなればよくなるっていうアイディアがあるわけじゃないの。

メディアの罪は本当に重い

内田　あと、とにかく僕が問題だと思うのは、普天間問題で鳩山内閣を引きずり降ろしたときの、メディアの口調だね。どう考えてみても、解決できるはずがない問題なのに「米軍も、沖縄県民も、政権与党も、みんなが満足する答えを出せ」って書いていたでしょう。正解のない問いをつきつけて、回答できなかったら「首相は政策能力がないんだ」って言って。

ああいうことをして政権を変えたことについて、僕はメディアの罪は深いと思うよ。できるはずがない課題を要求して、できなかったから降ろすっていうロジックを許したら、このあといつでも首をすげ替えられるということでしょう。

メディアは明らかに、日本の政治がよくなることよりも、「チェンジ」を望んでいるね。統治者を引きずり下ろすだけの力を自分たちが持っているんだということを誇示できるし、政局が混乱して「次は誰がやる」とか「党は割れるか」「連立は」というような話になると、メディアは稼ぎ時だからね。鳩山さんの末期のときに、政治部の記者が色めき立ったらしいよ、「さあ、次は政局だ！」って。彼らはとにかく政局が大好きだから。だって、政局だと「通」になれるから。日本の新聞の政治部に、アメリカ国務省筋にコネクションがある記者なんかいないけど、個人的に付き合いがある日本の政治家はいっぱいいるでしょ。そこから記者たちには裏情報がどんどんリークされてくる。一般市民にはアクセスできない情報源からの記事が書ける。これが彼らの優越感をくすぐるんだよ。だから、メディアの人たちに「国内政局が混乱してほしい」っていう欲望があるのはあたりまえなんだよ。政局が混乱すればするほど、彼らの国内的な知的威信は高まるんだから。でも、彼ら自身は自分たちがそんな欲望を持っていることに気づいていないでしょう。僕はそれが怖い。

今回も民主党代表選が9月で、小沢さんが立つって言った瞬間に、もう新聞の記事はすべて――。

高橋　99%、小沢・菅の話だもんね。

内田　他の記事ふっとんじゃったものね。で、結局、政治家たちも、それを利用することになる。政局が混乱すると、そこに話題が集中して、自民党のことも、みんなの党のことも、小沢が出た瞬間にもうどこも報道しない。そんな政治勢力、存在しないのと同じ扱いになる。

やっぱりあれは、各政党からしてみたら、本気で悔しいと思うんだよね。ある政党が内紛を起こして、スキャンダラスなことが起きて、権力者の首の切り合いになってくると、メディアはもうそれしか報道しない。だから、政党の側もそれに味をしめて、中で内紛を起こして、仲間内で喉笛をかき切り合うようなことさえやっていれば、常にメディアはこっちを注目するっていうさ。

――そうしないと売れないんだよ。

高橋　でしょ。

――でも、いまやそうしても売れなくなってきてるから。もう通用しない。

内田　でも、通用しないってことがわかんないからね、彼らは。代替案がないから。相変わらず繰り返すと思うよ。

――でもほんと、いまのメディアの人たちのやり方っていうのは、もう通用しないと俺は思うな。特に、新聞ってなんの影響力もないよ、いま。

内田　いま、ひどいね。新聞の政治報道は本当にひどくなってるね。

高橋　まあ、「AKB総選挙」（※注2）のほうがマシだよね。

内田　ははは。

高橋　あれはなぜマシかというと、全員一応マニフェストがあるわけ。

内田　えっ？　そんなのあるの？

高橋　そうです。1位で大島優子が当選したんですけど、彼女が「1位になったら坊主になる」っていうマニフェストを発表したら、事務所から「それは不可能だからやめてくれ」って言われて、それでマニフェストの訂正をした（笑）。良心的だよね。「それはできないから」っていうことで、訂正。もうひとつ同時に、「1位になったらトイレの掃除をします」っていうマニフェストも出していて。そっちは約束どおり、トイレの掃除してましたよ。

内田　結局、できないことを掲げちゃうんだよね。「こういうことができたらいいな」っていうのを。いっそさ、「マニフェスト」って言わずにさ、「できたらいいな」でいいじゃない（笑）。「できたらいいなと思っていることを、掲げます」っていうね。

高橋　「子ども手当（できたらいいな）」。「普天間基地撤去（したい）」とか（笑）。

内田　ほんとに、それでいいと僕も思うよ。主観的願望と客観的情勢判断っていうのは、まるで別のことであって、混同しちゃいけないんだよ。「主観的にはこっちのほうに行きたい」っていうのはヴィジョンとして提示していいんだよ。でも、政策的なロードマップはそれとは別で、「この目的地にたどり着くためにはいろいろ紆余曲折がありますんで、まっすぐには行けません」って正直に言えばいい。ヴィジョンを示さないから、話が中途半端になるんだよ。マニフェストに書かれていることって、「ヴィジョン」というにはあまりに貧しいし、「これくらい貧相な政策なら、実現できるのか？」といったら、やっぱりできなかったりする。どうせできないなら、もう少し志の高い目標掲げたっていいじゃない（笑）。やっぱり、ある程度中長期的な国家像を提示することは、必要なんだよ。そこに行くためには、クリアしなきゃいけないハードルがいくつもあるけれど。「これらの障害物を順番にクリアできれば、計画が実現できます」っていう、そういう夢と現実の二段構えのマニフェストをきちんと示せば、こっちだって納得するよ。そうしないから、すぐに「あっ、約束破った」とか「公約違反だ」って言われるわけでさ。

高橋　「嘘ついた」とか。

内田　でも、国家ヴィジョンで、たとえば「美しい国に」でもいいけどさ。それを言ったとき、すぐに「でも、いま美しくないから公約違反」って言われたら反論できないじゃない。それは困るよ。やっぱり政治家は、志の高い、多少浮世離れしたヴィジョンを語る「義務」があると思う。それが、半年やそこらでできなかったからといって、「政策的に無能である」とか批判するのは、おかしいと思う。

高橋　でも、これ、やっぱり僕たち有権者に、政治家に丸投げしているっていう気持ちがあるからなんだよね。自分も一緒にやっているっていう意識があったら――つまり、投票するってことが、政治家をサポートする行動だっていう意識があったら、そんな「約束を破ったからもう投票しない」っていうふうにはならない。一緒にやってるんだからさ。一緒にやってるっていう気持ちがないから、「約束を破った」って言う。

　要するに、「うまくいかないよね、俺もそう思うよ。だからもう少し待ちます」っていうのが、有権者と政治家の、ある意味成熟した形であるべきなんだけど。投票したあとは「よし、約束守れよ。ちょっとでも約束と違ったら、次回は投票しないぞ」っていうのは、「契約不履行の場合には全額返却を求めます」みたいじゃないか（笑）。有権者が政治に参加しないから、文句を言う。

内田　傍観者なんだよね。当事者意識がないよね。

高橋　まったくない。自分たちが作った内閣なんだから、少々ボロでも、とにかくなんとかよいほうに向けてやろう、っていう気持ちになる人が、少ないんだよね。

右肩下がりの時代に国家像を描くには

内田　だから、さっき言ったような、ネゴシエーションの能力、合意形成力が落ちた一番大きい理由っていうのは、政治家に国家像がないことなんだよ。妥協できる人間っていうのは、目的がはっきり見えているのよ。誰かが全然別の方向に向かって「こっちだ」って言い張ったときに、到達目標が遠くにはっきり見えている人間は「そっちじゃないんだけど、まあいいか」って妥協できる。多少迂回になるけれど、まあ目的地に着きさえすればいいんだから、って。

高橋　いや、まったく同感。じゃあ、国家の場合どうなのかっていうと、いまの国家像は――内田さんもよく言うように、この世紀に入ってから右肩下がり。つまり、シュリンクしていく世界でしょ。そういう中で、「この先どういう世界になるか？」っていう国家像は、出しにくいんだよね。つまり、みっともないものだから。

いままでは、どの政党も拡大する世界を前提にしていたから、とりあえず「景気をよくする」とか言ってれば、当たらずといえども遠からずだった。ところが、いまはそうなっていない。小さくなっていく世界で、「景気、悪くなりますよ」って選挙で言えるか？　みんなそれができないんで、「しばらくは消費税上げません」ぐらいしか言いようがない。つまり、国家像は出せないっていう理由は、いま、国家像は出しにくいから。でも、本当は出すしかないんだよね。

内田　そうだよ、本当に。

――だけどね、それをのまないのは、俺たちのせいだって気がすごくする。

内田　俺はのむよ。

高橋　そうだよ。

――それは、おふたりが先進的だから。俺は零細企業の経営者だから、やっぱり右肩上がり妄想の中で生きていて。「売り上げ？　去年が１００なら今年は１２０に決まってんだろ、バカ野郎！」みたいな。

高橋　でもそれが、一般的なマインドだよね。

――だから、俺たち世代のさ――。

内田　いや、そこに入れないで（笑）。

高橋　あはは！

――いや、絶対深層心理にあると思うよ、内田さんにだって。

内田　いや、だって僕、学校はダウンサイジングするべきだって、10年ぐらい前から言ってるもん。18歳人口が減り始めたときに、「これからすべての大学が、ある程度教育的なクオリティを維持したまま破綻しないでやっていくためには、全大学が一斉に同率で定員削減していくしかないんだ」って。それをしないで、ある学校はそれでも定員を増やしていく、みたいなことをやっているから、弱肉強食の淘汰が始まってしまった。

高橋　っていうか、現に増やしてるよね、いろんな大学が。

内田　バカなんだよ。ダウンサイジングすべきなんだよ。だって、いままで、18歳人口が増えてるってだけの理由で、定員増やしたんだから、同じロジックで人口が減ってきたら定員削減するのが筋でしょう。それがさ、「1回増やしたものは下げられないんだ」って言い張るんだよ。一度上げた生活レベルは下げられません、って。それってただの「おまじない」だろ。

――でも、いまの30代よりも若い世代は、もう、ごくごくあたりまえにダウンサイジングを認めているよね。そのへんは全然変わってきてる。

内田　だから、若い世代はわかってるんだよ。僕が大学でそれを言ったときは――理事会のメンバーって、ビジネスマンが何人か入っているんだけど、「ダウンサイジングなんてことを口にしたら、会社だったら一瞬でモラルが下がる」って。

高橋　はははは。

内田　バカだよね。ダウンサイジングしなきゃいけないっていう現実に遭遇したら労働意欲がなくなるようなビジネスマンはいなくていいよ。それって、戦争のときに、後退戦とか負け戦のときには「戦う気がなくなる」という兵隊と同じことじゃない。そんなやつ、はじめからいらないって。だって、長期戦では後退戦とか戦線の縮小なんて日常茶飯事なわけでしょう。負け戦っていうのはさ、「どのへんまでは負けていいか」という「負けしろ」の計算とかさ、「国境線をどのへんまで押し戻して手打ちに持ち込むか」とかさ、そういうきわめて計量的な問題なのにさ。「負け戦を想定して戦うようなやつは軍人じゃない」って。おい『戦陣訓』かよって。負ける技術がないから日本はボロ負けしたことを、忘れてるんじゃないか。

縮んでいく日本で豊かに暮らすには

――やっぱり、50代・60代が権力を持ってるからいけないんだよね。

高橋　そうそう。あの人たちがね、右肩上がりが肌に染みついてるから。我々も含めて(笑)。

内田　だから、僕らが言わなきゃいけないと思う。僕たちが提起する中長期的な国家像っていうのは、要するに「シュリンクする日本」なんだよね。縮んでいく日本、静かな日本、人口の減る日本。僕はそれでいいじゃないかと思うんだ。なんで、それがいけないんだか、そちらのほうがわからない。縮みながらでも文化的に暮らせて、自尊感情が維持できて、国際社会の中でできる範囲で立派な役割を果たせる国になれれば、それで上等じゃない？　なのに、相変わらず「右肩上がり」でしょ。このあとも人口が増えて、市場が拡大してゆくことなんかあり得ないんだから、そういう嘘を言っちゃいけないよ。「この年金制度は100年もちます」って大言壮語したその翌年でしょ、年金制度が崩壊したのって。「結構ヤバいです」ってその時点で正直に申告しておけば、とりあえずそのときから制度の点検ができたのにさ。

高橋　だからもう、イデオロギーの問題だよね。右肩上がりがイデオロギーになってるから。

内田　宗教だよ、本当に。

高橋　だから、「たちあがれ日本」じゃなくて、「たそがれよ日本」でいいんだよ。

――はははは！

内田　そう。「たちあがれ」がいけないんだよ。「寝転がろう日本」とかさ。

高橋　そう、横になったら、あんまり動かなくてすむでしょ。

内田　「昼寝しよう日本」でいいじゃないか。いまは本当に、どうやって威厳を持って、気分よく老いていくのか、っていうのが国家的課題なんだよ。

高橋　もうそれに尽きるよね。それこそ将来的には、江戸時代の、人口3000万人ぐらいの水準でいいんじゃないの？

内田　フランスなんか6000万人で、そのうち500万人はイスラム教徒なんだよ。人口が日本の半分で、多民族国家でも国家的なヴィジョンがはっきり掲げられていれば、国際社会の名誉ある一員として席を占められるわけでしょう。日本の人口が2、3000

万人減ったぐらいで、国が滅びるみたいなことを言うのって、本当におかしいと思うよ。問題は日本には世界に範として示すべき国家像が「ない」ということなんだから。

世界に先駆けて、日本が示せるもの

内田　この長期低落期間をどう威厳を保って、かつ愉快にシュリンクするのか、どこに着地すべきなのか、っていう国家像ってさ、これこそ21世紀の世界に向けて語るべき言葉でしょう。どうせあと20年もすれば世界中の先進国はどこも日本みたいになるんだから。あるべき国家像を語る人、出よ！　だね。

──っていうか、すべての政策において、まずそこを言うべきなんだよね。消費税増税も、いまのロジックで言うならすごくわかりやすいし。

高橋　右肩下がりだから増税なんです、ってはっきり言う。

内田　だから、政界再編よりも、まず国家像の提示が先だろうと僕は言っているんだよ。「日本はこれから人口が減っていきます。縮んでいきます。経済も成長しません。だけどその移行期の中で、なんとかしてベスト・パフォーマンスしましょう。みんな手を取り合って、この局面をがんばってしのぎましょう」っていうことを、情理を尽くして熱く語る政治家が望まれている。それに尽きると思うよ。政界再編なんて些事ですよ、本当に。

高橋　55年体制では、共産党は端に置かれたけど、まだ社会主義革命のイメージがあった。だから、「こういう国がいい」って提示があったのね、社会党左派からの。で、自民党は自民党で、昔からの、ずっと右肩上がりの経済を背景に「このまま豊かになっていく」っていう提示をしていた。それなりに、お互いにイメージはあった。

内田　あったね、国家像がね。

高橋　ところが左のほうは、ソビエト連邦の崩壊以降、国家像を提示できなくなった。そもそも、資本主義じゃないものを提示してたわけだから。でも、資本主義社会を代表していた自民党のほうも、シュリンクするというはじめての事態を迎えた。っていうことは、いま、「こうあるべきだ」っていう国家像を提示して、政治活動をしてる政党ってないんだよね。

内田　そうなんだよ、ないんだよ。

高橋　だからみんな、何を基準に選んでいいか、わからない。

内田　政党が提示する政治ヴィジョンでないところで、政党を選ぶのって、おかしいと思わない？

高橋　だから、結局、人気投票になっちゃうんだよね。「あの人よさそう」とか。だから、これはある意味、しょうがないんだよね。選べる材料がないんだから。

——やっぱりまだみんな、「豊かになっていくんだ、それを目指すんだ」っていう国家像に——。

内田　それが間違ってるんだよ。だって、「これからどうやって経済成長させるか？」

なんて言ってもさ、ならないんだから。無理なのよ。なんでその事実を直視する勇気がないんだろうね？　それをはっきり言う政治家は、すごく批判もされるだろうけれど、同時に国民的なポピュラリティも獲得すると思うけどね。

高橋　だから、そんなに愚かじゃないと思うんだよね、国民は。

内田　誰かが言えば、「ついにこいつが言ったか！」っていう形で同意すると思うよ。「もう経済成長はしません」って。

高橋　「うまくいったらあるかもしれないけど、基本、ないから」って（笑）。

内田　「ない」っていうことをまず前提にして、それでも誰も落ちこぼれない、誰も飢え死にしない、誰も路頭に迷わないような国を作りましょうって提案をしてくれたら、そういう勇気ある救世主的政治家は、圧倒的な国民的人気を得る可能性があると僕は思うよ。果たして、そういう野心的な政治家がいまの日本にいるでしょうか？

高橋　いないねえ。

――だからシビアだと思うんだよね。「消費税10％、いいよ」って言ったわけじゃん、国民のほとんどは。

高橋　現状を知ってるんだよね。

――そう。でも、菅が「消費税10％」って言ったら「ふざけんな」って言った、そこの温度差だよね。要するに「わかってるけど、おまえに言われたくない」っていう（笑）。

内田　そう、それってあるんだよね。

――「おまえわかってないじゃん、俺たちが『消費税10％、いいよ』って言ってる理由が。おまえ、ただアンケート見て、『あ、10％、大丈夫なんだ』って思って言ってるだけじゃん。頭悪すぎだよ」っていうね。

内田　菅さんは、はっきり言うべきだったんだよ、「もう日本は落ち目なんですから」って。

――いや、思ってないから言えなかったんだと思う（笑）。

高橋　思ってないのかな。

内田　思ってないでしょ、あの人は。

――だけど、特に若い世代は、もう体感でわかってるから、ちゃんとそれを言ってくれる人を待ってるよね。

高橋　やっぱり本当のことを言わなきゃ、ここまで来たら。

内田　本当のこと、誰も言わないものね。いつもシュガーコーティングした話ばかりで。でもきけばわかるんだよ。「それ、耳に心地いいかもしんないけど、嘘でしょ？」って。

高橋　ちょっといま、支持率下がっちゃってるけど、オバマの演説のいいところは、やっぱりアメリカの悪いところを言うところなんだ。あれはうまいよね。「ここがいまダメです」って。やっぱり優秀な政治家は、自国の欠点を言わなきゃ。

内田　クレバーな政治家はまず欠点を列挙するところから入るね。

高橋　「現実を見てくれよ」と。そうするとはじめて共有できるんだよね。でも、いま、日本では、ありもしないことを言ってるから、誰も共有できないんだよね。やっぱり「こういう現実を見てください。でもがんばります」って言われたら、握手せざるを得ないですよ。いま、握手したくないでしょ？「何を適当なこと言ってるんだよ」っていうのばかりだから。だからせめて、とりあえず、人がよさそうな人を選ぶとか、害がなさそうな人を選ぶとかにしかならない。

――だから逆に言えば、いまはすごいチャンスだっていうことでしょ。

高橋　チャンスだね。

内田　そうそう、チャンスだと思うよ。いま、この状況で、本当のところを――リアルな現実を踏まえて、「我々の選択肢は、本当はあまりないんです。これとこれぐらいしかない、あとはできません」っていうことを、サッと言える人が出てきたら、「この人の言うことは信用できる」って思うもの。

高橋　いや、僕もそう思うな。その勇気がある人がいないっていうことが、ある意味不思議だよね。

内田　それが本当の意味での「回天の英傑」だと思うんだよ。彼らは要するにすさまじいバッシングの中で「いまのシステムはもう終わりです」ってはっきり言ったわけでしょう。そういう腹の据わった人間を、近代日本は全力でつぶしてきたから。

高橋　やっぱり学校がずっと「みんなと違うことを言ってはいけない」っていう教育をしてきたしね。

内田　そう、みんなと同じことを、ちょっとしゃれた言い方で言えるやつが秀才なんだよね。誰でも言いそうなことをペラペラ言うやつが。よくないよね、本当に。

高橋　うん。それで今回、小沢一郎が代表選に立ったでしょ？　80％ぐらいが反対している中で。あれは国民と対決しようとしてるね。

内田　相変わらずだね。

高橋　いや、もう、あの人の集大成だよね。敵は国民だから、もはや。だから、政治家としてはある意味、正反対のことをしようとしてる。国民に訴えるんじゃなくて、国民が敵。「マスコミに泳がされている愚かな国民と戦う」っていう、あの人の思想もすごいよね。

――中途半端に死なないぞ、ってことなんだろうね。

高橋　国民と刺し違えても、だよ。

内田　だから、あれは計算じゃないと思うよ。いろいろメディアは底意を忖度《そんたく》しているけどさ、そうじゃなくて、あれはもう必然だよね。でも、どうなるの？　刺し違えて。

高橋　たぶん当人も計算してないと思うよ。だって僕ら、ずーっと分析してたけどさ、あの人基本的に、ロマンティックな過激派じゃない？　だから、もうただ――。

――単に、死に向かって進んでるだけだと思う。

内田　「バニシング・ポイント」に向かって（笑）。

――だって、フェイドアウトしないんだもん。すごいよね。

内田　爆死するのかな?

高橋　爆死するでしょ。

——うん、勝っても負けてもダメだと思う。負けたら党を割ると思うし。

高橋　うん、１００％割るでしょ。だって、前にも言ったけど、小沢さんは1回自民党を出てるでしょ? 昔。それで八派連合を作って、細川内閣を作って。普通の政治理念だと、いかに八派連合をまとめて分解させないようにするか、っていうふうに動くはずだけど、そうならないじゃん。で、細川さんを追い出したときの手順も、なんか最初から「出ていってほしい」というような感じだし。

細川首相がほとんど気がつかないうちに、突然、国民福祉税の構想を作って、それを細川さんに言わせたことによって、八派連合が分解することになったでしょ? 普通の政治家だと、権力とか、権勢とか、そのシステムを維持するために動くじゃない。でもあれ、どう見ても、壊すためにやったとしか思えないよね。だから、肝心なところにくると、自爆的に行くんだ。

今回も、普通に考えると、代表選に出ないで、少し我慢してればいい。どうせ菅がボロを出すから、2年ぐらい待って、自分の息のかかったやつを送り込めばいいじゃない。でも、そうしないで自分が出ていって、もう刺し違えるしかない、っていうふうにしているのは——やっぱりそういう意味では、あの人はイデオロギー的に、ずっと一貫してるよね。だから、前にも言ったけど、日本の僻地の農民の怨念っていうか。結局、敵は日本国民そのものだったわけ。

――本当に一貫してるよね、小沢さんって。すごいと思う。

高橋　すごいよね。思想の人だから。

代表選結果予測：菅か小沢か？

内田　この雑誌（SIGHT45号）、いつ出るんだっけ？

――9月30日です。だから代表選は終わっている（※この対談は8月29日に行われた）。

内田　じゃあ一応、予言しない？　せっかくだから。

高橋　どっちが勝つのかねえ？

内田　でも、いま、ほら、仙谷（由人）さんの、金のスキャンダルが出てるから。

高橋　あ、出てたね。

内田　でも、あれだって、月額10万円とかいう話でしょ？　あれで、朝日新聞の一面とってたもんね。あんなのさ、自民党時代だったら、もう歯牙にもかからないような話なのに。あれ絶対、小沢サイドからのリークだよね。

高橋　恐ろしいね、お互いに。

内田　これから9月14日まで、もうリーク合戦になるだろうから、細かいところの予測はちょっと難しいけども。やっぱり、菅が勝ちますか？

高橋　ギリギリで菅じゃない？

――俺はもう、菅の圧勝だと思う。あの、反小沢が圧倒的多数というアンケート結果を見て、それでも小沢に投票する、根性の据わった民主党議員がどれだけいるかっていうと、俺はほとんどいないと思うな。

高橋　そうか。四十七士ぐらいになっちゃうかもしれないしね。

内田　じゃあ、まあ、菅が圧勝と。で、そのあと小沢一郎が党を割ると。

高橋　ただその場合に、じゃあ政界再編、っていっても、小沢とくっつくところがあるかだね。

内田　あるかなあ？

高橋　ないよねえ、今回。さすがの自民党もね、これで連合するってわけにいかないしね。

――だから小沢さん、終わっちゃうんじゃないかな。

内田　負けて終わりかあ。鳩山さん、何を考えて小沢を支持したんだろう。

高橋　鳩山さんの考えてることは、誰にも――。

内田　わからないか。

――鳩山さんはなんにも考えてない。

高橋　友愛気質だから（笑）。

内田　でもさ、いまここで、渋谷さんがずっと言ってる「政界再編」って、具体的にはどういうことなの？

高橋　だから1回、民主党が分裂するってことでしょ。

内田　自民も分裂するの？

――分裂する、分裂する。だから、要するに新しい与党を作りたいから、その新しい与党に対して収束していくということだと、俺は思う。

内田　誰が出るの？　自民党から。

――だから、自民党も分かれるんじゃない？　いわゆる構造改革派と、そうじゃない人たちとに。いわゆる森派vsそれ以外みたいな。

内田　清和会が残って。

――っていう形になるかな、ざっくり言うと。ただ、旧派閥と新しい人たちっていうふうに分かれるかもしれない。だから、今回の参議院の会長を決めるときに、中曽根（弘文）と谷川（秀善）が対立したじゃない？

内田　そうだねえ。

高橋　旧派閥対新人っていう、世代間抗争になっちゃった。

内田　世代間抗争ってさ、組織が本当に末期のときにそうなるんだよね。だって、結局一番わかりやすい指標って「世代差」なんだから。

高橋　そうだね。

内田　顔見りゃわかるでしょ。「あいつはジジイだ」って。これって、女性差別とか人種差別とかと構造的には同じなんだよ。世代対立って一番頭が悪い対立図式なんだよ。

中身は問わないで、「あいつはジジイだ」で終わりなんだから。公約で「世代交代」とか言ってるやつって、本当にバカだと思う。「世代交代」は政策決定プロセスについての提言ではあり得ても、政治目標なんかにはならないんだよ。政治家なんて、年齢関係なくて、賢い人がやればいいんだからさ。若くてもバカはダメなの。またメディアが「世代交代が必要」って書くでしょ？

高橋　そうなんだよ。

内田　バカじゃない。必要なのは、賢愚交代なんだよ。

注1　八派連合：１９９３年に発足した細川護熙内閣の連立体制。日本社会党・新生党・公明党・日本新党・民社党・新党さきがけ・社会民主連合・民主改革連合が、日本新党の細川護熙代表を首班候補に指名し連立政権を組むことで合意、8党派連立の細川内閣が成立した。

注2　ＡＫＢ総選挙：ＡＫＢ48選抜総選挙。秋元康がプロデュースするアイドルグループ・ＡＫＢ48のメンバーから、新作シングルに参加するメンバーを選抜するために行われた、ファンによる人気投票。２００９年6〜7月と、２０１０年5〜6月に実施。高橋源一郎が文中で触れているのは、後者の方。

総括対談

――沈む日本を愛するために

対談日：2010年8月29日

「本当に戦後が終わった」、それが今

――この対談がスタートしてから、今回までの間で、政治が非常に動いたんですが。この1年半というのは、いったいなんだったのか。そして、これからはどこに向かうのか、というお話をうかがいたいんですけれども。1回目の対談のときは自民党に政権があったわけだけど、それもなくなってしまいましたね。

内田　そうだね、自民党の時代だったんだね。麻生太郎の頃だ。

高橋　首相が何人代わったんだっけ？

内田　3人。麻生、鳩山、菅。

――すごいよね、先進国で1年半に3人って。この1年半って、なんだったんでしょうかね？

高橋　いままでの対談、まだ読み返してないので、よくわかんないんですが（笑）。とにかく、おもしろかったですね。結論としては、戦後が終わったということだと思うんです、すごく簡単に言うと。ずっと言ってるよね、「戦後は終わった」って、もう何十年も。

内田　そう言うと、みんなうんうんうなずくから。1950年代からずっとだよ。「もはや戦後ではない」（笑）。

高橋　では、何が戦後だったのかというと、答えは、ひとつじゃない。社会全体の問題

だから。55年体制といわれる、自民党と社会党の対立に、庶民は政治を預けて生活をしてきたという状況。これって、分担っていうか、分業だったんだよね。そういうものとして、みんなつつがなく生活を送ってきた。でもずっと以前から、「どうもうまくいってないな」って思ってたんじゃないだろうか。それが、ついにここに来て、すべてが破綻しだした。永遠に続くかと思われていた55年体制が、目の前で、音を立てて崩れ落ちた。

内田　うん。

高橋　それが現実の世界のすべてだと思っていたから、総括をしようとか、これからどうなるかとか言われても、よくわかんないよっていうのが実感じゃないのかな。首相の就任時の支持率の異常な高さとか、世論の移り変わりの激しさっていうのは、固定した世界が終わったあとに、「どうしようか……?」って状態になっていることの表れだと思う。冷静に考えると、政治家の質もよくないし、何も解決しないし、経済は悪くなってるし、ポジティヴな材料が、ほとんどないんだよね。いままで堅固だと信じていた世界が滅びちゃって、さてどうしようかっていう茫然自失の期間が1年半ぐらい続いていた。政治の世界が崩れたせいで、何もかも、「戦後とはなんだったのか?」とか、「日本という国はなんだったのか?」とか考えなきゃいけないんだけど、みんな考えたくない(笑)。考えると傷つきそう、っていう期間だったかなあって気がする。

具体的に言えば、沖縄の普天間問題で、鳩山さんがやめたときの状況だよね。沖縄は、戦後の政治・社会、歴史の中でもっとも大きなひずみだった。そのひずみが目の前に出てきそうになったとき、みんな目をそむけた。やっぱり、世界が1回滅びると、隠蔽していたものが出てくるんだよね。出てきたとき、それを直視するのはやっぱりきつい。いままで見ないで過ごしてきたわけだから。もしかすると、もう一度、見ないですむようなシステムを求めているのかもしれないし、そうじゃないかもしれない。世界像が崩れたあと、誰もそれに対抗する新しい世界像を出してくれないし、自分自身もはっきりとは持っていない。だから、とりあえず首相だけ代えておく。

――ははは。

高橋　その場しのぎで気分を変えてる、っていう状況が、続いてるんじゃないかなあ。ずっと続くと思われていた政治体制が変わったっていう点では、肩の力がぬけて楽になったという反面、冷静に考えると、なんか恐ろしい時代が始まろうとしているのを予感してる。いままでの世界像が崩れた理由のひとつが、日本がシュリンクし始めたことなんですね。これは、直視するのもつらい。経済も、もしかすると永遠によくならないかもしれない。高齢者はどんどん消えていくし（笑）。恐ろしい世界に入っちゃったのかも、っていう気分で、ちょっと立ちすくんでいるっていう状態。そして、それに応えてくれるような、政治的な言説も、ない！

言葉が「酸欠」している時代

内田　ないね。だからね、1970年頃の政治状況のときに感じたような——僕と高橋さんは、それが実感としては共通してるんだけど、当時、自分たちは、非常に劇的な政治状況の中に身を投じられていたんだけども、それを語る言葉がなかった。

高橋　うんうん。

内田　僕らより少し上の、学生運動の人たちは、みんなそれなりに語れるわけですよ。けっこううるさいことを。でも、彼らのその言葉って全部、ストックフレーズの叩き出しなんだよね。定型句なんだよ。実際には、地殻変動的な社会的変化があって、足元が崩れるようなことが起きてるんだけども、その実感それ自体をすくいとる言葉がまだ存在しない。だから、事件は起きているんだけれど、それを記述することができない。こっちが何を言っても、定型に回収される。僕らがなんかしゃべるとすぐに、「ああ、じゃあおまえは××派なんだな」って言われちゃう。「じゃあ、おまえはスト解除して授業を早くやりたい一般学生なのか」「右翼反動なのか」「プチブル急進主義者なのか」とかさ。ふたことぐらいで、パッケージされちゃう。

高橋　分類されちゃうんだよね。

内田　そう。新しい言葉が出てくるための、それを受け入れる素地も、言葉のきき手も、新しい言葉を共に探求しようっていう人も、誰もいなかった。その状況を、高橋さんと「酸欠」って言ったことがあるけれど、いま、自分自身の目の前でもやもやしてるものって、言葉にできないもどかしさというのがあったわけです。言葉にしようとしてもしようとしても、叩きつぶされ、できあいの定型に回収されていく。あのときの息が止まるような苦しさが僕の中にあって、それが原体験になってる。僕も高橋さんも、コロキアルな表現を通じて、社会の根本にある大きな問題を論じたいと思っているわけでしょ。手がたい生活実感を伴った言葉で政治について語りたいっていう強い欲求を抱えて、以後半世紀生きてきたわけなんだよ。

いま、その頃の「酸欠」の気分とわりと近いものを感じるんですよ。まあ、こっちだって、理解力も語彙力もそこそこ増えたから、その頃ほど、厳しい酸欠感覚はないんだけども。それにしても、いま、目の前で起きている大きな変化について、これをちゃんと語ろうという意欲のある人が、全然いないんだよね！　きき手もいない。それを記述するための語彙もない。「とにかく、前代未聞の事態が起きてますよ。とりあえずその分析から始めましょう」っていう一番基本の了解ですら、共有する場がない。相変わらず、できあいの言語が垂れ流されている。

別に政治過程がひどく劣化してるというわけではない。もちろん、政治家の質は落ちたっていうことは言えるんだけども、それは政治家だけじゃなくて、日本人全体の質が落ちてるわけで、政治の責任とは言えない。それになんだかんだ言いながらも、システムはとりあえず機能している。国境線は守られているし、通貨も安定しているし、レイプや略奪が日常的に行われるわけでもないし。海賊行為もないし、山賊もいない、ゲリラもないしテロもない。日本は全体としては、極めて効果的に統治されている。それなりに豊かだし。そこに大きな変化がいま起きつつある。このあと、ドラスティックに国の形が変わってゆくことは確かなんだけど、その問題を冷静に、リアリスティックに語り合うための言論の場がない。つっかえながら語ったり、行ったり戻ったり、前言撤回が許される言説の場だけがない。

高橋　70年代までは、至るところにイデオロギーの言葉がはびこっていた。現実の前に、イデオロギーとしての言葉が出てきてしまうので、現実が見えないという悩みがあった。特に政治の言葉が、ほぼ全面的にイデオロギーの言葉に支配されていたから、その言葉を使わないと政治に参入できないというシステムになっていた。コロキアルな言葉を使うと、そこに入れないんだよね。それは別に左翼的な言葉だけってわけではなくて、自民党主体の、旧来の政治のほうでも、また別のシステムの言葉が流通していた。どちらにせよ、その用語を使わないと通用しなかった。そんな感じがする。だからそういう意味では、ちゃんと政治の言葉にも表裏があったんですよね。

　それがいまは、政治に関する言葉そのものがなくなった。その現実に直面している事態を正しく説明できない。というか、現実から人々を遠ざけている。内田さんが言ったように、僕たちはそれが一番問題だと思うから、どんな場面でもコロキアルな表現をずっと使ってきたんだね。この2年ぐらいの政治的状況を見ていると、政治イデオロギーに奉仕してきた古い言葉は、ほとんど用無しになってしまった。でも、代わり得る言葉がないので、古い言葉でいまの事態を説明しようとする。となると、昔の繰り返しになるんだよね。政治家は、「いかに経済を建て直すか」っていう言い方しかできない。「もう経済は建て直せません」っていう言い方は存在しない。それを言うと、「それじゃあおまえは政治家じゃない！」って言われちゃうんだよね。

近代に入って、百数十年、右肩上がりの上に近代国家を形成してきた歴史があって、それが1回挫折して。そして、もう1回ゼロからスタートするんだけど、それもやっぱり、右肩上がりなんだよね。だから、この社会は右肩上がりの経験しかないんだ。その上に、政治的な用語ものっかっているわけ。だから、僕が縮小していくと考えている世界の中で、政治的な言葉や政治システムがそれにどう対応するかについては、まったく未知だと思う。というか、それは誰も見たことのない世界だから、まだどこでも言語化されていないってことに、国民も薄々感づいていて、ひとことで言うと「なんか変だなあ」って感じだと思う。

現実を説明する政治的な用語を、政治家も持っていないし、マスコミも持っていないし、イデオローグたちもほとんど持っていない、そういう事態の中で、手をこまねいて見ている。ある意味で、国民は理性的にはなったかもしれない。その一方で、従来だったら考えられないような、右翼的な考え方がはびこっている。特にインターネットというものが、いい意味でも悪い意味でも、人間の欲望を解禁してしまったし。

インターネットって、ここまで発達すると、人間の理性も解禁するけど、無意識の欲望を解禁するシステムでもある、ってことに気がつくんだよね。昔は、「在日朝鮮人、半島に帰れ！」なんて、たとえ思ったとしても言わなかったじゃない。

内田　うん。

高橋　そういった赤裸々な差別的言葉を吐くのは、恥ずかしいことだという意識が生きていたでしょ。差別心はあったかもしれないけれど。でも、ひとりで部屋の中に籠もっていれば、「朝鮮人帰れ！」という言い方を平気でできる。しかも、ある層は、それを強く支持するんだよね。そういう意味で言うと、社会は大きく変わってしまった。「本音」をいくら言ってもいいんだと思えるようになった。そういう状況が、現実をうまく説明する政治的言語がない、っていうこととは別の現実として出てきて、もっと恐ろしい勢いで社会を変えつつある。このふたつが、絡まり合っている。だから、政治は現実の問題なんだけど、実は言葉の問題でもあるんだよね。

内田　と思うね。

我々も政治の劣化に加担してきた

――たとえば、2009年に、自民党から民主党に政権交代したわけじゃないですか。政権交代っていう言葉は、従来型の政治言語であって、「政権が交代する」っていうことだから、「また交代することもあるかもしれない」という意味ですよね。でも、今後また自民党が、政権与党に復活するなんてことはあり得ないわけで、つまり「政権交代」という従来の言語と、実際起きていることは違っている。アメリカにおける、「民主党から共和党から民主党へ」っていう政権交代ではなくて、55年間も変わらなかった日本の体制が音を立てて崩れた。それを僕らは「政権交代」と言ってしまう。たとえば、前回の対談のテーマは、「早くしようよ、政界再編」だったんだけど、あのとき内田さんは「政界再編」という言葉にすごく抵抗を示されましたよね。

内田　うん。

――それも同じことですよね。内田さん的には、「いま、日本で必要とされていることって、『政界再編』っていう言語には全然当てはまんないんじゃないの?」っていう。たとえば、政治家ってちょっと前まで、よく「汗をかく」っていう表現を使ってたけど、もう誰もそんなこと言わないよね。「汗をかく」っていう表現そのものが、有効性を失ってしまった。「汗かいてどうすんの。それで問題は解決しないでしょう」っていう。でも、昔は汗をかくと解決したりしてたんですよ、きっと。ある意味、昔の政治において、それはコロキアルな言語だったのかもしれないけれども、そういう政治家的な方言も通用しなくなってきている。その中でどういう言葉が有効なのかっていう……それを見つけることができれば、すごい大政党ができ上がるような気がします(笑)。

高橋　結論を先に言ってしまうと、さっき内田さんも言ったように、現実を語れる政治家が、普通の言語、日常的な言葉で政治を語ればいい、っていうことだと思う。ただ、いままでそういうことをしてこなかったし、できなかったし、そういうシステムも言語もなかった。要するに、政治って、選挙だったんだ。小沢さんが自民党を出て、細川政権の八派連合ができたのだって、あれ選挙法が分かれ目だったんだよね。小選挙区制にするというのでもめた。だから自民党は、選挙制度でつぶれたわけ。つまり日本の政治は、選挙をどうするかっていうことが最大の問題だと我々も思わされてきた。普通、選挙で公約が出されて、選挙後に公約どおりやらないと怒るじゃない。でも怒らない。こちらも、そういうもんだと思ってる。

内田　うん。

高橋　つまり、僕たちも共犯だったんだ。政治ってそういうもので、僕たちはめんどくさいから、できるだけ政治から遠ざかりたいと思ってきた。たいしたことも決められないし、現実の生活にもほとんど影響がない。経済は、僕たちが自分でリスクを背負ってやってるから気にするけど、政治は、あまり迷惑かけない程度に適当にやってくれと思ってた。だから、政治家と一緒になって国民が政治の質を劣化させていた。ここは理念の国じゃないからね。

だから、年に1回か2回選挙に行くくらいで、できるだけこちらに無駄な時間を使わせない政治として、55年体制があった。でも、そうもいかなくなった。つまり、それだけ政治を放置してきたので、政治がボロボロになったとき、どうやって使ったらいいか、わからなかったんだ。投票しかしたことがなかったんだから。

たぶん、ダウンサイジングしていく社会では、政治の役割が大きくなると思う。自然に成長していく世界では、あまり政治は必要なくて、ダウンサイジングする世界ではじめて、政治が理念を持ったり、方向性を持ったりしなければならないのかもしれない。いま、日本は本当に政治を必要としているってことが、共通認識になるといいと思うんですが、いかがでしょうか？

日本をアメリカの属国に！

内田　政治を語る言語が劣化してきた最大の理由っていうか、僕らが日々の米粒の心配だけして、政治のことを投げてた本当の理由は、結局、日本の政治を支配してるのが、アメリカだからなんだよね。日本の政治を支配していたのは、日本の政治家じゃない。日本でもう一度軍国主義が暴走するとか、あるいは汚職がはびこってフィリピンみたいに不安定な状態になるみたいなことについて、僕たちはあまり心配してないじゃない。というのは、「その上」のほうで日本の統治者よりもっと偉い人がいて見張ってるって知ってるから。暴走なんてあり得ないわけでさ。

高橋　あり得ないよねえ。

内田　日本の再軍備とか核武装なんてのは、アメリカが絶対許さないからね。宗主国にしてみても、属国がある程度ちゃんとしてないと困る。だから、アメリカとしては、自分たちの言うことをよくきく秀才がエスタブリッシュメントを形成するように、陰に日向に、日本に有形無形の影響力を与え続けているわけでさ。なんだかんだ言いながらね、僕らが日本の政治を軽んじてきた最大の理由は、僕らは日本の統治者は選べるけども、アメリカの統治者は選べないからでしょう。僕らにアメリカの統治者を選ぶ権利があったら、もっと真剣に政治にかかわると思うよ（笑）。

高橋　できたら選びたかったよね。

内田　もし、日本人にアメリカ大統領の選挙権を与えてくれたら、全然違うと思うよ、語り方が。いまよりはるかに真剣に政治を語るはずだよ。

高橋　そうだ、アメリカの属国、というか州にしてもらえばいいじゃない。1億3000万、人口が増えるよ。

内田　それ、いいアイディアだね。アメリカの人口、いま3億だけど、4億3000万になってさ。そのうち1億3000万が日本人なんだよ？　すげえ。

高橋　25%以上あるわけだからね。

内田　上院議員が25人ぐらい出てね。圧倒的な勢力じゃない。

高橋　絶対、決定権持ってるよね。

内田　たぶん、まず大統領が出るよ、日系人から。

高橋　民主党、共和党、そして日本党（笑）。

内田　あはははは！

高橋　州のほうがよかったなあ。でも、いきなりは無理か。

内田　あのさ、まず独立共和国になるの。ハワイやテキサスと同じに。それから「合衆国の独立宣言を読んで、俺ら感激しました！　ぜひ日本もアメリカの州になりたいです!」って申請するの。アメリカに日本人が1億3000万人いてごらんなさいよ、日本人がアメリカを支配するよ!(笑)。最大の人種のグループだもん。

高橋　それをやっときゃよかったなあ。

内田　冗談じゃなくてほんとに、日本人がアメリカの大統領を選べるのであったら、日本人の政治意識って、かなり高まってたと思うよ。国家の運営がダイレクトに国際社会のありように影響を与えるわけだからさ。日本の国政選挙なんか何十回やったって、世界、なんにも変わんないんだよ! それは日本が主権国家じゃないから、しかたがないんだよ。いくら投票したって、変えようがないんだもの。やる気にならないよね。だって、外交方針を決められないんだよ。戦後の外交で、アメリカにおうかがい立てずに独断専行したのって、田中角栄と小泉純一郎くらいでしょう?

高橋　田中角栄はパージされちゃったしね。

内田　小泉は、ずいぶんまた持って回った仕方で、アメリカに報復したけどね。結局、日本人の政治を語る言葉が全部嘘くさくなっちゃうのは、日本が主権国家じゃないからなんだよ。だって、佐藤栄作が「非核三原則」でノーベル平和賞もらっちゃうんだよ。

高橋　そうだよね。日本に核はあるのに。

内田　日本人全員が、核があるって知ってて、佐藤栄作自身もそれをわかってて。それで、選考委員会から「平和賞あげます」って言われたとき、普通だったら「いりません」って断るでしょ。別に「だって核兵器ありますから」なんて正直に言わなくてもいいから、「いや、僕なんか、もらう資格ないですから。ほんと、お気持ちだけで十分です」って言ってすませたっていいじゃない。なのに、喜色満面でもらっちゃったわけで。ノーベル平和賞の選考委員会だってさ、まさか国民全員が非核三原則は嘘だってわかってるのに、その嘘を国是に掲げている国がこの世にあるなんて思わないから。これ、すごい話だよね。

高橋　ブラックユーモアだ（笑）。

内田　嘘ばっかりついてるわけ。日本では、政治家が語る話ってのは基本が嘘なんだよ！

高橋　だから、言葉が軽いんだよね。

内田　本当のことを言おうって、誰も言わないわけ。本当のことは、「日本は主権国家ではありません」ってことだからね。

高橋　それでおしまいだよね。

内田　日本政府としては、何を言われても、「我々に言われても困るんで。ホワイトハウスのほうにおききください。うちでは決められないの！」って言うしかないもの。

高橋　「国会じゃ決められないんだよ」って言うしかない。

鳩山―小沢は尊皇攘夷だった

内田　そうなんだよ。そこから眼を背けてはいけない現実っていうのは、日本は194

5年までは主権国家なんだけど、それからあとはアメリカの属国だということなんですよ。まあ、内政に関してはある程度決められるけど、外交に関してはフリーハンドを持っていない。日本の政治家が成熟してないって話が出たけど、それって要するに政治家に選択肢がないってことなんだよ。自分たちがいくらアイディア出しても、アメリカがNOって言ったらおしまいだから。結局日本は、アメリカの世界戦略の中において、アメリカにとって有益もしくは無害な政策以外は選択できないっていう縛りがあるわけで。日本人が、政権を自分たちが選んでるっていう意識がない理由は、結局、選んでも、彼らに力がないからなのよ。力がない人を選んでも、本気になれないよ。

高橋　誰がやっても一緒だって思ってるからね。それは絶望が深いよなあ。

――というか、日本人はその状況を選んだんだと思うんだよね。たとえば社会党は、アメリカの外交政策の中にいるのではなく、自立的な外交政策を立てようって言っているわけだけど、国民はそれを選ばない。それはクレバーな選択ではないと思っているから。我々は、世界の中の自分の立ち位置を、外から決定されたのではなくて、自分で選択してきたわけだよね。それで55年間生きてきた。しかも、その生き方っていうのが、それなりの豊かさと幸福をもたらしてきたっていう実感があった。でも、その体制が崩れ始めたことによって、属国的な立場さえも、自分のアイデンティティとして形成できなくなってきた。じゃあ何を選べばいいのかはわからない、っていう、そういう状況になってきてるんじゃないかな。だから、普天間問題みたいな、すごく生々しい外交の現実に直面すると、びっくりして蓋を閉めちゃう。そういうものが、これからも出てくるよね、いろんな形で。

内田　アメリカの覇権が陰ってるっていうのがあるからね。アメリカがちゃんとしているから、そこについていけば、いろいろ不自由はあるけれど、悪いようにはならないっていうのがあったんだけども、それがなくなっちゃった。日本は、ずっと戦後65年間、属国でのんびりやってきたんで、いまさら、どういうタイミングでアメリカからの自立を果たせばいいのかわからない。しかも、果たしたあと、いったいどうするのかっていうね。自前の国家像がない。まあ、ないのはあたりまえで、持たされなかったんだからね。

高橋　前にこの対談で、自民党は頑迷な夫で、それに唯々諾々と従ってた国民が妻だっていう話をしたけど（本書第2回『「理念の鳩山」と「リアルの小沢」、何ができる？』）。これを広げると、実はアメリカが夫で、唯々諾々と従ってた日本が妻だったんだ（笑）。

内田　ははははは！

高橋　「もうイヤ！」って言ったんだ。「もう飽き飽きしてきたわ！　なんかさ、中国もよくない？」とか（笑）。もう仮面夫婦はイヤだって。僕は、そういう部分も少しはあるかなって思う。

——そういう意味で、選びたくないのに、膨大な選択肢が我々の前に出現してきて、どう選んでいいのかよくわからない。でも、選ばないとえらいことになる。困るよねえ。

高橋　日本は、ほんとは主権国家とは言えないのに、主権国家であるようなふりをしてきた。ただ、そういうことにも利得があったのは事実。そういう、信じているふりっていうのも、半世紀以上やってくると、「もう無理！」ってなった（笑）。

内田　あのね、病識がなくなっちゃったんだよね。やっぱり、吉田茂とかのときは、結局「核の傘」の下で、一応国防のためのコストっていうのはアメリカに負担してもらって、日本としては経済成長のほうに全力を尽くしていく、っていう方法をとっていて。敗戦国っていう前提から、どうやって普通のレベルの国にしていくのかっていうのが国家目標としてあったわけだよ。それは敗戦国の選択としては精一杯主体的だったと思うんだよ。でも、その「普通のレベルの国になる」というとりあえずの国家目標が達成された段階で、次に目指すところがなくなっちゃったんだよね。本当はさ、そのあとに、「アメリカからの自立」っていう国家目標が出てこなくちゃいけなかったはずなんだよ。でも、誰もそれを語らなかった。唯一、田中角栄だけが試みたけど、それに対する報復はすごかったからね。

高橋　江藤淳は、日本がいかに、アメリカへ従属してしまったことを隠し続けてきたか、ということをずっとテーマにしてたよね。

内田　そこが問題なんだよね。従属自体はね、しかたないんだよ、戦争で負けたんだから。リアルな力関係なんだから。でも、それを隠蔽するっていうのは、これは日本人が進んで選択したことだよ。

――そうこうしているうちに、世界情勢もアメリカも変わってきちゃって。一対一の関係のみならず、もっと全体が崩れてきている。その中で、とりあえず自民党政権はなくしたけれども、「じゃあその次は?」って言われると、「さあ?」っていうね。

内田　だから、政権交代でまず前景化すべき政治主題は「対米独立」だったんだよ。小沢さんはあきらかに対米独立強硬派でしょ。鳩山さんも、「沖縄の基地を国外へ」っていう主張があったわけで。歴代自民党の外交姿勢に比べると、アメリカから自立したいという姿勢ははっきりしてたんだよ。だから、実際あの政権交代が意味してたのは、アメリカとの関係で、既得権益を持っている人たちと、持っていない人たちの交代だったんだよ。アメリカ従属派と独立派との間で争われた選挙で、民主党が勝った。

高橋　そうそう、民族独立派が勝った(笑)。

内田　だけど、「この政権交代の真の意味は、対米独立ですよ」っていうことを、誰もアナウンスしなかった(笑)。

高橋　それは言っちゃいけないことなんだよ、やっぱりね。

内田　言ったらつぶされちゃうもん。一発で、民主党、ふっとんじゃうからさ。

高橋　隠されたテーマは、完全にそれだよね。鳩山―小沢連合っていうのは、いわば対米独立派だからさ。

内田　尊王攘夷なんだよ。勤王か佐幕か、開国か攘夷か(笑)。で、攘夷派が勝ったんだけども、攘夷派が攘夷派であるって名乗ったとたんにアメリカにつぶされちゃうから。

そりゃあ、アメリカ従属派は強大だもの。自民党だけじゃなくて、霞ケ関もメディアも財界も、対米従属の巨大な利権ネットワークを形成している。彼らはアメリカの国益を利することが、そのまま日本の国益を利することだって、心底信じてる。

高橋　すりこみがすごいからね。

内田　彼らがまたね、エリートなんだよ。対米独立派っていうのはさ、どっちかっていうと、小沢さんのような、ナロードニキみたいな人か、もしくは鳩山さんみたいなロシア貴族のように浮世離れした人で（笑）。

高橋　そうなんだよ、貴族と農民なんだよ、独立派は（笑）。ロシア革命と一緒だよね。

内田　普通の社会の中で、こつこつと、エスタブリッシュメントの中を上っていったみたいな人っていうのは、みんなこれが開国派なんだなあ。

高橋　ほんとにそうだよね、いつも、どの世界のどの世代でも、エスタブリッシュメントが開国派。農民と貴族は、粛清される側で、上意討ちをするしかなくなる。

小沢一郎と江藤淳

内田　ただ、「攘夷」の旗印を掲げられないんだよ。幕末なら生麦事件みたいにさ、大名行列を横切ったやつは斬り殺してりゃよかったんだけど（笑）。いまはさ、「我々は志士である」って名乗れないんだよ。それを察せよ、と。それでもなお旗印を掲げる唯一の方法って、本人も意識しないで無意識にやること。意識的に隠すと露呈しちゃうから、まず自分をだます。本人だって「あなた、攘夷派でしょ？」って言われたらびっくりする。「え？　私たちのどこが攘夷派なんですか？」って。そりゃあ、全共闘運動の、ヘルメットにゲバ棒の人たちに、「ヘルメットは兜の前立てで、赤旗は旗指物で、ゲバ棒は槍で、バリケードは砦でしょ」て言ったら、本人たちは腰ぬかすよ（笑）。

全共闘運動はまぎれもなく攘夷の運動なんだけども、戦後日本の場合、本人に攘夷であるっていう意識がないときに、はじめて政治的に非常に熱価の高い運動になる、という屈折した構造になってるわけでさ。日本の政治過程の本質は、対米従属か対米独立かの二者択一なんだけど、独立派を選ぶからには、アメリカとは本気でケンカする覚悟がないとダメなんだよね。

高橋　民族独立だよね。

内田　日本が目指すべき国家ヴィジョンは、ひとことで言えば「対米独立」なんだよ。

高橋　それが言えないんだよね。でも、小沢さんだって、たとえば中国へ大議員団を連れていくとか、明らかなパフォーマンスしてるでしょ？

内田　そうそう。あれは、アメリカに対する嫌がらせだからね。

高橋　カードを切ってるわけだからね。でもそれがなかなかうまくいかない。だったら、民主党―共産党連立政権でやるとか。小沢さんと共産党がくっつく（笑）。

——はははは。

内田　対米独立って、一番明確なのは共産党だからね。

高橋　アジェンダに、対米独立を明記する。これ、いいと思うな、はっきりしていて。それだったらみんなと違うでしょ？　対米についてはみんな弱腰だものね。だから、共産党、社民党、小沢派で共同戦線を作る（笑）。

内田　うん。鳩山さんも入れてね。だから、小鳩連合っていうのはさ、あれ、対米独立派連合なんだよ。日本の根本問題は、主権国家じゃないってことなんだよ。それが最大の問題であって。他のことは論ずるに足らない。主権国家として自立すれば、全部なんとかなる。そのことをはっきりさせれば、はじめて、国民たちは投票行動に対して真剣になるだろうし、政治を語る言語も、真にリアルなものになるよね。すべての問題は、主権国家じゃないっていう、我々の負の条件から発しているんだよ。

高橋　でも、それはさ、江藤淳が言ってたのとまったく同じことだから。

内田　はははは！

高橋　江藤さんは、20年も前に、『自由と禁忌』の中で、「我々はアメリカに対して従属していることによって、禁忌を背負ってしまった。我々の言語が自由でないのは、アメリカに対して負債を負っているからだ」って言ってますから。

内田　正しいよね。

高橋　すごいよね。しかも、江藤淳って、小沢一郎の先生なんだよね。

内田　へぇーっ！

高橋　江藤淳と小沢一郎は、すごく仲がよかった。小沢さんと江藤さんは強固な対米独立派だったし。そうだ、松下村塾だ！（笑）。

内田　そっか。江藤淳は、現代における松下村塾を目指してたんだ。

高橋　完璧にそうだよね。小沢さんが自・社・さきがけ連合に敗れたとき、江藤さんが産経新聞の一面を使って、メッセージを送ったんだよね。「帰りなん、いざ」っていう、陶淵明（※注1）の詩を引用して、議員を辞し故郷へ帰れって、心から応援していたんだと思う。基本的なところで一致してた。江藤さんって、保守派っていうよりも、対米独立派っていうか、自立派なんだよね。

内田　吉本隆明だ（笑）。

高橋　日本は主権がないことによって、言葉を奪われているとずっと主張していた。

内田　主権がないことがすべての病の原因だ、っていう考えでは、ふたりは完全に一致してるね。

高橋　本当のことを語れない。だから、そういう意味で、小沢さんって江藤淳の正しい弟子なんです。

内田　僕らもある意味では江藤淳のそういった日本理解を受け継いでいるわけだね。昔は江藤淳が何言ってるのか、さっぱりわかんなかったんだけども、だんだんわかってくるねえ。

インターネットは核兵器以上

――その、対米独立っていう切り口そのものを、自民党政権から民主党政権に代わった構造的な変化の中で、無意識の内に有権者も持っていて。内田さんは、それが無意識の攘夷派であるっていうんだけれども、無意識の攘夷派っていうよりは、攘夷というイデオロギーを持たない攘夷派っていうか。

内田　そうね。

――要するに、反射神経で変化に対応する、そういう行動様式になっているんだよね。

内田　だから、鳩山バッシングの意味もわかるわけだよね。なんで、普天間基地の弱腰が、急速に責められたかっていうと、文脈から考えたら、「攘夷派だから総理大臣にしてやったのに、攘夷じゃないじゃないか！」っていう（笑）。

――ルサンチマンとイデオロギーによる攘夷っていうのは、やっぱり弱いんだよ。もっとしたたかな現実感覚と、アメリカとのパワーバランスを見ながらの攘夷派っていうのに、いま、日本は変わろうとしているんだけども。

内田　変わってないと思うなあ。

――変わろうと「している」んだよ。しているんだけれども、やっぱり変わりきれていない。そのためには、ルサンチマンとイデオロギーによる攘夷ではない、別の攘夷の言語が必要となってくるんだと思うんだよね。それをまだ持ち得ていないっていう。

内田　僕は、江藤淳の衣鉢を継いで、対米独立の政治言語をこれから構築していこうかなと思って。

高橋　いや、ほんとにそうですよ。

内田　「独立せよ！　日本」（笑）。

高橋　アメリカって、結局いまだに唯一の世界帝国でしょ。政治的、経済的な力が落ちてきたら、今度はインターネットとか、英語という言語そのものとか、別の手段を使って、常に世界の中心にい続けようとしてる。

内田　やっぱりアメリカの最大の勝利って、この10年間で英語が国際共通語になったっていうことだよね。それまでは、ドイツ語とかフランス語とか、ロシア語とか中国語とかさ、ある程度の多国語が国際言語だったんだけどもさ。

高橋　インターネットの普及で駆逐したよね。

内田　だから、英語を母国語とする人は、いながらにして国際人なのよ。ローカル・スタンダードが自動的にグローバル・スタンダードになった。これ、ものすごい強みだよね。これを陰謀と言わずして何を陰謀と言うのか（笑）。

——はははは！

高橋　インターネットは、アメリカ帝国が生んだ最大の発明だ。

内田　核兵器以上だね。アメリカの覇権を延命させたという点では。すごいよ、スティーブ・ジョブズ（※注2）はファウンディング・ファーザーズ（建国の父）の次ぐらいに偉いと思うよ（笑）。

——まさに軍事戦略が生んだ、軍事テクノロジーだからね、インターネットって。兵器と一緒だよね。

高橋　そう。軍事の延長上にあるものなんだ。

内田　アメリカはさ、アポロ計画とか宇宙開発を放棄して、リソースをインターネットとかパーソナル・コンピューターの開発に集中したわけでしょ。知恵者がいるんだよ。「アメリカの覇権を維持する最大の武器は宇宙テクノロジーじゃなくて、インターネットだ」って気がついたんだよ。ついでに金も儲かるし。

高橋　インターネットって言語の世界だからね。言葉が支配しちゃうんだよね。

内田　今日もずっと言葉のこと話してるけど、言葉を支配されたら終わりなんだよね（笑）。

——アメリカって、反核にもすごく熱心じゃないですか。なんで最大の核兵器を持っている国が、あんなに反核反核って言うのか、俺よくわかんなかったんだけども。要するに、核をなくすことは、アメリカの軍事大国化を進めることとなんだよね。核があれば、向こうに戦車が1000台あって、こっちは5台、でもこっちには核があるから撃っちゃえば終わり、みたいなことになるけども、核がなくなると、戦車の数、空母の数の多いほうが勝つから。

高橋　通常兵器を持ってるほうが強いよね。

――そうするともう話にならない。特にロシアが反核に反対なのは、通常の軍事力がへたりにへたってるからで。核兵器だけはいっぱい持ってるんだよね。核だとアメリカに対抗できるけど、核兵器をなくしちゃうと、完全にアメリカが、軍事でも世界を支配しちゃう。

内田　オバマの核廃絶も、世界平和を目指しているというより、アメリカの覇権の継続をめざしているということだね。核兵器を廃絶して、通常兵器だけでやろうぜ、っていう。飛び道具なしで、グーでこいグーでって話だよ。アメリカ、グーは強いんだ！

高橋　ははは。結局、グーが一番強い。

国家理念ありきの国、アメリカ

内田　それと、インターネット。Google と iPad で世界支配。これをソフトな世界支配と言わずしてなんと言おうか。

高橋　インターネットと通常兵器で世界支配か。すばらしいなあ、アメリカは（笑）。

内田　アメリカってほんとに、完全なイデオロギー国家だから。なんの必然性もなくて、まず国家理念が先行して作られた国だから。でも、理念だけでできた国民国家ってのは、ほんとに強いね。日本みたいに、もともといた列島民が、住んでるうちになんとなく、「じゃあ国でも作る？」って作ったのとモノが違うわけよ。何もないところに、「ここに、これこれこういう理念に基づいた国を作る」って決めて、「理念に賛成の人だけ入っていい」ってやったわけだからさ。

高橋　そういう国に支配されてるわけですからね、我々は（笑）。

――ただ、まあ、その国が、現実的にどんどん弱くなってるから。

内田　弱くなったことによって、アメリカをコーティングしてたものがだんだん剝がれ落ちてきて、本性が見えてきた。「なるほど、イデオロギー国家なんだ」って。アメリカは、いろいろ言ってるけど、その主張の根幹は覇権の死守なんだよ。ストレートだよね。でも、すごいよね、国是が「世界の範となること」なんだからさ。日本なんか「そこそこでいいです」だもんね。

――でも、へたってきてるじゃない？

内田　いや、アメリカの底力をなめたらあかんです。だって歴史上唯一のイデオロギーの上に作られた国なんだよ。ソ連も中東も、もともと国があって、それがイデオロギー的に再編されただけで、アメリカはそうじゃない。英語が国際共通語になったっていうことの意味を、みんなあまりに軽く見てると思うね。だって、日本語で世界を論じてもさあ、永久に世界性を獲得できないんだよ（笑）。

高橋　できないよね。ローカルな言葉でローカルなことを言ってるな、っていうことになっちゃう。

内田　世界にアメリカの属国って――フィリピンとかいくつかあるけれど、先進国で、一応形式的には主権国家でありながらも、実際は属国で、それをみんな黙ってる国なんて、日本しかないわけでしょう。こんなにゆがんだ外交関係、類例が存在しないから。だから、他の国の人たち、日本のことがよくわかんないんだよ。

高橋　不思議な関係だよね、日米関係って。

内田　世界政治史上唯一の例だもの（笑）。

高橋　結局、いまの政権で、菅さんは、日米安保を大事にしてやっていくっていう方向なんでしょ。だから、攘夷派のもっとも大切な旗は、アメリカと仲よくやりましょう、という開国派に奪われてしまった。松下政経塾を中心にね。

内田　そう、幕末の幕閣みたいに、ずるずるっと後退していってしまいそうだね。

――ただ、アメリカが絶対的な権力を持つ構造というのも、冷戦以降、後退してると思うから。その中でどうやって攘夷的なるイデオロギーを日本の中に設定して、国を運営していくのかっていう。だから、それを作っていかないことには、どうしようもないよ。

内田　だからその点に小泉純一郎っていう人の最大の貢献があるんだよ。あの人は、アメリカン・グローバリズムっていうのを強引に日本に導入して、全部失敗するって形で、「アメリカの真似をしてもダメなんだよ」っていうことを示した。それが、我々の骨身にしみた。

高橋　反面教師としてね。

内田　アメリカはこうだからって言われても、「それがどうした」っていう反論が有効になったのは小泉以降なんだよ。アメリカを真似したってダメだっていうことを、国民的合意に持っていったのは、彼の大変な功績だよ。だから、次は、自分たちのオリジナルな国家像を紡ぎ出してゆかなくちゃいけないんだけど。そっちに向かいつつはあると思うけどね。なんか、気分としては。

高橋　どうかなあ。

――向かわざるを得ないということだと思うな。

アメリカと日本、どちらの衰えが早いか

内田　最近おもしろいのはさ、相変わらず日本は、「他の国でこういう成功事例があるから、それを真似しよう」って開国派の諸君は言ってるけどさ、見本として挙がってくるのが、フィンランドとかシンガポールとか、デンマークとかで、もう「アメリカでは」って話がさっぱり挙がってこないんだよ。かつては、何かというと「アメリカでは」だったけど、いま「アメリカでは」って言うやつ、全然いないよ。これは大きな変化だね。

――ほんとに無意識の内に、日本国民全員がそれを感じているんだよね。

内田　そうなの。ずるずるっとね、アメリカ離れが進行してる。

――どうなんだろうね。完全にアメリカ離れできるまでに、5年かかるのか10年かかるのか、結局100年かかるのか（笑）。

内田　100年かかるかもしんないよ。だってアメリカ、しぶといもん。アメリカが没

落して、相対的に日本の国力が上がっていけば、主権国家として強いことも言えるようになるんだけどさ。

高橋　でも、日本の国力も、同時に衰えてきてるからね。

内田　そうなのよ。相対的な力関係って、全然変わってないのよ。

高橋　アメリカはまだ移民が入ってきていて、人口が増えてるでしょう？　日本は減り始めたからね。中国だって人口は増えてるし。だから、日本が衰えていくほうが早いと思うんだ。日本は、そういう意味では、別の軌道に入っちゃってるから。主権国家と非主権国家の関係が、もっと強化されちゃう可能性もあるよ。

内田　だから、英語公用語化なんていうのはさ、明らかに、日本の国力をさらに殺ぐ方向だからさ、あれ、開国派の陰謀なのよ。

高橋　そうだよね。

内田　俺はさ、ユニクロとかいいかげんにしろって怒ってるんだけど（社内会議を英語で行っている）、あれこそ対米独立派の反対方向なんだよ。国際化っていうのにはさ、「国連の公用語に日本語を採用しろ！」「国際会議を日本語でやらせろ！」っていう選択肢だってあるわけでしょ。だけど、日本で「国際化」っていうとさ、すぐに「英語を勉強しましょう」っていう方向に行っちゃう。それは本末転倒だと僕は思う。だから、僕が武道とか能とかやって、書くものも「日本語でしか書きません」って言ってるのはさ、結局、日本オリジンのもので、世界をあっと言わせるしかないと思ってるからなんだよね。「日本人、侮り難し」っていうふうにしないと。そこからしか国際化は始まらないよ。国民国家の枠で見るとね、侮られたら負けなのよ。なめられたら終わりなんだよ。

——ははは。内田さん、クラシック攘夷派すぎない？　あっと言わせようと思っているからなめられちゃう、っていう気もするんだけど。

内田　いや、違うよ。アメリカにほめられようと思ってやってるから、なめられちゃうんであってさ。「あっ」が違うのよ。「あっ」っていうのは、アメリカを含めて、みんなが仰天するっていうことでさ。そんなこと誰もやったことがありません、っていうことをやんなきゃ、「あっ」にはならないんだよ。でも、日本人が「がんばる」っていうときは、全部が先行する成功事例の真似しか思いつかない。それをやってる限り、永遠に後追いしかできないんだよ。

高橋　内田さん、大学でも教えてるのが、武道とかだからね。

内田　攘夷派だもん（笑）。

高橋　いや、でもね、主権国家ってそういうことだと思う。仮に「世界共和国」を目指すとして、最終的には国家を廃絶しなければならないけど、その前段階として、この日本という国民国家を1回自立させないといけない。自立させてから、成仏させる。いま、中途半端でしょ。きちんと独立させて、その上で——。

内田　自らの命を絶つ。

高橋　そう。国民国家の運命をまっとうさせるためには、1回本当に独立させるしかないのかもしれない。それは、自分の言語を持つとか、自分の思想を持つっていうことになるわけですよ。

内田　そう、そうなんだよ。

高橋　どの国にもその国の事情があるでしょ？　だから、グローバリズムって「どこにでも通用する」とかいう規範を持ってくるところが、おかしいわけ。日本は、独自のゆるやかな右肩下がりが始まってるわけだから。この固有の衰えを、どうやって完成させていくかを、日本人は、日本のために考えればいいわけ。

内田　そうだ！

高橋　それがまだ共通認識になっていない。グローバリズムって、拡大の思想でしょ？　市場を新たに求めていくことだから。「国内で下がってきても、外に市場があればまだ回復しまっせ」っていうことだから。あれはね、右肩上がりの思想の典型なんだよね。この国には必要ない！（笑）。

「世界に一番近い人」とは

――でも、僕のフィールドでいうと――ロックってもともと、アメリカとイギリスのものので、ほとんど英語なんですよ。

高橋　うん、そうだね。

――スタイルから何から全部、欧米なんですよ。でも、そこで「アメリカからの独立を」なんてこと、日本のロックは論じたこともない。実は60年代に、「やっぱり英語でやんなくちゃ」とか「日本語でロックはできるのか?」みたいな動きもあったけれども、それが通用するわけもなくて。だから、ロック村においては、攘夷派もへったくれもなく、普通に国内における音楽的な洗練を目指して創作が行われていって、その中で、どんどん作品としての洗練度が上がっているっていう。

高橋　でも、世界性はないものね。

――いや、最終的には世界性を持てるようになると俺は思うんだけどね。それを考えると、内田さんが言う、イデオロギーとしての攘夷とかって、「そんな遠回りしなくたって」っていうふうに感じるんだよ。

内田　ああ、わかる。宮崎駿さんが以前、自分は、日本の子供のためにしか映画を作らない、と言っていて。日本の中年男のために『紅の豚』を作って、失敗して、あれはよくなかった、と。日本の子供のためだけに作ることによって、結果的に世界性が獲得されたら、それはボーナスみたいなもんだけども、それは目的じゃないって言うんだよね。やっぱり、世界に一番近い人っていうのはね、逆に、非常にターゲットが近いんだよ。具体的な、生身の日本の子供たちっていうのを、しっかり見据えてる。やっぱりそこからしか、世界に流通するようなクオリティって出てこないと思うよ。なんとなく「世界に向かって発信」とか言ってるとダメなのよ。だからロックはね、正しいの。

――だから、あっと言わせようって言ってる間はダメってことだよ（笑）。宮崎駿は、あっと言わせようなんて思ってないんだよ。

内田　いやいや、僕は、日本の読者に対して言ってるわけだから（笑）。「世界をあっと言わせるぞ」と。世界はこんなところの僕の話なんか誰もきいてやしない。この「あっと言わせる」なんて言葉が有用なのはさ、国内マーケットだけなの。僕は、日本の読者しか対象にしてないからさ。まさに宮崎駿とおんなじで、完全に内向き男なんだ。

高橋　だって、『日本辺境論』（２００９年）をアメリカ人は読まないよね。

内田　ま、訳してほしいけどね。

——はははは！

内田　僕の本って結構、翻訳版出てるよ。韓国語訳、中国語訳って。英訳が出ないんだなあ……高橋さん、英訳でなんか出てる？

高橋　英訳は1冊だけ。韓国語訳なんて、7冊ぐらい出てるけど。

内田　韓国は熱心だね。あと台湾。さすがに英訳は出ないね。向こうも文化的バリア固いね！

高橋　ねえ（笑）。

内田　「自分たちの言語的覇権を侵しそうな危険な言説は入れない！」っていうさ。

——はははは。そんなことないって。

内田　俺はそう思ってんの（笑）。だって『日本辺境論』を英語に訳して、アメリカの人が読んだらさ、日本を理解できちゃうもんね。「あ、なるほど、日本ってそういう国だったんですか！」って。

高橋　（笑）。それはまずいってことね。

——でも、やっぱり、宮崎駿とか、あるいは50年代60年代における日本映画の海外での認められ方とか、ああいうのがすごく象徴してると思うよね。

内田　そうそう。小津映画って松竹のプログラム・ピクチャーだからね。お正月用の。日本の普通の観客のために作られた映画が、いまだに世界中で敬愛されてるわけだからさ。黒澤明にしたって、世界的な評価を得たのは『七人の侍』とか『用心棒』とか、興行的な成功を狙った作品でしょ。それでいいんですよ。それが非主権国日本における王道なんだよね（笑）。

——でも、確かに非常におもしろいし、正しいんじゃないですか、アメリカからの独立というのは。

内田　総括としてはね。

高橋　結局、どうなるかわからないんですけどね。この対談でもずっと言ってきたけれど、とりあえず日本は、いままで体験したことのない、はじめての事態になった。でも、それを言語化できる人間がまだいない。本当は政治家にやってもらいたいんですが、出てこないんで、とりあえず我々が（笑）。だからこういった作業を、地道にやっていくしかないってことですね。

内田　地道だねえ。でもね、この対談を他の人がやっても、似たような結論になったような気がするな。６回ぐらい集中的にやったらね。既存の政治メディアの政治言語と違う語り口で語ろうと思ったら、出てくる結論って、やっぱり似たようなものになると思うよ。我々、そんなに奇矯なこと言ってるわけじゃないものね。

高橋　そう。長く、ある程度集中して話すのがいいのは、通常の政治言語を使うと、２回分ぐらいしかしゃべることなくなっちゃうんだよね。

内田　そうだね。

高橋　「何かがここにある」って探っていくと、もう、口語的になるしかないんだ。探る言葉って、「これ、なんだろうね？」とか、「これ、変だよね？」とか、そこから始まっていく。僕だって、この対談が始まる前、小沢一郎がナロードニキなんて、まったく思ってなかったから！（笑）。

内田　あれは大きな発見だったね！

高橋　あとになって、小沢一郎が江藤淳の弟子だったたってことを思い出していくと、すべてが腑に落ちてきた。「あ、これが対米独立派なんだね」って、はっきり見えてきたし。とすると、マスコミが作っている小沢像じゃなくて、全然別の小沢像が出てくるでしょ？　前提なしに考えていくと、意外な事実にぶつかると思うんだ。何度も言ってるけど、いま起こってる事態は、この近代１４０年ではじめてのことだから、いままでと同じ言葉で説明するって、やっぱりおかしいわけです。

内田　無理です。

高橋　説明できない。

――だから、SIGHTの編集長として言わせてもらえば、SIGHTのような、テキストのほとんどがインタヴューで構成されている総合誌なんて、存在しないわけですよ。しかも1本1本がめちゃめちゃ長いという。ただ、そうじゃないと、言語が言語として機能しないんですよ、いまの政治の局面では。2ページだけの記事だと、それはもう、通常の政治言語の中で終わってしまう。

内田　できあいの定型に落とし込んじゃうからね。

――長く語ることによって、違う言語が出てくるわけだよね。ただ、それは、全体を見ないとわからないから。そうやって総合誌を作るっていうことが、我々の役割だと思うんだよね。

内田　変わってるよね、渋谷くんは。でも、とにかく、他の人がやってないことをやるっていうのは、正しい。

――その中にあってこの対談というのは、SIGHTという雑誌のキモを形成しているわけですよ。

内田　長かった。

高橋　でもおもしろかったです。

――あの、最終回じゃないですからね。

高橋　え？　終わりじゃないの？
内田　最終回でしょ？　まだ続くの？
——まだこれからですよ。
高橋　まだやるのか。
内田　（笑）。これ、打ち上げじゃなかったんだ。
高橋　次は、「驚愕！　自民党の復活」とかね。
内田　ははははは！
高橋　「いやあ、予想外れたよねえ」とか言ったりして（笑）。

注１　陶淵明：３６５〜４２７年。中国魏晋南北朝時代の詩人。束縛の多い役人生活を嫌い、郷里の田園に戻り隠遁生活を送りながら、日常生活を詠んだ詩文を多く残した。「隠逸詩人」「田園詩人」と呼ばれる。代表作に、官職を辞して田園に生きる決意を語った詩「帰去来辞」や、ユートピア思想を描いた散文「桃花源記」など。

注２　スティーブ・ジョブズ：スティーブン・ポール・ジョブズ（１９５５〜２０１１年）。アメリカのデジタル製品及びソフトウエアの開発・製造会社、アップル社の設立者のひとり。アップル社のＣＥＯ（最高経営責任者）、ウォルト・ディズニー社の取締役を務めた。

文庫版あとがき

高橋源一郎

だいたいにおいて、人は「あとがき」よりも「まえがき」の方を先に読むものなので、みなさんは、すでに、内田樹さんの「まえがき」を読んでおられると思う。わたしも、いま読んで、「そう、その通り！」と膝をうったばかりである。付け加えることは、なにもありません……では、申し訳ないので、ほんの少しだけ、書きますね。

読み返してみると、4、5年前のことなのに、ものすごく遠く感じる。遠い、ほんとうに遠い。それは、なぜだろうか。それは「たくさんのことが起こった」からだろう。とりわけ、この本の刊行直後に、「3・11」があったのだ。

テコでも動かないように見えた、この国の体制は大きく変わり始めていた。自民党が政権を民主党に明け渡し、「戦後」が終わる瞬間を見たような気がした。しかし、いま思うなら、それは「気がした」だけだったのかもしれない。

この本の最後の頁で、わたしたちは、こんな風に能天気なことをいっている。

高橋　次は、『驚愕！　自民党の復活』とかね。

内田　ははははは！

高橋　『いやあ、予想外れたよねえ』とか言ったりして（笑）。

確かに、わたしたちの予想は外れた。それぱかりか、当然のこととはいえ、わたしも内田さんも「あの日」が来ることを知らなかった。もちろん、誰も知らなかった。「あの日」が来て、この社会がもう元に戻れなくなってしまうほど変わってしまうことを。「その前日」もの、というジャンルがある。ある大きな、予想もできない事件や事故が起こる「その前日」を描く、小説や映画だ。

その作品の中の登場人物たちは、「あの日」が差し迫っているにもかかわらず、いつもの「日常」生活をおくっている。そんな「能天気」な登場人物たちを見て、観客であるわたしたちは、「もう、なにやってんだか！　あと少しで『あの日』がやって来るっていうのに！」と舌打ちするのである。

読者諸兄には、「その前の日」だというのに、呑気にしゃべり続けるわたしたちに向かって、ぜひ舌打ちしていただきたい。「わかってないね、こいつら！」と。

そして、その後で、どの一日も（即ち、今日も）、また別の「その前日」なのかもしれない、ということを思い出していただければ、この対談集は価値あるものとなるはずである。

文春文庫

沈《しず》む日本《にほん》を愛《あい》せますか？

定価はカバーに
表示してあります

2014年5月10日　第1刷

著　者　内田《うちだ》 樹《たつる》・高橋源一郎《たかはしげんいちろう》

発行者　羽鳥好之

発行所　株式会社 文藝春秋

東京都千代田区紀尾井町 3-23　〒102-8008
ＴＥＬ　03・3265・1211
文藝春秋ホームページ　http://www.bunshun.co.jp

印刷・大日本印刷　製本・加藤製本

Printed in Japan
ISBN978-4-16-790110-3